Taller de Redacción II

PREPARATORIA ABIERTA

El contenido académico de este texto es exclusiva responsabilidad del Instituto Tecnológico y de Estudios Superiores de Monterrey y su índice pertenece al programa correspondiente al plan de estudios del nivel medio superior, para la materia de:

TALLER DE REDACCION
UNIDADES V—VIII

AUTOR: Enrique Díaz Garza

REVISO: Andrés Estrada Jasso

COMITE
ACADEMICO: Andrés Estrada Jasso
                  José G. Peña González
                  Leticia Pérez Gutiérrez

ADAPTO: Elsa Contreras R.

COLABORO: María Cuairan

La educación es una responsabilidad compartida y en consecuencia invitamos atentamente a toda persona interesada en colaborar para resolver la problemática educativa, a que remita sus comentarios, críticas y sugerencias con respecto a esta obra a la Dirección General del Bachillerato de la SEP.

Sus aportaciones serán apreciadas en todo lo que valen y permitirán perfeccionar y adecuar permanentemente estos materiales a las cambiantes condiciones de la época actual.

ISBN: 970-18-0613-1

Indice

Introducción

Este segundo libro de TALLER DE REDACCION, como el anterior, está dividido en cuatro unidades; cada unidad en módulos que hacen un fácil estudio. Cada unidad abarca las siguientes áreas; a) Analogía, Sintaxis y Semántica, b) Vocabulario y c) Redacción. Los objetivos, tanto generales como específicos, son las metas que usted debe alcanzar para acreditar la materia.

En la primera área hemos introducido las nuevas tendencias gramaticales, sin dejar de lado lo que es operante de la gramática tradicional. El enfoque tiende, como ya lo ha percibido usted en las primeras cuatro unidades, a estudiar la lengua como una estructura, atendiendo a las formas más que a los significados.

Por lo que toca a la segunda área: Vocabulario, hemos seleccionado los temas que creemos que menos domina y que, en consecuencia, necesita atender más.

En cuanto a Redacción, hemos estructurado las unidades de tal manera que todos los temas tratados le sean de utilidad para que pueda desenvolverse con facilidad en el difícil arte de la expresión escrita. Desde luego todas las áreas y temas están pensados en función de un objetivo principal: pretendemos que desarrolle todas las habilidades posibles para que pueda expresarse con corrección, tanto oralmente como por escrito.

Le sugerimos una serie de actividades que le facilitarán, si las realiza, resolver con eficacia y seguridad los ejercicios que aparecen en el Cuaderno de Trabajo correspondiente que debe adquirir con este libro. De esta manera; objetivos, actividades y ejercicios, unidos a la teoría, le ayudarán a adquirir el conocimiento y el desarrollo de habilidades para hacer suyo lo que va a estudiar. Los métodos empleados en la estructuración del libro obedecen a las leyes lógicas y psicológicas del aprendizaje, y descansan en la experiencia de años en la cátedra. El texto ha sido adaptado al sistema abierto de enseñanza por el CEMPAE.

Cada tema incluye una bibliografía mínima para que amplíe el conocimiento. Dichos libros los puede adquirir en librerías o consultar en los Centros de Asesoría de la Escuela Preparatoria Abierta. Además encontrará una bibliografía general que contiene prolijamente todos los temas tratados.

Como complemento de este texto hemos editado un cuaderno de trabajo, indispensable para que el taller funcione como tal.

Cumpla usted debidamente con las hojas de trabajo correspondiente a la aplicación de los temas teóricos.

UNIDAD V

Objetivos Generales

Al terminar de estudiar esta unidad, el alumno:

1. Redactará un texto con la precisión necesaria señalada por su asesor, en el uso de:
   a) Formas verbales
   b) Modificadores del verbo
   c) Amplitud de vocabulario
2. Reconocerá los elementos de una descripción.
3. Explicará diversas clases de formas descriptivas.
4. Reconocerá algunas figuras literarias señaladas en la unidad.
5. Resumirá el proceso histórico formativo de la lengua española.
6. Redactará una descripción a partir de la observación de una lámina, objeto o lugar, señalado por el asesor, o seleccionado por el grupo de trabajo.

Módulo 1

Al terminar de estudiar este módulo, el alumno:

1.0 Clasificará las formas de un párrafo literario verbales que contenga indicando tiempo y modo.
1.1 Clasificará los verbos de acuerdo a su función sintáctica.
1.2 Redactará una descripción sobre un tema propuesto por el asesor empleando tiempos y modos verbales que se le indiquen.
1.3 Utilizará con un 90% de corrección el gerundio y el participio.

ESQUEMA RESUMEN

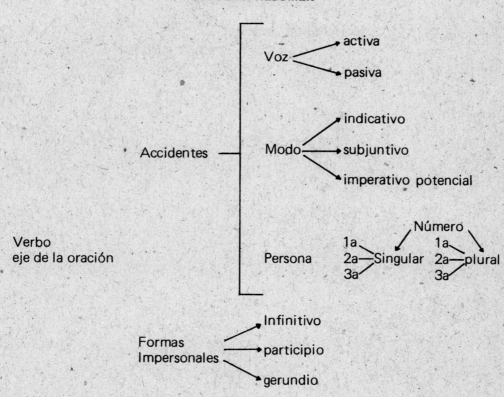

Los verbos
pueden
clasificarse

Sintácticamente
en

- Copulativos
- Transitivos
- Intransitivos
- Reflejos o reflexivos
- Cuasirreflejos
- Recíprocos
- Personales
- Impersonales

Morfológicamente
en

- Regulares
- Irregulares

EL VERBO

1   En la contraportada de **Los Pasos Perdidos** se lee: "Alejo Carpentier nació en La Habana en 1904. Su obra goza actualmente de merecida audiencia y admiración. Traducido a otros idiomas antes de que el "boom"[1] de la novela latinoamericana se convirtiera en moda, Carpentier presenta, desde sus primeros libros, una singularísima preocupación por la perfección del lenguaje, así como por la forma y la experimentación temática".

2   De este renombrado escritor hemos seleccionado un fragmento de la obra mencionada líneas arriba, para introducir el estudio objeto de este tema: el **verbo**.

3   "La discusión duró hasta más allá de la medianoche. Mouche, de pronto, se sintió resfriada; me hizo tocar su frente, que estaba más bien fresca, quejándose de escalofríos; tosió hasta irritarse la garganta y toser de verdad. Cerré las maletas sin hacerle caso, y no eran las del alba todavía cuando nos instalamos en el autobús, lleno ya de gente envuelta en mantas, con toallas de felpa apretadas al cuello a modo de bufandas. Hasta el último instante estuvo mi amiga hablando con la canadiense, disponiendo encuentros en la capital para cuando regresáramos del viaje, que duraría, a lo sumo, unas dos semanas. Al fin empezamos a rodar sobre una carretera que se adentraba en la sierra por una quebrada tan llena de niebla que sus chopos apenas eran sombras en el amanecer. Sabiendo que Mouche se fingiría enferma durante varias horas, pues era de las que pasaban de fingir a creer lo fingido, me encerré en mí mismo resuelto a gozar solitariamente de cuanto pudiera verse, olvidado de ella, aunque se estuviera adormeciendo sobre mi hombro en lastimosos suspiros".

4   En el fragmento anterior Carpentier nos hace una descripción muy dinámica de "Mouche". Para lograrlo —tan acertadamente, por cierto— utilizó como elemento base el **verbo**. Esta "categoría gramatical" representa la función sin-

---

1 . Anglicismo utilizado comunmente para indicar el intenso movimiento literario hispanoamericano contemporáneo.

tática más importante. El **verbo** es el eje de la oración, el núcleo del predicado al que se subordinan los demás elementos. Si vuelve a releer el trozo motivador de este tema y analiza cuidadosamente cada verbo, va a encontrar que el autor "explotó" increíblemente la rica variedad de accidentes que tiene el verbo. Veámoslo: duró, sintió, hizo tocar, estaba, tosió, cerré, eran, instalamos, estuvo, regresáramos, duraría, empezamos a rodar, adentraba, eran, fingiría, era, pasaban, encerré, pudiera, estuviera.

5   Como puede comprobar, hay diferentes morfemas[1] que muestran la enorme riqueza de expresión que nos proporciona el **verbo**.

FUNCION DEL VERBO

6   Hablar de la función del **verbo** es mencionar algo que ya conoce; si se remite a la Unidad I del texto de Taller de Redacción, recordará que esta palabra —verbo— ya ha sido revisada en su función principal: núcleo del predicado (con excepción del predicado nominal donde el núcleo lo constituyen el adjetivo, el sustantivo o palabra que los sustituya). La función del **verbo** como "obligatoria" del predicado es, a su vez, muy compleja por las diversas modalidades que presenta; puede (el verbo) ser en sí una oración, o bien el núcleo de la misma al que se subordinan una cantidad considerable de elementos (complementos). Repetimos, pues:

Núcleo del predicado

La función primordial del verbo es constituir el núcleo del predicado.

Elabore la hoja de Trabajo 1.

ACCIDENTES DEL VERBO

7   El **verbo** mediante **morfemas**[2], sufre modificaciones. A estas modificaciones se les denomina **accidentes**. Estos se clasifican en: voces, modos, tiempos, números, personas y formas impersonales. Las primeras cinco abarcan lo que llamamos **conjugación**[3]; constituyen las formas "personales": Además de las personales, tenemos las llamadas for-

---

1   Letra o letras que van al final de la palabra indicando sus accidentes gramaticales.
2   Terminaciones o desinencias que delimitan la función y significado de las palabras.
3   Es el sistema mediante el cual se indican los accidentes del verbo.

mas impersonales (infinitivo, participio y gerundio), que estudiaremos en su oportunidad. Al análisis de los accidentes se le da el nombre de **analogía** o **morfología**. Así que, cuando realice el análisis de la palabra: verbo, sustantivo, adjetivo, etc., tomando en cuenta sus accidentes, estás llevando a cabo un análisis ANALOGICO o MORFOLOGICO.

MODOS

8   Los modos "son las maneras de considerar el fenómeno verbal, desde el punto de vista del que habla", es decir, es la actitud que toma el hablante para expresar sus ideas, sentimientos, etc. Existen cuatro clases de modos verbales: **indicativo, subjuntivo, imperativo y potencial. El infinitivo** (junto con el participio y gerundio) está considerado como forma no personal del verbo, mientras que los primeros cuatro sí constituyen formas personales en virtud de que son conjugables. Entonces,
Modo verbal es la actitud que toma el hablante para expresarse.

Cuáles son los modos principales

MODO INDICATIVO

9   Observamos las siguientes oraciones:

> El joven *terminó* la tarea.
> La niña no *tomó* la muñeca.
> Los periodistas *redactan* la noticia.

Significación de los modos

10   Las actitudes de: terminar la tarea, de tomar la muñeca, de redactar la noticia, concuerdan con hechos reales. Se asevera concretamente algo en cada ejemplo. El primero y tercero afirman; el segundo niega.
El modo indicativo afirma o niega la acción del verbo en forma absoluta.

MODO SUBJUNTIVO

11   Veamos las siguientes expresiones:

> El profesor quiere que *pase* al pizarrón.
> No me gustaría que la bicicleta *fallara*.
> Tal vez *tenga* que esperar mucho tiempo.

12 ¿Qué notó en las oraciones anteriores con respecto a la actitud del hablante? ¿Afirma o niega algo en forma absoluta? Desde luego que no. Su actitud está expresando: en la primera oración, un deseo; en la segunda, probabilidad; en la tercera, duda. Son situaciones opuestas con respecto al modo indicativo. Por lo que:

El modo subjuntivo expresa deseo, posibilidad, duda, probabilidad.

13 También indica subordinación a otra oración, como en los ejemplos primero y segundo, o a un elemento (tal vez), en el tercero. Este modo es el que se emplea comúnmente en las oraciones subordinadas o proposiciones. Recuerde lo que estudió en la primera Unidad.

MODO IMPERATIVO

14 Analicemos lo siguiente:

> ¡Cierra la puerta!
> ¡Abrid los ojos, por favor!
> ¡Cuida tus libros!

15 El primer ejemplo está implicando una orden; el segundo, un ruego, y el tercero, un consejo. Son tres actitudes diferentes a las del modo indicativo y a las del subjuntivo. Este es:

El modo imperativo, que expresa mandato, ruego o exhortación.

MODO POTENCIAL

16 Lee los ejemplos siguientes:

> *Me interesaría* comprarlo.
> Te lo *entregaría,* si pudiese
> *Tendría* caso comprar el boleto, pero sin pagarlo al contado.

17 Si analiza los tres ejemplos, se dará cuenta de que la situación es la misma: el hablante está asumiendo una actitud de posibilidad ante el hecho que está indicando. Por tanto, **el modo potencial expresa posibilidad.**

Elabore la hoja de Trabajo No. 2.

18 El llamado modo **infinitivo** no participa de la conjugación; es parte de las formas impersonales del verbo. Indica abstractamente la idea del verbo. Ejemplos: amar, temer, partir. En la conjugación entra en algunas formas perifrásticas. Ejemplos: sé jugar, puedo trabajar, o en las frases verbales. Ejemplos: tengo que llegar, habré de terminar, etc.

TIEMPOS VERBALES

19 Uno de los aspectos más importantes y más difíciles de definir es el relativo a los **tiempos verbales.** Para ubicarnos en el tiempo debemos partir del momento en que hablamos, el "ahora"; a ese momento se le llama tiempo **presente,** el cual se relaciona con los hechos ocurridos antes: tiempo **pretérito,** y con los sucesos que se llevarán a cabo después: tiempo **futuro.** Dentro de estos tres tiempos fundamentales hay otros aspectos temporales que expresan diferentes matices.

Acción y su relación en el tiempo

20 Tiempo verbal es el fenómeno que expresa el momento en que se lleva a cabo la acción del verbo.

21 En su oportunidad explicaremos con la amplitud necesaria la significación de los tiempos verbales. Por ahora ejemplificaremos los principales: presente, pretérito y futuro. Leamos las siguientes oraciones:

> Doña Jimena *acompañó* al Cid al castillo.
> El alumno *escribe* en el pizarrón.
> En diciembre próximo *vendrá* Otilia.

22 En el primer ejemplo el verbo "acompañó" se refiere a un hecho ocurrido hace mucho tiempo. Ya sabe ud. que el tiempo que determina los sucesos realizados antes del momento en que estamos hablando se denomina: **pretérito.** En el segundo ejemplo la palabra "escribe" denota que la acción se está llevando a cabo en el momento en que se está hablando: el tiempo es **presente.** En el tercer caso, no sólo el verbo "vendrá" está denotando que la acción se realizará tiempo después del "ahora", sino que el contexto

"En diciembre próximo" ayuda a situar la acción del verbo. Este tiempo se conoce como **futuro.**

23 **Tiempo presente:** la acción sucede "ahora".
Tiempo pretérito: la acción se realizó antes de "ahora".
Tiempo futuro: la acción se llevará a cabo después de "ahora".

PERSONAS GRAMATICALES

24 Al hablar de la concordancia, en la Unidad III del texto anterior, se estudió lo referente a **persona y número** gramaticales. Consulta la página 153. De todas maneras te indicamos aquí los conceptos:

Qué es

25 **Persona: gramaticalmente se denomina así al pronombre que va antes de cada verbo conjugado.**

Las **personas gramaticales** son:

Cuáles son

PRIMERA:	SEGUNDA
Singular: Yo	Tu, usted
Plural: Nosotros(as)	Vosotros(as) ustedes

TERCERA
El, Ella
Ellos, Ellas, y todos los sustantivos y
elementos sustantivados que puedan ser
sustituidos por estos pronombres.

NUMERO GRAMATICAL

26 **Número: es el accidente gramatical que clasifica a los seres de acuerdo con la cantidad —uno o varios—.**

Singular: si se refiere a un ser, y
Plural: si indica varios.
Haga Ud. la hoja de trabajo no. 3.

FORMAS IMPERSONALES DEL VERBO

27 Llamada también, **"verboides",** son palabras derivadas de un verbo cuya función sintáctica es la de acompañar a un verbo auxiliar. Como formas impersonales desempeñan papeles de sustantivo, adjetivo y adverbio. Pero veamos esto con detenimiento. Las formas impersonales del verbo son: **infinitivo, participio y gerundio.**

EL INFINITIVO

28   **Infinitivo** es la voz verbal terminada en **ar, er, ir.**
Infinitivo es la palabra que sintetiza la ideal del verbo.

Ejemplos: am**ar**, tem**er**, part**ir**.

29   Funciona como parte del verbo. Ejemplos:
Quiero *decir* la verdad.
Tienes que *mandar* el recado.

30   En los dos casos anteriores el infinitivo forma parte de un complejo verbal, de una frase verbal: "quiero decir" y "tienes que mandar". Los dos verbos: quiero y decir, así como: tienes y mandar forman una unidad; valen por uno solo.

31   Funciona como **sustantivo.** Ejemplos:

Respirar es indispensable.
El *cantar* de los pájaros me calma.
El don de *perdonar* es inestimable.
Me lastimo al *alzar* el brazo.

32   En los cuatro ejemplos anteriores el infinitivo cumple funciones de sustantivo. En el primer caso: *"Respirar. . ."* es sujeto y a la vez, núcleo del mismo. Ya sabe que el núcleo del sujeto es un sustantivo o palabra que los sustituya. En el segundo ejemplo: *"El cantar. . ."*, el infinitivo es núcleo del sujeto: "El cantar de los pájaros". En "El don de *perdonar*. . ." el infinitivo está funcionando como complemento del núcleo del sujeto. En la última oración: "Me lastimo al *alzar* el brazo" el infinitivo cumple funciones de complemento circunstancial del verbo.

EL PARTICIPIO

33   *Participio* es el derivado verbal terminado en **-ado, -ido, -to, -so, -cho.**

Ejemplos: ama**do**, tem**ido**, escri**to**, suspen**so**,di**cho**

34   Es el participio llamado **pasivo**. Aunque para nosotros va a ser el único, ya que el denominado **activo** —voz verbal terminada en **-ante, -ente, -iente:** estu**diante**, contra**yente**, vi**viente**— no se usa ya como participio sino que con el devenir del tiempo ha quedado como un sustantivo, principalmente: estudiante, contrayente, y algunas veces como adjetivo: ser *viviente*.

35   El participio funciona como:

   Auxiliar del verbo. En los tiempos compuestos. Ejemplos: he *comido,* hubiste *terminado,* habremos *vencido.*

36   Adjetivo. En oraciones de predicado nominal: Ejemplos: El está aliviado. El maíz es amarillo. El río viene crecido. También acompaña al sustantivo en cualquier caso, sea sujeto, complemento directo, complemento indirecto o complemento circunstancial. Ejemplos:

   El planeta *conquistado* es más grande que la tierra.
   Compré papel *satinado.*
   Hice especialmente las letras para los estudiantes *avanzados*
   Hay muchas ratas en la casa *deshabitada.*

37   Parte del predicado, en oraciones de **voz pasiva.** Ejemplos: Los aplausos fueron agradecidos por el declamador. Las uvas son cortadas por los campesinos.

38   El participio se clasifica en regular e irregular. Esto depende del verbo del cual se forme. Es

   1.   Regular cuando termina en -ado o en -ido.
   2.   Es irregular cuando termina en -to, -so o -cho.

39   Hay verbos que sólo admiten participios regulares, y otros que únicamente tienen participios irregulares. Sin embargo, existen verbos que poseen participios tanto regulares como irregulares. A continuación te damos una lista de los verbos con participio irregular, y otra relación de verbos que tienen ambos. De estos últimos, el participio irregular se usa exclusivamente en su función de adjetivo, exceptuando: freír, proveer y romper. Ejemplos:

40 Los sustantivos *abstractos* en español son muchos.
El reo *confeso* se dirigió a la celda.

Cuando el verbo tiene solamente participio irregular, éste cumple sus dos funciones: como adjetivo y como parte del predicado en oraciones de voz pasiva: Ejemplos:

La carta *escrita* por Matilde no se envió al correo.
La carta fue *escrita* por Matilde.

41 LISTA DE VERBOS QUE SOLO ADMITEN PARTICIPIO IRREGULAR

VERBO	PARTICIPIO	VERBO	PARTICIPIO
abrir	abierto	imprimir	impreso
absolver	absuelto	morir	muerto
cubrir	cubierto	poner	puesto
decir	dicho	resolver	resuelto
disolver	disuelto	ver	visto
escribir	escrito	volver	vuelto
hacer	hecho		

42 A esta relación hay que agregar todos los compuestos de los verbos dados.

43 LISTA DE VERBOS CON PARTICIPIO REGULAR E IRREGULAR

VERBO	PARTICIPIO REGULAR	PARTICIPIO IRREGULAR
Abstraer	Abstraído	Abstracto
afligir	afligido	aflicto
asumir	asumido	asunto
atender	atendido	atento
bendecir	bendecido	bendito
circuncidar	circuncidado	circunciso
comprender	comprendido	comprenso
comprimir	comprimido	compreso
concluír	concluído	concluso
confesar	confesado	confeso

VERBO	PARTICIPIO REGULAR	PARTICIPIO IRREGULAR
confundir	confundido	confuso
contraer	contraído	contracto
convencer	convencido	convicto
convertir	convertido	converso
corregir	corregido	correcto
corromper	corrompido	corrupto
descalzar	descalzado	descalzo
despertar	despertado	despierto
difundir	difundido	difuso
dividir	dividido	diviso
elegir	elegido	electo
enjugar	enjugado	enjuto
eximir	eximido	exento
expresar	expresado	expreso
extender	extendido	extenso
extinguir	extinguido	extinto
fijar	fijado	fijo
freír	freído	frito
hartar	hartado	harto
incluír	incluído	incluso
injertar	injertado	injerto
insertar	insertado	inserto
invertir	invertido	inverso
juntar	juntado	junto
maldecir	maldecido	maldito
manifestar	manifestado	manifiesto
nacer	nacido	nato
omitir	omitido	omiso
oprimir	oprimido	opreso
poseer	poseído	poseso
prender	prendido	preso
presumir	presumido	presunto
pretender	pretendido	pretenso
propender	propendido	protenso
proveer	proveído	provisto
recluír	recluído	recluso
romper	rompido	roto
salvar	salvado	salvo[1]
sepultar	sepultado	sepulto
soltar	soltado	suelto

1 Es una excepción a la terminación de los participios irregulares.

suspender	suspendido	suspenso
sustituír	sustituído	sustituto
teñir	teñido	tinto
torcer	torcido	tuerto

Además, todos los compuestos de los anteriores.

Haga usted la hoja 6 de Trabajo.

EL GERUNDIO

44   Gerundio es el derivado verbal que termina en ando, -endo o -iendo.

Tiene dos formas:
1. *Simple.* Ejemplos: amando, temiendo, partiendo.
2. *Compuesto:* Ejemplos: habiendo amado, habiendo temido, habiendo partido.

La forma simple indica que la acción "se está efectuando" La compuesta señala que la "acción está terminada".

45   El Gerundio funciona como:
Auxiliar del verbo. Con estar, ir, andar, venir, seguir, quedar.
Ejemplos:
La gente está llegando. El cochero va guiando el vehículo. El niño anda buscando sus juguetes. Los jóvenes vienen caminando. El profesor siguió preparando su clase. El intelectual se quedó reflexionando sobre el asunto.

**Función
del gerundio**

46   Adverbio[1]
Ejemplos: Los niños hablaban gritando. Los soldados partieron disparando. Los gerundios "gritando" y "disparando", se pueden sustituir por las frases adverbiales: "a gritos", lanzando disparos.

47   Adjetivo. Las palabras "hirviendo" y "ardiendo"

1 Consúltese la significación y funcionalidad del adverbio en esta misma Unidad más adelante.

son gerundios que se usan en lugar de los adjetivos "hirviente" y "ardiente". Ejemplos: La sirvienta trae una olla de agua hirviendo. La cocinera puso el pastel en el horno ardiendo.

48   El gerundio es una categoría gramatical que presenta muchos problemas en redacción, por desconocimiento del uso adecuado del mismo. A continuación le indicamos el

USO CORRECTO DEL GERUNDIO

49   Gerundio Modal. Es el que indica complemento circunstancial de modo. Tiene valor de adverbio. Ejemplos: Come hablando. Discute peleando.

Tipos o formas de gerundio

50   Gerundio Temporal. Es el que indica que la acción del verbo se lleva al cabo al mismo tiempo que la del gerundio. Ejemplos: Observé a María tejiendo. Paseando por la alameda, tropecé con una piedra.

51   Gerundio que expresa acción duradera. Es el que indica que la acción del verbo se continúa. Ejemplos: el niño se está lavando la cara. El filósofo sigue reflexionando en su teoría. Es la llamada voz progresiva.

52   Gerundio Condicional. Es el que indica condición. Regularmente aparece en una oración compuesta. Ejemplos: Habiéndolo decidido el padre, los hijos obedecerán. Considerando las circunstancias del caso, cederán los diputados.

53   Gerundio Casual. Es el que indica complemento circunstancial de causa o motivo. Ejemplos: Sabiendo como irías a reaccionar, no te dije la noticia. Teniendo en cuenta tu apatía por el cine, no te invité a ver la película.

54   Gerundio Explicativo. Es el que explica al sujeto. Ejemplos: El chofer del autobús, viendo, que no faltaba nadie, emprendió la marcha. La madre, sabiendo que protegería a sus hijos, los vacunó contra la viruela.

55   Gerundio usado al pie de fotografías. En la pren-

sa o en museos es frecuente ver leyendas al pie de
fotografías o de cuadros famosos. Sólo en este caso se
considera correcto. Ejemplos: El presidente pasando
revista al ejército. Hidalgo libertando a los esclavos.

Resuelva la hoja de Trabajo No. 7.

56 Nos interesa corregir el uso inadecuado del gerundio
temporal, porque es en el que se cometen errores con más
frecuencia. Mucha gente usa el gerundio "siendo" inade-
cuadamente. Ejemplo: El señor de enfrente tuvo un accidente, siendo recogido después por la Cruz Roja. Debe ser:
El señor de enfrente tuvo un accidente, y fue recogido
después por la Cruz Roja. La acción del gerundio, debe ser
simultánea a la acción que expresa el verbo, o, al menos,
inmediatamente anterior. Ejemplo: Cerrando la puerta, evi-
tó que el perro la mordiera. Otra cosa que hay que tener
siempre en mente, es que mientras más cerca del verbo esté
el gerundio, habrá menos posibilidades de error.

Resuelva las hojas de Trabajo 4, 5 y 8.

CLASES DE VERBOS DESDE EL PUNTO DE VISTA SINTAC-TICO

57 "Carlos Fuentes es uno de los escritores mexicanos
contemporáneos más sobresalientes. Posee un estilo vigoro-
so e incisivo, a la vez que crudo y directo. Hombre preocupado por los problemas de su país y del mundo, nos ofrece
en su obra —que ya es abundante— una recreación históri-
ca, el momento presente, la ciudad de México, la provincia,
etc. vistos desde el plano real y el plano fantástico". Para
motivar este apartado, hemos elegido un fragmento de su
obra "Cumpleaños":

58   "El verano pasó velozmente; fue mi única eterni-
dad. Las ventanas y los balcones de la casa se abrie-
ron, como si nunca hubiesen estado tapiados, para
que entraran los suaves alisos y la humedad bienhe-
chora y cálida que nos envía el Golfo de México. La
casa ha quedado atrás; delante de los balcones abiertos, el jardín se extiende hasta el bosque y allí el calor
es frescura y la humedad tibieza: los abedules blancos

renacen bajo la sombra de sus propias copas altas, esbeltas, dispersas pero ceñidas por la cercanía de un tronco con otro; en los claros, los árboles se separan en círculos, en semicírculos, en avenidas breves, en sinuosos senderos: nuestras recámaras son tan variadas como el capricho del bosque, tan hondas como el heno, las ramas de jacaranda o los pétalos de heliotropo que encontramos en el camino.

Pasamos los días sin hacer nada; las noches nos agotan. Nuncia surgió de la oscuridad, renació como la naturaleza: blanca como las cortezas de los abedules, transparente como las sombras verdes de las enramadas; sólo su cabellera cobriza se niega a sumarse al ambiente líquido de nuestro verano. . .''

59 Relea el texto. Observe los verbos. Dése cuenta de que sintácticamente están rigiendo[1] : unos, complemento circunstancial; Ejemplo: ''el verano **pasó** velozmente; otros, complemento directo; ejemplo: **"Pasamos** los días. . .''; algunos más, simplemente unen al sujeto con un sustantivo o adjetivo mediante el verbo ser; ejemplo: ''nuestras recámaras **son** tan variadas. . .'' Todos estos fenómenos sintácticos agrupan al verbo en clases. Analicémoslas.

VERBOS COPULATIVOS

60 Son los que van acompañados de un sustantivo, adjetivo, o construcciones equivalentes, formando el predicado nominal.

Ejemplos:

61 Verbo copulativo más sustantivo: María **es actriz.**
62 Verbo copulativo más adjetivo; Pedro **está felíz.**
      La niña **yace tranquila.**
      La rosa **parece roja.**
63 Verbo copulativo más construcción equivalente:
      Su pelo **es como espiga**
      El lirio **está florecido**
      La casa **es de piedra**

---

1 REGIMEN es la dependencia que tienen las palabras, de acuerdo con la función sintáctica que están desempeñando: complemento directo, indirecto, agente, etc.

64 Uso de los verbos "ser" y "estar" cuando no funcionan como copulativos.

65 El verbo **ser** a veces significa: existir, efectuarse, ocurrir, suceder, etc. En estos casos no forma predicado nominal; en consecuencia no es copulativo. Ejemplos:

Ocurrir: Nunca será eso.
Existir: Los héroes que fueron, ya no lo serán más.
Efectuarse: En Mérida será el carnaval.
Suceder: La piñata será en casa de Lolita.

66 Estar, cuando es equivalente a "permanecer", "encontrarse" tampoco es copulativo. Ejemplos: el artista está aquí. El Obispado está al poniente de la ciudad. En el primer caso tenemos "estar" más adverbio; en el segundo, "estar" más una construcción equivalente a un adverbio. No forma predicado nominal.

Observe estos casos para que sepa diferenciar cuándo los verbos "ser" y "estar" son copulativos o no.

Elabore la hoja de trabajo No. 9.

VERBOS TRANSITIVOS

67 Son los que tienen complemento directo. Pasan la acción a un objeto directamente. El cual se ve afectado necesariamente por la acción del verbo.

Ejemplos:

La madre *compró zapatos* para todos sus hijos.
Me regalaron **un disco de larga duración.**
Recibí un *telegrama urgente.*

68 Los tres ejemplos anteriores explican claramente la dependencia que hay entre el verbo y el objeto directo. El verbo "pasa" directamente la acción al objeto.

VERBOS INTRANSITIVOS

69 Verbos intransitivos son los que no tienen complemento(objeto) directo.

Ejemplos:

- La lluvia *caía* sin cesar
- Los caballos *corrían* por el campo.
- Las campanas *tañeron* alegremente

70 El verbo intransitivo no pasa su acción a ningún objeto. Para considerarlo así (intransitivo) basta con observar ese detalle. Sin embargo, debe saber que la transmisión, que el ser transitivo depende. Es decir, hay verbos que pueden usarse como transitivos o intransitivos. Ejemplos: La niña *compra* dulces; la niña *compra en el centro*. No obstante, existen verbos que exclusivamente son intransitivos: vivir, ir, venir, nacer, brillar, morir, existir, suceder, etc., aunque también se puedan usar como transitivos. Ejemplo: Vive tu vida, con C.D. derivado del mismo verbo.

Haga Ud. la hoja de trabajo no. 10.

VERBOS REFLEJOS (REFLEXIVOS)

71 Son los que, mediante el uso de un pronombre proclítico o enclítico (que va después del verbo), conectan la acción del verbo al sujeto y al complemento directo o indirecto.

Ejemplos:

María **se** lava.   María **se** lava la cara.

72 En la primera oración el sujeto (María) realiza la acción y a la vez la recibe. El pronombre proclítico **se** realiza tal fenómeno. En el segundo ejemplo el sujeto (María) ejecuta la acción y la recibe indirectamente, puesto que la cara es el objeto directo, pero es parte de ella misma. Veamos otros ejemplos: el joven **se** peina; yo **me** visto; tú **te** observas en el espejo, etc. Fíjese que es el pronombre definitivamente determina la reflexión del verbo.

VERBOS CUASIRREFLEJOS

73 Son los que, aun llevando el pronombre proclítico, no lo tienen por complemento directo o indirecto. Son verbos reflejos aparentemente, pero al realizar el análisis sintáctico nos damos cuenta de que no cumplen la función de los reflejos. Ejemplos: **me** voy al cine. **Se** murió. **Se** ha levantado muy temprano. En el primer caso la acción de "irse" la hace el sujeto, pero no la recibe. En el segundo caso no podemos hablar de efectuar y recibir la acción de "morirse"; en el tercer ejemplo el pronombre **se** tampoco "refleja" la acción directa o indirectamente.

VERBOS RECIPROCOS

74 Son los que tienen dos sujetos, o un sujeto doble. Como los reflejos, realizan y reciben la acción del verbo directa.

Ejemplos:

Roberta y Fidel se abrazaron.
Juana "La Loca" y Fernando "El Hermoso" se besaron.

75 ¿Qué observa en los ejemplos anteriores? La acción de abrazarse y de besarse, se da entre dos sujetos, o entre los dos miembros del sujeto. Se pueden construir dos oraciones con cada una. Ejemplos: Roberta abraza a Fidel; Fidel abraza a Roberta; Juana "La Loca" besó a Fernando "El Hermoso"; Fernando "El Hermoso" besó a Juana "La Loca". Hay reciprocidad de la acción verbal. El pronombre repite la persona del sujeto. Dése cuenta de que los verbos en las oraciones recíprocas van siempre en plural.

Resuelva la hoja de Trabajo No. 11.

VERBOS PERSONALES

76 Son los que llevan sujeto.
Se denominan así porque se les puede atribuir cualquiera de las personas gramaticales: yo, tú, él, usted, nosotros, vosotros, ellos o palabras equivalentes.

Ejemplos:
Yo escribí el recado. Ellos terminaron la obra.
El reloj se paró. Las excursiones son recomendables.

VERBOS IMPERSONALES

77 Son los que se construyen sin sujeto (representado

por un pronombre implícito en el verbo), el cual le es inseparable. Forma parte del mismo. Algunos gramáticos los llaman verbos **unipersonales,** porque sólo se conjugan con la tercera persona. También es el caso de los verbos que indican fenómenos de la naturaleza.

Ejemplos:
a)   indican fenómenos naturales:
    Llueve. Relampaguea hacia el sur. Mañana nevará.
b)   se construyen en tercera persona:
    Comentan que habrá guerra. Piensan aplicar inyecciones contra la tifoidea. Decidieron vender el petróleo a menor precio. Se solicita sirvienta.

78   En el caso a): los verbos, además de indicar fenómenos meteorológicos, están conjugados en tercera persona del singular, y llevan en sí mismos el sujeto: ¿qué o quién llueve? : la lluvia; ¿qué o quién relampaguea? : el relámpago; ¿qué o quién nevará? : la nieve.

79   En el caso b): los verbos, además de construirse en tercera persona, en este caso plural llevan por sujeto al pronombre "se", el cual no nos dice nada claro sobre el mismo. ¿Quiénes comentan? ¿Quiénes piensan aplicar inyecciones? ¿Quiénes decidieron vender el petróleo más barato? ¿Quién solicita sirvienta? No podemos aplicar un sujeto determinado, no sabemos qué sujeto le corresponde.

80   Los verbos **hacer, haber, y ser,** cuando van modificados por una palabra que no sea sustantivo o que tenga ese carácter, se consideran impersonales. Ejemplos:

Hace mucho. Era tarde. Ha llovido.

VERBOS AUXILIARES.

81   Son los que ayudan o "auxilian" a otro para matizar su significación. Su función principal es la de formar los tiempos compuestos, o bien se combinan con el infinitivo, el participio o el gerundio para formar las llamadas "frases verbales".

82   El verbo auxiliar es el que sufre los accidentes gramaticales, es decir, indica la voz, el modo, el tiempo, el número y la persona en la conjugación.

83 Los verbos auxiliares principales son: **haber, estar.**

Otros verbos: poder, querer, saber, deber, soler; así como: ir, venir, quedar, dejar y tener que, al combinarse con el infinitivo, participio y gerundio, se constituyen también en verbos auxiliares.

Ejemplos:
Puedes hacer lo que quieras. Quiero ir de compras. Debo acostarme temprano. Solías cabalgar por las mañanas.

84 Los verbos poder, querer, deber, soler, como puede observarlo acompañan a un infinitivo. Su función es la de reforzar el significado del infinitivo, y pierden, al mismo tiempo, su propia significación. Fíjese también que son los verbos auxiliares los que estan "sufriendo" los accidentes: voz, modo, tiempo, persona y número.

Ahora veamos los siguientes ejemplos:

Juan va leyendo el periódico. Roberta viene cantando alegremente. La joven dejo escrita la carta antes de marcharse. Tengo que enviar el recado pronto.

85 ¿Qué ha notado? Ahora los verbos ir y venir se han combinado con los gerundios leyendo y cantando. Dejar ha hecho lo mismo con el participio. El verbo tener añadió la conjunción "que" al infinitivo enviar.

86 Todos los verbos anteriores, en sus diferentes combinaciones, han formado verbos compuestos, o bien, frases verbales.
Analicemos ahora los verbos **haber, ser y estar.**

VERBO HABER.

87 Es el auxiliar por excelencia. Forma los tiempos compuestos (he amado, habrías terminado).
88 También funciona como verbo impersonal en la tercera persona del singular o del plural: "hay".

Ejemplos:

89 Hay una persona en el patio.

Habrá muchas personas en el patio.

Su significación primitiva era la de "tener", pero con el tiempo la ha perdido, para funcionar primordialmente como verbo auxiliar, o como impersonal.

VERBO SER.

90 Es auxiliar. Con el participio forma la voz pasiva (es amado). Con un sustantivo, adjetivo o participio es copulativo, —parte del P.N.— (es actor, es bueno, es aburrido). Equivale a existir (La vida es y será siempre).

91 Analicemos algunos ejemplos para que observe las funciones del verbo **ser:**

1. El camarero fue llamado por el cliente.
2. La niña fue retratada por su padre.
3. Los estudiantes son varones.
4. Las flores son claveles.
5. Las paredes son blancas.
6. Los libros son voluminosos.
7. El himno nacional es cantado en las fiestas patrias.
8. Los trofeos son admirados en los escaparates.
9. "Pienso, luego soy".

92 ¿Qué le dicen las dos primeras oraciones? Son construcciones en voz pasiva. En este tipo de oraciones el verbo ser, más el participio, forman el predicado verbal. En las dos expresiones siguientes, el verbo "ser" está uniendo dos sustantivos en cada construcción: flores y claveles; estudiantes y varones. En las subsecuentes oraciones, el verbo ser une sustantivos y adjetivos: paredes y blancas, libros y voluminosos. En los cuatro últimos casos el verbo "ser" cumple función "copulativa".

93 En los ejemplos 7 y 8, el verbo ser va seguido por un participio: es cantado, son admirados. En la expresión final, el verbo "ser" es equivalente de "existir".

VERBO ESTAR.

94 Es auxiliar. Con el adjetivo y con el participio es copulativo —es parte del predicado nominal—. Equivale a "encontrarse", tanto en el sentido físico como en el psicológico.

95 Estudiemos algunos ejemplos para que vea las funciones del verbo **estar:**

1. Los muchachos **están** cantando en el coro.
2. La película **está** empezando.
3. La fruta **está** barata.
4. La manzana **está** podrida.
5. Los alumnos **están** en el salón de clases.
6. La madre de Rosita no **está** para bromas.

96 En los dos primeros ejemplos, el verbo **estar** funciona como auxiliar; en este caso siempre va acompañado del gerundio. La tercera y cuarta oraciones tienen predicado nominal, es decir, **estar** desempeña su papel de verbo copulativo; en el tercer caso va a compañado de un adjetivo y, en el cuarto, de un participio. En la quinta expresión del verbo **estar** equivale a "encontrarse" en sentido físico —indica lugar—. En la sexta oración **estar** también puede sustituírse por "encontrarse"; sólo que en este caso, el sentido de la palabra es psicológico —denota un estado de ánimo.

SIGNIFICACION DE LOS VERBOS SER Y ESTAR.

97 Tiempo atrás, los verbos **ser** y **estar** se usaban indistintamente. En la actualidad hay una marcada diferencia en cuanto a su significación.

98 **El verbo ser** usado con adjetivo, indica que la cualidad le es inherente al sujeto.

Ejemplos: Carlos **es** calmado. Patricia **es** diligente.

99 **El verbo estar** con adjetivo indica que la cualidad "se da como un estado alcanzado". Ejemplos:

Carlos **está** calmado. Patricia **está** diligente hoy.

100 ¿Observa la diferencia entre uno y otro verbos? Con el verbo ser la cualidad le pertenece al sujeto; en cambio, con el verbo **estar,** la cualidad se da como un estado alcanzado por el sujeto, como algo que normalmente no posee, que no es parte de él.

101 Veamos otros ejemplos para que observe mejor este aspecto:

La niña *es* bonita   La niña *está* bonita.
Los peces *son* verdes   Los peces *están* verdes.
París *es* bella.   París *está* bella.

102 ¿Observa la diferencia? En el primer caso el verbo **es** está indicando que la cualidad de ser bonita le pertenece a la niña, mientras que el estar bonita es una cualidad alcanzada por la niña, que antes no la poseía. El segundo ejemplo expresa lo mismo: los peces poseen la cualidad de ser verdes, mientras que al decir "están verdes" se está indicando que llegaron a ese estado, que antes no tenían. En el tercer caso, al decir que "París **es** bella", estamos aceptando que siempre lo ha sido; en cambio al mencionar que "**está** bella" puntualizamos que en este momento alcanzó esa cualidad.

Haga lo que se le indica en la hoja de Trabajo 12.

CLASES DE VERBOS.

CRITERIO ANALOGICO.

103 Desde el punto de vista de su forma y significación, los verbos se dividen en **regulares, irregulares y defectivos.** En este apartado estudiaremos sólo los regulares; los irregulares y los defectivos se analizarán más adelante.

VERBOS REGULARES.

104 Son los que conservan los sonidos de su **radical o tema** en todo el proceso de la conjugación y adoptan las terminaciones ordinarias.

105 El verbo, por su estructura, se divide en dos partes: **radical** o **tema,** y **terminación** o **desinencia.** La primera expresa la significación, y la segunda, los accidentes.

44

Ejemplos:

VERBO	RADICAL	DESINENCIA
amar	am	ar
amaba	am	aba
temer	tem	er
temeremos	tem	eremos
parto	part-	o
partiré	párt	iré
amaría	am	aría
temeríais	tem	eríais
partirían	part	irían

106 En los modos **indicativo, subjuntivo** e **imperativo** todos los tiempos, exceptuando el futuro del **indicativo** y del **subjuntivo,** tienen como **radical** las letras anteriores: **ar, er, ir,** el futuro de **indicativo y subjuntivo,** así como el modo **potencial,** tienen también como **radical** las letras anteriores **a: ar, er, ir.** Esto lo verá claro en el siguiente punto.

CONJUGACION.

107 Conjugación es el sistema o proceso mediante el cual el verbo expresa todos sus accidentes: modo, tiempo, número y persona.

CONJUGACION REGULAR.

108 Le ofrecemos a Ud. las dos nomenclaturas mas utilizadas en la conjugación de la Real Academia Española con negritas, la de Andrés Bello entre paréntesis.

PRIMERA CONJUGACION

AMAR

Infinitivo simple	**am**-ar
Infinitivo compuesto	haber amado
Gerundio simple	**am**-ando
Gerundio compuesto	habiendo amado
Participio	**am**-ado

MODO INDICATIVO

PRESENTE
(Bello: presente)

YO	**am**-o
TU	**am**-as
EL	**am**-a
NOSOTROS	**am**-amos
VOSOTROS	**am**-áis
ELLOS	**am**-an

Pretérito Indefinido
(Bello: Pretérito)

YO	**am**-é
TU	**am**-aste
EL	**am**-ó
NOSOTROS	**am**-amos
VOSOTROS	**am**-asteis
ELLOS	**am**-aron

PRETERITO PERFECTO
(Bello: antepresente)

YO	**he** amado
TU	**has** amado
EL	**ha** amado
NOSOTROS	**hemos** amado
VOSOTROS	**habéis** amado
ELLOS	**han** amado

PRETERITO IMPERFECTO
(Bello: copretérito)

YO	**am**-aba
TU	**am**-abas
EL	**am**-aba
NOSOTROS	**am**-ábamos
VOSOTROS	**am**-abais
ELLOS	**am**-aban

PRETERITO ANTERIOR
(Bello: antepretérito)

YO	**hube** amado
TU	**hubiste** amado
EL	**hubo** amado
NOSOTROS	**hubimos** amado
VOSOTROS	**hubisteis** amado
ELLOS	**hubieron** amado

PRETERITO PLUSCUAMPERFECTO
(Bello: antecopretérito)

YO	**había** amado
TU	**habías** amado
EL	**había** amado
NOSOTROS	**habíamos** amado
VOSOTROS	**habíais** amado
ELLOS	**habían** amado

FUTURO
(Bello: futuro)

YO	**am**-aré
TU	**am**-arás
EL	**am**-aría
NOSOTROS	**am**-aremos
VOSOTROS	**am**-aréis
ELLOS	**am**-arán

FUTURO PERFECTO
(Bello: antefuturo)

YO	**habré** amado
TU	**habrás** amado
EL	**habra** amado
NOSOTROS	**habremos** amado
VOSOTROS	**habréis** amado
ELLOS	**habran** amado

MODO POTENCIAL

SIMPLE
(Bello: prospetérito de indicativo)

YO	**am**-aría
TU	**am**-arías
EL	**am**-aría
NOSOTROS	**am**-aríamos
VOSOTROS	**am**-aríais
ELLOS	**am**-arían

COMPUESTO
(Bello: antepospretérito de indicativo)

YO	**habría** amado
TU	**habrías** amado
EL	**habría** amado
NOSOTROS	**habríamos** amado
VOSOTROS	**habríais** amado
ELLOS	**habrían** amado

MODO SUBJUNTIVO

PRESENTE
(Bello: presente)

YO	**am**-e
TU	**am**-es
EL	**am**-e
NOSOTROS	**am**-emos
VOSOTROS	**am**-éis
ELLOS	**am**-en

PRETERITO INDEFINIDO
(Bello: pretérito)

YO	**am**-ara o **am**-ase
TU	**am**-aras o **am**-ases
EL	**am**-ara o **am**-ase
NOSOTROS	**am**-áramos o **am**-ásemos
VOSOTROS	**am**-árais o **am**-aseis
ELLOS	**am**-aran o **am**-asen

PRETERITO PERFECTO
(Bello: antepresente)

YO	**haya** amado
TU	**hayas** amado
EL	**haya** amado
NOSOTROS	**hayamos** amado
VOSOTROS	**hayais** amado
ELLOS	**hayan** amado

PRETERITO PLUSCUAMPERFECTO
(Bello: antepretérito)

YO	**hubiera** o **hubiese** amado
TU	**hubieras** o **hubieses** amado
EL	**hubiera** o **hubiese** amado
NOSOTROS	**hubieramos** o **hubiesemos** amado
VOSOTROS	**hubierais** o **hubieseis** amado
ELLOS	**hubieran** o **hubiesen** amado

FUTURO
(Bello: futuro)

YO	**am**-are
TU	**am**-ares
EL	**am**-are
NOSOTROS	**am**-aremos
VOSOTROS	**am**-aréis
ELLOS	**am**-aren

FUTURO PERFECTO
(Bello: antefuturo)

YO	**hubiere** amado
TU	**hubieres** amado
EL	**hubiere** amado
NOSOTROS	**hubieremos** amado
VOSOTROS	**hubiereis** amado
ELLOS	**hubieren** amado

MODO IMPERATIVO

PRESENTE
(Bello: no le da nombre)

am-a	TU
am-ad	VOSOTROS

Haga usted la hoja de trabajo No. 14.

SIGNIFICACION DE LOS TIEMPOS DEL VERBO.

EL PRESENTE

109 El presente es el "ahora"; es el momento en que se habla.

110 Para que observe cómo funcionan los tiempos del verbo, especialmente el presente, dispongase a leer un fragmento de "posdata". Es un ensayo del poeta mexicano Octavio Paz, quién se ha preocupado en su obra en prosa, principalmente, de la problemática del mexicano. El nos dice:

111   "Su tema es una reflexión sobre lo que ha ocurrido en México desde que escribí "El Laberinto de la Soledad" y de ahí que haya llamado a este ensayo: "Posdata" Es una prolongación de este libro pero, apenas si es necesario advertirlo, una prolongación crítica y autocrítica; Posdata no solamente por continuarlo y ponerlo al día, sino por ser una nueva tentativa por descifrar la realidad. Tal vez valga la pena aclarar (una vez más) que "El Laberinto de la Soledad" fue un ejercicio de la imaginación crítica: una visión y, simultáneamente una revisión Algo muy distinto a un ensayo sobre la filosofía de lo mexicano o una búsqueda de nuestro pretendido ser. El mexicano no es una esencia sino una historia. Ni ontología ni psicología."

112 Señalemos los verbos usados en este trozo literario:

VERBO	TIEMPO	MODO
es	presente	INDICATIVO

48

ha ocurrido	pretérito perfecto	"
escribí	pretérito indefinido	" "
haya llamado	pretérito perfecto	SUBJUNTIVO
es	presente	indicativo
es	"	"
valga	"	subjuntivo
fue	pretérito indefinido	indicativo
es	presente	"

113 No cabe duda que Paz maneja admirablemente los tiempos verbales. En un fragmento tan corto ha utilizado varios tiempos, y los modos indicativo y subjuntivo. Pero nos interesa, por ahora, el tiempo **presente**. Estudiemos las oraciones donde está empleado este tiempo.

"Su tema *es* una reflexión..."
"*Es* una prolongación..."
"El mexicano no *es* una esencia sino una historia"

114 El verbo usado en tiempo presente de indicativo en este fragmento es **ser** en tercera persona del singular: **es**. El escritor mexicano se vale de él para afirmar algo; para enunciar una verdad. Sin embargo, no sólo para este caso se emplea el tiempo presente de indicativo, sino que presenta diversas modalidades. Veamos:

Si decimos: Juan escribe. Rebeca lee.

115 Notamos que las acciones de escribir y de leer se están realizando en el momento en que se está hablando, y que la acción es continua, a esta modalidad del presente se le denomina **actual**.

Presente actual

116 La acción del verbo expresa continuidad, dentro del momento en que se está realizando la acción.

Presente habitual

Otra forma del presente podemos verla en los siguientes ejemplos:

Trabajo de ocho a trece horas. Yocasta recibe a Edipo en el pórtico del palacio. Penélope teje por las tardes.

117 Los verbos de los ejemplos anteriores están indicando que las acciones de trabajar, recibir y tejer se efectúan con regularidad; están indicando una costumbre. Esta *modalidad* del presente se le llama *habitual*.

118 En el presente habitual la acción del verbo expresa costumbre, hábito.

Presente histórico

Una variación más del presente la apreciamos en lo siguiente:

Cortés toma consejo. Uno: se debe torcer el camino e irse por Huejotzingo a la Gran Tenochtitlán, que está a veinte leguas de distancia. Otro: debe hacerse la paz con los de Cholula y regresar a Tlaxcala. Este: no debe pararse por alto esta traición, pues significaría invitar otras. Aquél: debe darse guerra a los cholultecas. El extremeño de quijadas duras decide: simularán liar el hato para abandonar Cholula."

¿Te has dado cuenta de que un pasaje de la historia de la Conquista de México se narra en presente? Esto suele ocurrir, sobre todo en la literatura, con el objeto de dar vida al hecho ocurrido hace mucho tiempo. Esta modalidad del presente se llama presente **histórico.**

119 El presente histórico consiste en narrar los hechos pasados en tiempo presente, con objeto de animar al suceso referido.

120 Otra forma muy común de usar el presente la explicamos enseguida:

Presente como futuro

En diciembre voy a ir a Acapulco. Mañana te veo. ¿Qué indican las acciones de "voy a ir" y "veo"? ; indiscutiblemente que presente, pero el contexto de las oraciones nos indica que la acción no se está realizando en el momento que se está hablando, sino que se llevará a cabo posteriormente: "En diciembre. . ." "Mañana. . ." Esta forma tan común de usar el presente para actos futuros se llama así.

121 El tiempo del verbo expresa presente, pero la acción se realizará en el futuro.

Efectúe lo indicado en la hoja de trabajo no. 15.

RECAPITULACION

1. **Verbo** es el eje de la oración al que se subordinan los demás elementos.
2. Su **función** primordial es constituir el núcleo del predicado.
3. Los **accidentes** del verbo son: voces, modos, tiempos, números, personas y formas impersonales.
4. **Voz**: es el accidente gramatical que indica la relación entre el verbo y su sujeto: si el sujeto verifica la acción, es activa, y si la recibe, es pasiva.
5. **Modo** verbal es la actitud que toma el hablante para expresarse.
6. Los **modos** son: indicativo, subjuntivo, imperativo y potencial.
7. El **modo indicativo** afirma o niega la acción del verbo en forma rotunda, absoluta.
8. El **modo subjuntivo** expresa deseo, posibilidad, duda.
9. El **modo imperativo** expresa mandato, ruego y exhortación.
10. El **modo potencial** expresa posibilidad.
11. **Tiempo verbal** es el fenómeno que expresa el momento en que se lleva a cabo la acción del verbo.
12. **Persona gramatical** son la letra o letras de la terminación verbal que indican uno de los tres puntos del coloquio.
13. **Número gramatical** es el accidente que clasifica la acción de acuerdo con la cantidad: singular y plural.
14. **Formas impersonales del verbo**: son palabras derivadas de un verbo, cuya función sintáctica es la de acompañar a un verbo auxiliar. Desempeñan papeles de sustantivo, adjetivo o adverbio.
15. Las **formas impersonales** son: infinitivo, participio y gerundio.
16. **Infinitivo** el nombre del verbo y termina en ar, -er, -ir.
17. **Participio** es la voz verbal terminada en -ado, -ido, -to, -so, -cho.
18. **Gerundio** es la voz verbal que termina en -ando, -endo y -iendo.
19. Desde el **punto de vista sintáctico,** los verbos se clasifican en:
    Copulativos: son los que van acompañados de un sustantivo, adjetivo, o construcciones equivalentes, formando el predicado nominal. Los principales son: ser y estar.
    Transitivos: son los que tienen complemento (objeto) directo.
    Intransitivos: son los que no tienen complemento (objeto) directo.
    Reflejos: son los que, mediante el uso de un pronombre proclítico (va antes del verbo) conectan la acción del verbo al sujeto y al complemento directo o indirecto.
    Cuasirreflejos: son los que, aun llevando el pronombre proclítico, no lo tienen por complemento directo o indirecto.
    Recíprocos: son los que tienen dos sujetos, o un sujeto doble.
    Personales: son los que llevan sujeto.
    Impersonales: son los que se construyen sin sujeto, o bien el sujeto (representado por un pronombre) se ignora.

Auxiliares: son los que ayudan a otro a matizar su significación. Su función principal es la de formar los tiempos compuestos y las perífrases verbales. Los verbos auxiliares principales son: haber, ser y estar.

20. Desde el **punto de vista analógico (morfológico),** los verbos se clasifican como:

    Regulares: son los que conservan los sonidos de su radical o tema en todo el proceso de la conjugación y siguen las terminaciones ordinarias.

21. **Conjugación** es el sistema o proceso mediante el cual el verbo expresa sus accidentes: voz, modo, tiempo, número y persona.

22. **Tiempo presente:** es el "ahora", el momento en que se habla. Tiene las siguientes significaciones: presente actual, presente habitual, presente histórico y uso del presente por el futuro.

ACTIVIDADES COMPLEMENTARIAS

1. Estudia en cualquier texto: periódicos, revistas, novelas, etc., los verbos que encuentres; observarás que el verbo es el núcleo del predicado.

2. Después que hayas efectuado lo anterior, investiga cual es el modo de cada uno de los verbos. Fíjate sobre todo en el presente para que te des cuenta de su significación.

3. A continuación investiga el tiempo.

4. Busca otro texto cualquiera. Subraya las formas impersonales del verbo. Después de hacer una lista de ellas, escribe frente a cada una la función que desempeñaron en el texto.

5. Ahora debes usar un nuevo texto para que, después de subrayar los verbos, los clasifiques.

BIBLIOGRAFIA BASICA PARA ESTE TEMA:

LACAU-ROSETTI CASTELLANO (2). Edit. Kapelusz. B. Aires.

REACTIVOS DE AUTOEVALUACION

I.— El verbo.

Subraye los verbos que encuentre en el siguiente fragmento. Anótelos donde se indica. Asimismo llene las columnas con lo que se le pide.

"Seis días hacía que vagaba por las callejuelas y muelles de aquel puerto. Lo había dejado allí un vapor inglés procedente de Punta Arenas, puerto en que había desertado de un vapor en que servía como muchacho de un capitán. Estuvo un mes allí, ayudando en sus ocupaciones a un austriaco pescador de centollas, y en el primer barco que pasó hacia el norte embarcóse ocultamente.

Lo descubrieron al día siguiente de zarpar y enviáronlo a trabajar en las calderas. En el primer puerto grande que tocó el vapor lo desembarcaron, y allí quedó como un fardo sin dirección ni destinatario, sin conocer a nadie, sin un centavo en los bolsillos y sin saber trabajar en oficio alguno.

Mientras estuvo allí el vapor, pudo comer, pero después. . . La ciudad enorme, que se alzaba más allá de las callejuelas llenas de tabernas y posadas pobres, no le atraía: parecía un lugar de esclavitud, sin aire, oscuro, sin esa grandeza amplia del mar, y entre cuyas altas y rectas paredes la gente vive y muere aturdida por un tráfago angustioso."

ALEJO CARPENTIER
De "Los pasos perdidos"

1. VERBOS CONJUGADOS	TIEMPO	MODO

_____   _____   _____

_____   _____   _____

_____   _____   _____

_____   _____   _____

_____   _____   _____

_____   _____   _____

_____   _____   _____

_____   _____   _____

_____   _____   _____

2. INFINITIVOS   PARTICIPIOS   GERUNDIOS

_____   _____   _____

_____   _____   _____

_____   _____

_____   _____

_____   _____

_____   _____

_____

_____

_____

_____

3.— Con los mismos verbos anotados en el punto 1, haga una clasificación en:

COPULATIVOS   IMPERSONALES   TRANSITIVOS   INTRANSITIVOS

_____   _____   _____   _____

_____   _____   _____   _____

_____   _____   _____   _____

_____   _____   _____   _____

_____   _____   _____   _____

_____   _____   _____   _____

_____   _____   _____   _____

_____   _____   _____   _____

II.— Función sintáctica del verbo.

Estudie las siguientes oraciones. Observe el verbo en negrita en cada una. Escriba en la raya que está frente a cada oración la función sintáctica del mismo.

1.   El sol **alumbra** las casas. _____

2.   El detergente **es** tóxico. _____

3.   No me gusta **oír** música estridente. _____

4.   **Tengo que estudiar** hoy. _____

5.   **Cantar** es mejor que llorar. _____

III.— Realice el trabajo
Escriba una oración con cada uno de los adverbios dados.

1.   Ahora _____

2.   Ahí _____

3.   Bien _____

4. Seguramente _____

5. Quizás _____

6. Sólo _____

7. Más _____

8. Sucesivamente _____

9. No. _____

10. Todavía _____

III. Realice el retrato literario del animal que más conozca. Describa utilizando las figuras literarias que el módulo indica.

_____

_____

_____

_____

_____

_____

_____

_____

_____

_____

_____

_____

_____

IV. Haga usted la descripción de su propia ciudad capital, en pretérito de subjuntivo. El asesor podrá libremente cambiar el tiempo y el modo de la descripción, así como indicar su extensión.

_____

_____

_____

_____

_____

_____

_____

_____

_____

Módulo 2

OBJETIVOS ESPECIFICOS

Al terminar de estudiar este módulo; el alumno:

1.0 Redactará un párrafo en el que utilice con un 100% de corrección los adverbios y las locuciones adverbiales estudiadas.
2.0 Con el auxilio del diccionario indicará el significado de las palabras anotadas en una lista propuesta.

ESQUEMA-RESUMEN

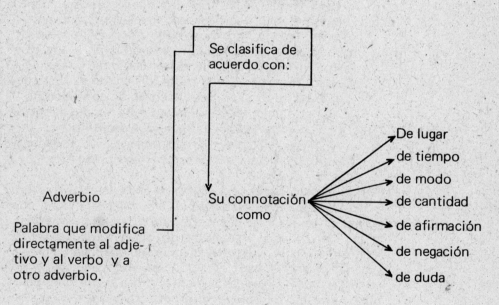

Se clasifica de acuerdo con:

Adverbio

Palabra que modifica directamente al adjetivo y al verbo y a otro adverbio.

Su connotación como

De lugar
de tiempo
de modo
de cantidad
de afirmación
de negación
de duda

EL ADVERBIO

122 Julio Ramón Ribeyro, escritor peruano contemporáneo, da principio a su relato La Insignia, así:

123   "Hasta ahora recuerdo aquella tarde en que al pasar por el malecón divisé en un pequeño basural un objeto brillante. Con una curiosidad muy explicable en mi temperamento de coleccionista, me agaché, y después de recogerlo lo froté contra la manga de mi saco. Así pude observar que se trataba de una menuda insignia de plata, atravesada por unos signos que en ese momento me parecieron incomprensibles. Me la eché al bolsillo, y sin darle mayor importancia al asunto regresé a mi casa. No puedo precisar cuánto tiempo estuvo guardada en aquel traje, que por lo demás, era un traje que usaba poco. Sólo recuerdo que en una oportunidad lo mandé lavar, y con gran sorpresa mía, cuando el dependiente me lo devolvió limpio, me entregó una cajita, diciéndome: "Esto debe de ser suyo, pues lo he encontrado en su bolsillo". Era, naturalmente, la insignia, y este rescate inesperado me conmovió a tal extremo que decidí usarla.

Aquí empieza, verdaderamente, el encadenamiento de sucesos extraños que me acontecieron".

124 Con esto basta para ejemplificar el tema que ahora nos toca desarrollar: *el adverbio.* Nos interesa mucho que se fije en las palabras siguientes: ahora, muy, después, así, poco, sólo, cuando, naturalmente, aquí, verdaderamente. Reflexiona sobre estas dos preguntas: ¿Qué significación tienen dichas palabras? ¿Qué función están desempeñando en la oración? Relee el fragmento; ahora examina las palabras que están adyacentes al propio adverbio, o bien examina el contexto. ¿Ya? Estamos seguros que hemos coincidido. Responderemos a las preguntas.

¿Qué significación tienen las palabras que están funcionando como adverbios?

PALABRA	SIGNIFICACION
ahora	tiempo

muy	cantidad o intensidad
después	tiempo
así	modo, manera
poco	cantidad
sólo (solamente)	modo
cuando	tiempo
naturalmente	modo

125 ¿Qué función están desempeñando los mencionados vocablos? Estudiemos el contexto:

1. Hasta ahora recuerdo aquella tarde...
2. Con una curiosidad muy explicable...
3. ...después de recogerlo lo froté contra la manga...
4. Así pude observar...
5. ...un traje que usaba poco...
6. Sólo recuerdo...
7. ...cuando el dependiente me lo devolvió...
8. Era, naturalmente...
9. Aquí empieza.
10. ...empieza, verdaderamente...

126 Analicemos los contextos por número:

Número de contexto:	Función sintáctica
1	modifica al verbo "recuerdo"
2	modifica al adjetivo "explicable"
3	" " verbo "froté"
4	" " " "pude observar"
5	" " " "usaba"
6	" " " "recuerdo"
7	" " " "devolvió"
8	" " " "Era"
9	" " " "empieza"
10	" " " "empieza"

127 Del examen anterior podemos deducir que: el **adverbio** de un modificador directo del verbo y del adjetivo.

128 Veamos otros ejemplos:

El enfermo está muy mal. Corría tan apresuradamente que...

En las dos expresiones anteriores tenemos como adverbio a: "muy" que está modificando al también adverbio "mal", y a "tan" que modifica a "apresuradamente". Tenemos pues otra función del adverbio. Ahora ya podemos definirlo cabalmente:

EL ADVERBIO.

129 El adverbio es la palabra que modifica directamente al verbo, al adjetivo, al sustantivo y aún al mismo adverbio.

El adverbio: generalmente es invariable, es decir no tiene accidentes (sólo apócope y grados) (Ver párrafo 140-141).

Ejemplos:
Corre mucho, medio desnudo, demasiado lento.

SIGNIFICACION DEL ADVERBIO.

130 El adverbio, al modificar al verbo, al adjetivo y a otro adverbio, expresa ideas dependientes de las palabras que está modificando. Estas modificaciones se refieren a tiempo, lugar, modo, cantidad. También expresa: afirmación, negación y duda.
Haga la hoja de trabajo 16.

CLASIFICACION DEL ADVERBIO POR SU CONNOTACION.
131
Lugar: aquí, ahí, allí, acá, allá, cerca, lejos alrededor, (a)fuera, (a)dentro, (en)frente, delante, adelante, junto, arriba, (a)bajo, encima, debajo, donde[1].

Tiempo: hoy, ayer, mañana, ahora, antes, después, anoche, mañana, luego, entonces, todavía, tarde, temprano, mientras, cuando,[2] recién.[3]

Modo: bien, mal, despacio, aprisa, así, apenas, quedo, adrede, como.[4]

---

1 donde es adverbio relativo; si se acentúa se considera interrogativo.
2 cuando, también es relativo e interrogativo.
3 recién, sólo se usa antes del participio. Ejemplo: RECIEN casado. Cuando modifica al verbo se convierte en "recientemente".
4 como, es adverbio relatio e interrogativo.

Cantidad: mucho, muy, poco, bastante, algo, nada más, menos, demasiado, casi, sólo, además, excepto, tanto, tan.

Afirmación: sí, cierto, también, seguro, siempre.
Negación: no, tampoco, nunca, jamás.
Duda: tal vez, quizá, quizás, acaso.

LA PALABRA "MENTE" EN LA FORMACION DE LOS ADVERBIOS.

132 Muchos de los adverbios enunciados en la clasificación anterior pueden usarse agregándoles la voz "mente". Ejemplo: buenamente, ciertamente, verdaderamente, seguramente.

133 Los adjetivos, añadiéndoles la palabra "mente", se pueden convertir en adverbios. Debe tomar en cuenta que si el adjetivo es masculino, al "adverbializarlo" se convierte en femenino. Ejemplos: cándido: cándidamente; estratégico: estratégicamente, etc. Otro detalle que no debes olvidar, es que si el adjetivo lleva acento, al constituírse en adverbio, debe conservarlo.

ADVERBIOS PRONOMINALES.

134 Adverbios pronominales son los de tiempo, lugar, modo y cantidad que por su significación tienen la misma función del pronombre.

135 Los adverbios pronominales se dividen en: **demostrativos, relativos, interrogativos e indefinidos.**

ADVERBIOS DEMOSTRATIVOS.

136 Los adverbios demostrativos indican lugar, aquí, ahí, allá, acá. Ejemplos: ahí está la pluma. La persona que está hablando al decir "ahí" se está refiriendo a un lugar.

Indican modo: así, tal.
    "   tiempo: hoy, ayer, mañana, ahora, entonces.
    "   cantidad: tanto, tan.

ADVERBIOS RELATIVOS.

137 Son adverbios relativos cuando, donde, cuanto, como. Ejemplos: En Acapulco fue donde se llevó a cabo la Semana Internacional de la Comunicación. "Donde" se refiere a Acapulco.

ADVERBIOS INTERROGATIVOS.

138 Son adverbios interrogativos cuándo: indican tiempo; dónde; lugar, cuánto, qué: cantidad, cómo: modo. Ejemplo: ¿Cómo llegaste?

139 Los adverbios relativos e interrogativos son los mismos. Para diferenciarlos, además de su función específica, debemos tomar en cuenta el acento. Los interrogativos, lo llevan; no así los relativos.

Haga la hoja de Trabajo 17.

APOCOPE DEL ADVERBIO.

140 Algunos adverbios, como los adjetivos, sufren "apócope".[1] Ejemplos: tanto; tan, mucho: muy, cuanto: cuan.

GRADOS.

141 También, como los adjetivos, algunos adverbios tienen grados comparativo y superlativo. Ejemplos:

> Juan trabaja tan arduamente como Pedro.
> María bordaba más despacio que Rosario.
> Leticia llegó muy temprano.
> Margarita cantó emocionadísima una melodía medieval.

DIMINUTIVOS.

142 En el habla familiar se permite el uso de algunos adverbios en diminutivo. Ejemplos: Me falta poquito. LLegó tempranito. En la escritura debe evitarse este uso.

---

1   Pérdida en las últimas letras en una palabra.

64

LOCUCIONES ADVERBIALES.

143 Locuciones adverbiales: son expresiones equivalentes al adverbio. Son modificadores directos del verbo. Tienen una estructura invariable, y se forman comúnmente mediante una preposición y un sustantivo.

144 También suelen llamarse: modos, giros o frases adverbiales. A continuación te enlistamos las principales:

a propósito
a pie
a carcajadas
a hurtadillas
a caballo
a oscuras
a tientas
a cántaros
a tontas y a locas
a ciegas
a escondidas
a medias
a menudo
a gatas
a besos
a manos llenas
a diestra y siniestra
a pie juntillas
al galope
al fin
al azar
al derecho
al revés
a la carrera
a la buena de Dios
a la chita callando
a la mexicana
a la fuerza
ante todo

con frecuencia
de buena gana
de repente
de pronto
de verdad
de veras
de hecho
de memoria
de hito en hito
de vez en cuando
de noche
desde luego
en realidad
en seguida
en efecto
en derredor
en pie
en un tris
en cuclillas
no más
nada más
nunca más
por fin
por poco
poco a poco
punto por punto
para colmo
sin más
sin comparación

145 Ejemplos:

El arriero llegó *a pie*

El hombre caminada *a tientas*
Llovía *a cántaros*
La madre se comía *a besos* a su hijo
Entró *a hurtadillas*
Se murió *en un tris*
Por poco se cae.
Poco a poco me voy acercando a ti.
El alumno dijo el poema *de memoria.*

Resuelva la hoja de trabajo 18.

RECAPITULACION

1. **Adverbio** es la palabra que modifica directamente al verbo, al adjetivo y a otro adverbio.
2. **El adverbio** se clasifica, de acuerdo con su connotación, en: de lugar, tiempo, modo, cantidad, afirmación, negación y duda.
3. Los **adverbios pronominales** son los de tiempo, lugar, modo y cantidad, que por su significación tienen la misma función del pronombre.
4. Los **adverbios pronominales** se dividen en: demostrativos, relativos, interrogativos e indefinidos.
5. **Locuciones adverbiales:** son expresiones equivalentes al adverbio. Se forman comúnmente con una preposición y un sustantivo.

ACTIVIDADES COMPLEMENTARIAS

1. Tome un texto cualquiera: revista, periódico, novela, poesía, etc. Subraye todos los adverbios que encuentre.
2. Luego, en una hoja, aparte, indique a qué otra categoría gramatical están modificando.
3. Después, clasifiquelos, por medio de listas.
4. Tome un nuevo texto para que busque las locuciones adverbiales.

BIBLIOGRAFIA BASICA

LACAU-ROSETTI CASTELLANO (2). Edit. Kapelusz, B. Aires.

VOCABULARIO

Uso del Diccionario.

155 Sin duda alguna conoce el diccionario. De hecho posee alguno o algunos. Pero, ¿sabe usarlo? ; ¿lo emplea cuando es necesario? Hemos comprobado que en muchos casos la respuesta es negativa, bien porque no se tiene a la mano, ya porque da flojera levantarse a consultarlo, o porque creemos saber el significado de las palabras, aunque sea "a medias". El dominio del vocabulario, la amplitud del mismo, nos lo proporciona la lectura constante. Vamos a realizar un ejercicio para poner a prueba su conocimiento del vocabulario de nuestra lengua. Para ello hemos seleccionado un fragmento del cuento "Las Ruinas Circulares", del celebérrimo escritor argentino Jorge Luis Borges:

Importancia

"Nadie lo vio desembarcar en la unánime noche, nadie vio la canoa de bambú sumiéndose en el fango sagrado, pero a los pocos días nadie ignoraba que el hombre taciturno venía del Sur y que su patria era una de las infinitas aldeas que están aguas arriba, en el flanco violento de la montaña, donde el idioma zend no está contaminado de griego y donde es infrecuente la lepra. Lo cierto es que el hombre gris besó el fango, repechó la ribera sin apartar (probablemente, sin sentir) las cortaderas que le dilaceraban las carnes y se arrastró, mareado y ensangrentado, hasta el recinto circular que corona un tigre o caballo de piedra, que tuvo alguna vez el color del fuego y ahora el de la ceniza. Ese redondel es un templo que devoraron los incendios antiguos, que la selva palúdica ha profanado y cuyo dios no recibe honor de los hombres. El forastero se tendió bajo el pedestal. Lo despertó el sol alto. Comprobó sin asombro que las heridas habían cicatrizado; cerró los ojos pálidos y durmió, no por flaqueza de la carne sino por determinación de la voluntad. Sabía que ese templo era el lugar que requería su invencible propósito; sabía que los árboles incesantes no habían logrado estrangular, río abajo, las ruinas de otro templo propicio, también de dioses incendiados y muertos; sabía que su inmediata obligación era el sueño. Hacia la medianoche lo despertó el grito inconsolable de un pájaro. Rastros de pies descalzos, unos higos y un cántaro le advirtieron que los hombres de la región habían espiado con respeto su sueño y solicitaban su amparo o temían su magia. Sintió el frío del miedo y buscó en la muralla dilapada un nicho sepulcral y se tapó con hojas desconocidas''.

''Entendió ud. completamente el fragmento que acaba de leer? Sea sincero. Lo entendió, pero no del todo. ¿Por qué? , pues simple y llanamente porque desconoce el significado de algunas, o tal vez muchas palabras. Por si mismo va usted a comprobar cuánto sabe en este aspecto y, lo que es más importante se dará cuenta de la necesidad de buscar en el diccionario el significado de muchas palabras, bien por desconocimiento completo, ya por conocimiento parcial de los vocablos.

Ahora, **sin consultar el diccionario,** va a escribir en la raya que sigue a cada palabra, el significado de la misma, de acuerdo con sus conocimientos sobre vocabulario.

unánime _____

taciturno _____

infinitas _____

flanco _____

violento _____

contaminado _____

lepra _____

ribera _____

dilaceraban _____

recinto _____

profanado _____

pedestal _____

incesantes _____

propicio _____

cántaro _____

amparo _____

magia _____

miedo _____

dilapidada _____

Ahora consulte las mismas palabras en el diccionario. Compare lo que escribió con lo que dice el diccionario. ¿Verdad que es esencial que ese libro que contiene las palabras con su significación, debe ser nuestro libro de cabecera?

unánime _____

taciturno _____

infinitas _____

flanco _____

violento _____

contaminado _____

lepra _____

ribera _____

dilaceraban _____

recinto _____

profanado _____

pedestal _____

incesantes _____

propicio _____

cántaro _____

amparo _____

magia _____

miedo _____

dilapidada _____

RECAPITULACION

El diccionario es el libro que contiene el significado de todas las palabras. Debe ser un libro de cabecera, un auxiliar de primer orden.

Resuelva la hoja de Trabajo 19.

ACTIVIDADES COMPLEMENTARIAS

Use su **diccionario** para que resuelva cualquier duda que se le presente con respecto al vocabulario. Si no lo tiene, adquiera uno, ¡inmediatamente!

Forme su propio diccionario con las palabras que le ofrezcan dificultad.

REACTIVOS DE AUTOEVALUACION

I. Redacte usted un párrafo en torno a las características climáticas y ambientales de su lugar de origen, en el que se utilicen todos los adverbios y locuciones adverbiales estudiados en la unidad.

II. Diga usted qué significan las siguientes palabras:

1) Alguacil _____

2) almácigo _____

3) ambiopía _____

4) analgesia _____

5) anacusia _____

6) balaustrada _____

7) epigrama _____

8) pictórico _____

9) testamento _____

10) várice _____

Módulo 3

Al terminar de estudiar este módulo, el alumno:

1.0 Sintetizará el proceso formativo de la lengua española.
1.1 Reconocerá el origen de los toponímicos estudiados.
1.2 Recordará por lo menos 10 palabras de origen latino incluyendo la palabra original.
2.0 Describirá un objeto señalado por el asesor, o elegido por el mismo alumno, anotando todas sus partes con precisión y sin repetir ningún vocablo usado anteriormente.

ESQUEMA RESUMEN
LA FORMACION DE LA LENGUA ESPAÑOLA

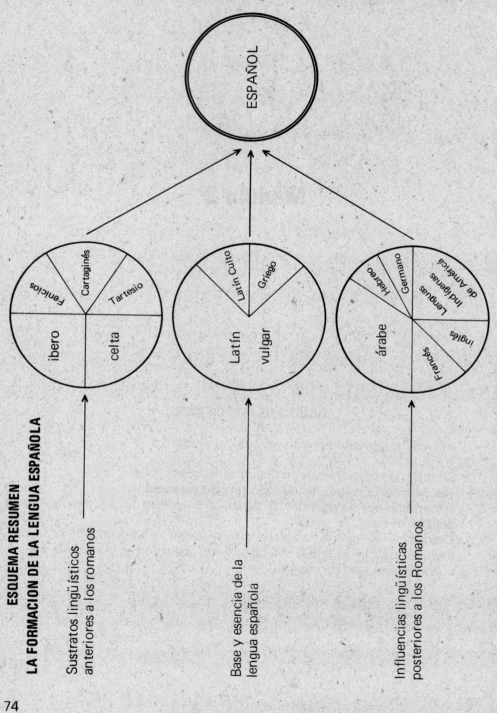

ESPAÑOL

Sustratos lingüísticos anteriores a los romanos

- ibero
  - Fenicios
  - Cartaginés
  - Tartesio
- celta

Base y esencia de la lengua española

- Latín
  - Latín Culto
  - Griego
- vulgar

Influencias lingüísticas posteriores a los Romanos

- árabe
  - Hebreo
  - Germano
  - Lenguas Indígenas de América
  - inglés
  - Francés

LOS ORIGENES DE LA LENGUA ESPAÑOLA

PERIODO PRERROMANO.

156 ¿Ha reflexionado alguna vez sobre la lengua que habla? Si la respuesta es positiva, seguramente las preguntas que se habrá hecho son las siguientes: ¿De dónde proviene? ¿Cómo se integró? ¿Qué relaciones tiene con otros idiomas? ¿Quiénes la hablaron primero? ¿Cómo ha evolucionado? , etc. Estas interrogantes que aún están sin respuesta, y muchas más, se las iremos aclarando conforme nos vayamos refiriendo a este tema.

Incógnita en la formación de la lengua española

157 Los orígenes de la lengua española se remontan hasta muchos siglos antes de nuestra era. Se supone que los primeros habitantes de lo que es hoy la Península Ibérica, se establecieron a los lados de los Pirineos —cadena montañosa que se extiende desde la costa mediterránea hasta el Atlántico, y que divide a España y Francia—. Estos grupos humanos hablaron una lengua que sobrevive en el idioma vasco. En otra región geográfica —costa de Levante— se establecieron los IBEROS, de cuyo nombre tomó el propio la península. Su cultura probablemente provenía de las costas africanas.

Orígenes

158 La civilización Tartesia —influída por comunidades étnicas venidas de Oriente— se estableció en lo que actualmente es la región sur de Portugal y la parte baja de Andalucía. Se sabe que tal cultura predominó durante muchos siglos.

Tartesios

159 Los primeros, venidos de Cartago, fundaron en el año 1110 A.C. la hoy ciudad de Cadiz, al sur de la península, a la que llamaron Gadir, posteriormente los romanos Gades y los árabes, Qádis. La palabra "gadir" es de origen púnico y quiere decir "recinto amurallado". Otra ciudad importante nacida mereced a los fenicios fue Málaga (Málaka: factoría). Los Griegos, desterrados del sur por los fenicios, se establecieron en la región de Levante. Ahí fundaron ciudades importantes como "Lucentum", hoy Alicante, y "Emporion", Ampurias.

Fenicios y griegos

160 Estas dos influencias: la fenicia y la griega, propiciaron el desarrollo del arte ibérico, tanto en numismática como en escultura. La famosa Dama de Elche ha quedado como muestra del aculturamiento griego por parte de los iberos.

161 Por lo que toca a las regiones del Centro y Noroeste, no se puede definir con exactitud qué grupo o grupos humanos llegaron a colonizar. Existe la hipótesis de una inmigración ligur (proveniente del Norte y Centro de Italia y de la región de la Provenza. Dicha suposición se ha sostenido debido a los toponímicos (nombres de lugares) encontrados en diversas partes de España. Son característicos, aunque no exclusivos— del idioma ligur, los sufijos "-asco", "-osca" y "usco". Ejemplos: "Viascón", hoy Pontevedra; "Tarascón": Orense, "Piasca": Santander, "Beascos": Murcia, "Orusco": Madrid, "Biosca": Lérida. El sufijo "-ona", también es de origen ligur. Ejemplos: Barcelona, Tarazona, etc.

Toponímicos liguras

Celtas

162 Los **celtas** invadieron Hispania en el siglo VII A.C. Procedentes del sur de Alemania. Se establecieron en Galicia, sur de Portugal y en la región llamada Sierra Morena. Más tarde se mezclaron con los iberos en el Centro y Bajo Aragón, y formaron una región llamada **Celtiberia.**

163 Los toponímicos de origen céltico son muchos. Casi todos ellos tienen nombres guerreros. Entran como elementos formativos de las palabras, las voces: "briga", que significa fortaleza, y "sego" o "segi" que indican victoria. Ejemplos: Conimbriga (Coimbra), Lacobriga (Carrión), Sigüenza, Seguvia (Segovia). La palabra "dunum", es sinónimo de "briga"; aquel elemento también entró en la formación de toponimias. Dichos lugares se encuentran localizados tanto en la región central como en la oriental de los Pirineos. Ejemplos: Navardúm (Zaragoza), Salardú (Lérida).

Carencia de unidad lingüística prerromana

164 No puede hablarse de unidad lingüística en la Península Ibérica antes de la llegada de los romanos. Los alfabetos ibéricos y taresio sirvieron cada uno para diversas lenguas. Los grupos colonizadores conservaron y extendieron cada uno su propia lengua: griegos, fenicios, cartagineses, celtas, etc. Además de los idiomas mencionados hay que agregar el vascuence.

165 El vascuence —lengua que hasta la fecha se ha conservado, y que no tiene relación lingüística con las demás que se hablaron y hablan en España— es un idioma cuyo origen es muy discutido todavía. Hay tres tesis: '

1. **El vascuence** es de procedencia africana. Presenta coincidencias decisivas con las lenguas camíticas: bereber, copto, cusita y sudanés.
2. **El vascuence** es originario de la región del Cáucaso. Su estructura gramatical tiene mucha similitud con las lenguas caucásicas.
3. **El vascuence** es una lengua mixta. Se parece a los idiomas caucásicos en su estructura y origen. Incorporó numerosos elementos camíticos de las lenguas ibéricas, así como celtismos y, finalmente, abundantes latinismos.

166 La segunda y tercera teorías son las que se sostienen en la actualidad. El **vascuence,** desde su origen hasta el siglo diez, fue una lengua que se transmitió por tradición oral. Textos más o menos amplios aparecen hasta el siglo dieciséis, pero sin llegar a tener la calidad de lengua culta. En nuestros días mantiene su primaria estructura gramatical, pero se ha visto sometida a la influencia del latín y de las lenguas romances. El **vascuence** ha dado lugar a muchos dialectos. Son de origen vasco, pues, numerosos toponímicos localizados primordialmente a lo largo de los Pirineos. Para la composición de muchas palabras entraron en función los sufijos éuscaros (vascos): "berri": nuevo, "gorri": rojo, "erri": quemado. Ejemplos: "Exaberri" da Javier, y significa "casa nueva"; "Latscorri" da Lascuarre, y significa: "arroyo rojo". Otros nombres de origen vasco son: Urquiza, Ezquerra, Iruecha, Garray, etc. El **vascuence** es la única lengua prerromana que tiene vigencia en la actualidad. Se habla en las provincias de Vizcaya y Guipúscoa.

167 Los romanos emprenden la conquista de Hispania en el año 206 A.C. Antes, en el 218 A.C., los Escipciones habían desembarcado en Ampurias. La pacificación fue completa hasta el año 19 A.C., cuando Augusto sometió definitivamente a los cántabros y astures. Así, Roma, al conquistar nuevas tierras, acababa con las pugnas entre tribus, pueblos y ciudades, imponiendo su cultura, que traía el concepto de la ley y la ciudadanía. Los romanos eran

77

maestros en Administración y Derecho. Debemos recordar que el Derecho Romano sentó la base de las legislaciones occidentales. Tampoco debemos olvidar que construyeron admirablemente: calzadas, puertos, puentes y acueductos que aún están en pie. De hecho, los romanos transformaron completamente el modo de vida de los habitantes de Hispania, llevando a dicho pueblo no sólo las formas de vida latinas, sino la cultura griega, que ellos habían adquirido cuando conquistaron la región helvética.

Primeras ciudades latinas en Iberia

168 Muy pronto empezaron a levantar ciudades latinas en la Península Ibérica; en 206 A.C. fundaron Itálica. Se extendieron rápidamente por diversas regiones del país colonizado. Ya en el año 90 A.C., nativos de Salduia (Zaragoza) luchaban como hermanos al lado de los romanos en la guerra social de Italia.

EL LATIN.

Lengua oficial romana

169 El latín lengua oficial de los romanos, se impuso rápidamente como instrumento de comunicación en todo el Imperio Romano. Los toponímicos indican que también hubo mezcla de elementos romanos con celtas y vascos. Ejemplos: "Gracchurris" (Alfaro) se formó del nombre de su fundador Tiberio Sempronio Graco y de la palabra vasca "urris". Elementos romanos y celtas se combinaron para formar: Caesarbriga (Talavera) Juliobriga (cerca de Reinosa) y Augustobriga (Ciudad Rodrigo).

170 El **latín,** idioma claro y preciso, enérgico, práctico y ordenador; adquirió gracia cuando tuvo contacto con la lengua griega, Hispania fue testigo del florecimiento de la literatura latina que imitó, haciéndolos suyos, los modelos de los grandes maestros griegos. De esta manera, muchas palabras de origen griego han pasado a nuestro idioma en este período por medio de la imposición del latín. Ejemplos: "philosophia": filosofía, "poesis": poesía, "mathematica": matemática, "chorus": coro, "organum": orégano, etc.

171 El **latín** pertenece a las llamadas lenguas itálicas, que se hablaron años antes de Cristo en la península del mismo nombre. A su vez, dichas lenguas itálicas pertenecían al

indoeuropeo, originario de casi todas las lenguas que se hablan en Europa. Además del Latín, son indoeuropeas: las lenguas célticas (que se hablaron en Hispania y hoy en Bretaña (Bretón) y en la Gran Bretaña (Irlandés, Galés, Escocés); las lenguas germánicas (el desaparecido Gótico, los modernos Alemán, Inglés, Holandés); las lenguas eslavas: Ruso, Polaco, Checo, Búlgaro, Serbocroata); las lenguas escandinavas. También el Griego y el Albanés. Las lenguas que se hablaron y hablan en Europa, que no pertenecen a la familia indoeuropea, son: el Etrusco, (desaparecido), el Finlandés, el Lapón, el Estoniano, el Húngaro y el Vascuence, fuera de Europa, pertenecen al tronco indoeuropeo el grupo de lenguas indias y el Persa. De lo que se concluye que gran parte del mundo actual tiene un mismo antepasado lingüístico.

172 Existieron dos clases de **latín**: el culto y el vulgar. El primero era usado por los escritores y gente preparada; el **vulgar** era hablado por el pueblo de Roma. Este fue el que se impuso en todas las colonias. Dicho latín presentaba diversas modalidades según la época de conquista del territorio, la procedencia de distintas regiones de la Península Itálica, la cercanía o lejanía de comunicación con la Metrópoli, etc. De este modo, en cada territorio conquistado —no se puede usar todavía el concepto de nación— la lengua impuesta adquirió diversos matices de expresión. Con el devenir del tiempo, la evolución del latín vulgar, al lado de la conformación de las naciones, vino a dar lo que hoy llamamos **lenguas romances, romanicas o neolatinas:** Español, Francés, Italiano, Provenzal, Catalán, Gallego-Portugés, Retrorrománico, Rumano y Sardo.

LAS LENGUAS ROMANICAS EN EUROPA

Lenguas romanas

173 En la actualidad, el **latín** convertido en lenguas romances, sobrevive con diversas modalidades en España, Francia, Portugal, Italia, Bélgica, Suiza, Rumanía, Hispanoamérica, parte sur de los Estados Unidos, Filipinas, y en muchos otros lugares del orbe, adonde fue llevado por los conquistadores españoles, portugueses y franceses, así como por los judíos sefardíes que fueron arrojados de España.

Fin de la dominación romana

174 La dominación romana terminó en el siglo V d.C., cuando se desmembró el Imperio. El período posterior será revisado en la siguiente Unidad.

EL ESPAÑOL EN AMERICA

SIN ORIGEN PRECISO	IBERICAS	GRIEGAS	FENICIAS	CELTAS ILIRIO LIGURES	DEL LATIN[1]	VASCUENCES
barro	lances (lanza)	idea	cítara	gándara (pedregal)	camisia (camisa)	Garsea (García)
carrasco	arrugia (arroyo)	melodía	barca	lama (barro)	campanna (cabaña)	Enneco (Iñigo)
cueto (otero peñascoso)	gurdus (estólido, necio)			braga (calzón)	cerevisia (cerveza)	Xemeno (Jimeno)
lavando (pato salvaje)	plumbum (plomo)				betulla (abedul)	annaia (hermano)
					alauda (alondra)	exquerr (izquierdo)
					salmo (salmón)	pizarra
					carrus (carro)	chaparro
					brigos (brío)	
					vasallus (vasallo)	

176 En nuestros días lo que se conserva de las lenguas prerromanas son unos cuantos sufijos: -arro, -orro, -urro: nuharro, machorro, baturro; "-asco: peñasco. Se presume que los sufijos -az, -ez, -oz, que abundan en la toponimia peninsular española, también pertenecen al período estudiado. En el mismo caso está la "-z" terminal de los apellidos.

Conteste el cuestionario de la hoja de trabajo núm. 20 y complete el cuadro que le ofrece la hoja de trabajo 21.

Elementos lingüísticos prerromanos

1 palabras tomadas por los celtas de los galos.

VOCABULARIO DE ORIGEN LATINO (ROMANO).

Porcentaje de palabras latinas en castellano

177 Como se habrá dado cuenta, la influencia del Latín en la lengua española fue decisiva y abundantísima. Se puede considerar que el 60% de nuestro vocabulario proviene de dicha lengua. En tal sentido, hacer una lista de palabras agotaría varios volúmenes. Le daremos algunos ejemplos para ilustrarle sobre este tema. Es necesario que sepa que las voces latinas se han incorporado a nuestra lengua, no sólo durante los siglos que los romanos permanecieron en la Península Ibérica, sino en los siglos subsecuentes, espe-

Epoca de incorporación de términos latinos al castellano

cialmente durante el llamado Siglo de Oro de la Literatura Española, como seguramente lo sabe por haber estudiado ya el período literario denominado Barroco. Aún en nuestros días, la supervivencia del Latín es muy importante. Basta señalar el hecho de que ha sido la lengua oficial de la Iglesia Católica. De este modo, tomando en cuenta las diferentes épocas de penetración de latinismos en el Español, los etimologistas han clasificado las palabras en tres grupos; a) palabras **cultas:** son la simple transposición fonética de una lengua a otra, tomando en cuenta la

Clasificación de las palabras de origen latino

eufonía; b) palabras **populares:** son la evolución de los vocablos a través del tiempo, y c) palabras **semicultas:** son las voces introducidas tardíamente.

178 Para que le sea más fácil asimilar el vocabulario latino introducido a nuestra lengua, clasificaremos las palabras tomando en cuenta las categorías gramaticales.

VERBOS:
179

LATIN	ESPAÑOL	LATIN	ESPAÑOL
amare	amar	legere	leer
audire	oír	habere	haber, tener
sedere, estare	ser, estar	ornare	adornar
dare	dar	vitare	evitar
laudare	alabar	servare	salvar
nuntiare	anunciar	timere	temer
maculare	manchar	probare	probar
ducere	conducir	dicere	decir
scribere	escribir	cognoscere	conocer
vincere	vencer	scire	saber

debere	deber	venire	venir
oboedire	obedecer	incendire	incendiar

SUSTANTIVOS:
180

LATIN	ESPAÑOL	LATIN	ESPAÑOL
serva	sierva	regina	reina
insula	isla	domina	señora
magistra	maestra	corona	corona
silva	selva	sagitta	saeta
aqua	agua	filia	hija
anima	alma	caput	cabeza
flos	flor	mater	madre
mulier	mujer	civitas	ciudad
manus	mano	spes	esperanza
dies	día	republica	república
avis	ave	turris	torre
magister	maestro	vir	varón
lupus	lobo	piscis	pez
civis	ciudadano	rivus	río
homo	hombre	pater	padre
filius	hijo	corpus	cuerpo
somnus	sueño	canis	perro
adulescens	adolescente	dens	diente
currus	carro	motus	movimiento
excercitus	ejército	senatus	senado
animus	ánimo	rex	rey
mons	monte		

ADJETIVOS:
181

LATIN	ESPAÑOL	LATIN	ESPAÑOL
malus	malo	mala	mala
bonus	bueno	bona	buena
albus	albo	alba	alba
sacer	sagrado	sacra	sagrada
niger	negro	nigra	negra
fortis	fuerte	fidelis	fiel
audax	audaz	suavis	suave
pudens	prudente	dulcis	dulce
facilis	fácil	celeber	célebre
utilis	útil	multus	mucho

PRONOMBRES:
182

LATIN	ESPAÑOL	LATIN	ESPAÑOL
ego	yo	tu	tú
me	me	te	te
nos	nosotros	vos	vosotros
se (sese)	se		[1]
meus	mío	mea	mía
tuus	tuyo	tua	tuya
suus	suyo	sua	suya
noster	nuestro	nostra	nuestra
vester	vuestro	vestra	vuestra
sui	suyo	suae	suyas

ADVERBIOS:
183

LATIN	ESPAÑOL	LATIN	ESPAÑOL
hic	aquí	foris	fuera
illic (ibi)	allí	quo	¿a dónde?
quando	cuando	hodie	hoy
heri	ayer	mane	por la mañana
antea	antes	semper	siempre
multum	mucho	minus	menos
non	no	sic	así
bene	bien	male	mal

RECAPITULACION

1. Los **orígenes de la lengua castellana** se remontan hasta muchos siglos antes de nuestra era.
2. Los grupos humanos que habitaron la hoy llamada Península Ibérica, antes de la llegada de los romanos fueron: iberos, fenicios, griegos, vascos, celtas.
3. Los romanos llegaron a Hispania en el año 206 A.C. Impusieron su cultura, religión y lengua: el latín.
4. **El latín** es considerado como la madre del Español.
5. Las **lenguas romances o neolatinas** son el resultado de la evolución del latín vulgar en los lugares que fueron conquistas del Imperio Romano.

---

1 El Latín no tiene pronombre personal de tercera persona. Para suplirlo se vale de demostrativos: "is, ea, id".

6. Las **lenguas romances** son: Español, Francés, Provenzal Italiano, Galle-go-Portugés, Catalán, Retorrománico y Rumano.

ACTIVIDADES COMPLEMENTARIAS

1. Realice una síntesis de la historia del español.
2. Dé las listas de palabras que vienen en este tema, haga una con voces que usamos con más frecuencia actualmente; no olvide indicar de qué lengua provienen dichos vocablos.
3. Elabore mapas para que le ayuden a la localización de los lugares que se mencionan. De este modo fijará mejor sus conocimientos.
4. Investigue en otras historias de la lengua española más datos que le amplíen este tema.

BIBLIOGRAFIA BASICA

LAPESA, Rafael. HISTORIA DE LA LENGUA ESPAÑOLA. Edit. Escelicer, S.A. Madrid.

EL VOCABULARIO USADO EN REDACCION

187 Para introducir el estudio de este tema denominado **El vocabulario en redacción,** leamos la siguiente descripción:

188   "A lo lejos una **torrentera** rojiza rasga los montes; la torrentera se ensancha y forma un **barranco;** el barranco se abre y forma una amena **cañada.** Refulge en la **campiña** el sol de agosto. Resalta, al frente, en el azul intenso, el perfil hosco de las Lometas; los **altozanos** hinchan sus lomos; bajan las **laderas** en suave enarcadura hasta las viñas. Y apelotonadas, dispersos, recogidos en los barrancos, resaltantes en las **cumbres,** los pinos asientan sobre la tierra negruzca la verdosa mancha de sus copas rotundas. La luz pone vivo claror en los **resaltos;** las **hondonadas** quedan en la penumbra; un haz de rayos que resbala por una cima hiende los aires en franja luminosa, corre en diagonal por un **terreno,** llega a esclarecer un **bosquecillo.** Una senda blanca serpentea entre las peñas, se pierde tras los pinos, surge, se esconde, desaparece en las alturas. Aparecen, acá y allá, solitarios, cenicientos, los olivos; las manchas amarillentas de los rastrojos contrastan con la verdura de los pámpanos. Y las viñas extienden su sedoso tapiz de verde claro en anchos cuadros, en agudos **cornijales,** en estrechas bandas que presidían blancos **ribazos** por los que desborda la impetuosa verdura de los pámpanos."

189 Nuestro amigo **Azorín,** en la topografía que acaba de leer, nos hace una descripción detallada y precisa. Consigue que imaginemos cabalmente la región que nos ofrece por medio de la palabra escrita. ¿Cómo lo ha logrado? A base de dar a cada vocablo su sentido y su significación precisos. Observe las palabras que aparecen en "negritas": torrentera, barranco, cañada; altozanos, laderas, cumbres, resaltos, hondonadas; terreno, bosquecillo. Seguramente conoce algunas de ellas, pero la mayoría encierra un misterio de significación para usted en este momento, necesita consultar en el diccionario para saber qué quiere decir cada una de las palabras empleadas por el autor; algunas de ellas, para usted son sinónimos; sin embargo, **Azorín** las ha utilizado oportunamente, para indicar lo que él quiere precisar, y no otra cosa.

190 Para comprobar lo que asentamos antes, a continuación van las palabras señaladas, con su significado:

1. **Torrentera:** cauce de un torrente
2. **Barranco:** quiebra profunda que hacen las aguas.
3. **Cañada:** espacio de tierra entre dos alturas poco distantes entre sí.
4. **Campiña:** espacio grande de tierra llana labrantía.
5. **Altozano:** cerro de poca altura en terreno plano.
6. **Laderas:** declive de un monte o de una altura.
7. **Cumbre:** cima de un monte.
8. **Resaltos:** parte que sobresale de la superficie de una cosa.
9. **Hondonada:** terreno hondo.
10. **Terreno:** espacio de tierra.
11. **Bosquecillo:** sitio pequeño poblado de árboles y matas.
12. **Cornijales:** Puntas, ángulos.
13. **Ribazos:** Terrenos algo elevados y en declive.

191 Las palabras: torrentera, barranco y cañada le han servido al autor para indicar diferentes aspectos de una clase especial de terreno. Si leyó con detenimiento la significación de cada una de las palabras aludidas, se habrá dado cuenta de que las tres palabras se relacionan, pero que cada una tiene un matiz característico de acepción que la hace diferente de las demás. Lo mismo pasa con las voces: campiña, hondonada, terreno. Otras veces el autor usa palabras con sentido muy diferente, como es el caso de ladera y cumbre; así usa también: campiña y bosquecillo.

192 De las reflexiones anteriores debe usted recordar, pues, que el **Vocabulario para redacción** debe tener como características: a) precisión y b) variedad; sobre todo la primera, ya que, a través de la palabra bien empleada, logramos establecer la relación con la idea y el objeto. Si no se emplean los términos adecuados, dicha comunicación falla. Así es que "hay que llamar las cosas por su nombre" exacto.

Enseguida insertamos un pequeño **Vocabulario para redacción,** que nos ha inspirado A. y J. Viñoly, en su obra

Diccionario guía de redacción, libro que le recomendamos ampliamente.

CASA

MANSION

PALACIO

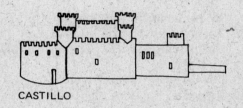

CASTILLO

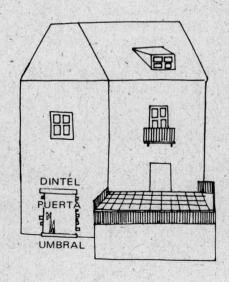

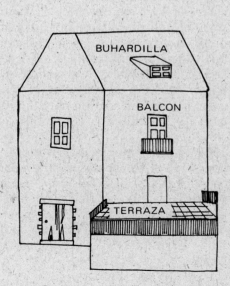

AULA

BIBLIOTECA

LABORATORIO

TRAJE

ESMOQUIN

CHAQUE

FRAC

POLLO

PATO

GANSO

PAVO

JAIBA

CAMARON

ALMEJA

MEJILLON

BOLICHE

TENIS

CANICAS

PERIODICO

REVISTA

BOLETIN

CONFERENCIA

DISCURSO

ENTREVISTA

IGLESIA

CATEDRAL

PARROQUIA

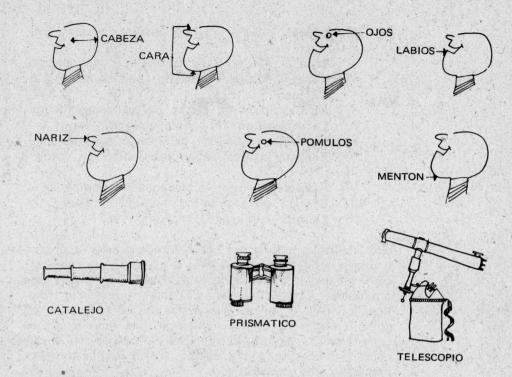

CABEZA

CARA

OJOS

LABIOS

NARIZ

POMULOS

MENTON

CATALEJO

PRISMATICO

TELESCOPIO

193 Las palabras enunciadas antes, con sus correspondientes dibujos, deben hacerle pensar en la recomendación que le hicimos con anterioridad: debemos dar a cada vocablo su significado preciso. Enseguida aumentamos el vocabulario para que le ayudes en los trabajos de redacción que habrá de realizar. Pero recuerde que debe consultar otros libros, leer mucho, para que su vocabulario sea abundante. Pero, sobre todo, interésese por conocer las cosas que las palabras mencionan, pues sólo así podrá asimilar su significado; por lo mismo, sólo debe describir aquello que conoce, lo que es "real" para usted.

194   1. **Hotel,** pensión, fonda, albergue, hostería, parador, mesón.
2. **Ciudad,** distrito, barrio, suburbio, pueblo, arrabal.
3. **Arquitecto,** contratista, constructor, ingeniero, obrero.
4. **Flor,** capullo, botón, pétalo, pistilo, corola.
5. **Tribu,** clan, familia, comunidad, dinastía, linaje.

6. **Educar,** enseñar, guiar, orientar, ayudar, proteger.
7. **Sano,** fuerte, corpulento, obeso, gordo, delgado.
8. **Habas,** lentejas, guisantes, alubias, espinacas, acelgas.
9. **Ajedrez,** dominó, cartas, baraja, dados, damas.
10. **Excursionismo,** caza pesca, alpinismo, esquí.
11. **Futbol,** tenis, beisbol, baloncesto, esgrima.
12. **Redactar,** colaborar, publicar, imprimir, cotejar, revisar.
13. **Habilidad,** inventiva, persuación, competencia.
14. **Oración,** plegaria, salmo, meditación, ayuno.
15. **Ejército,** tropa, batallón, compañía.

195 Por lo anterior habrá observado cuán amplio, diverso y preciso es el vocabulario que se requiere para redactar bien. Lo que le hemos dado en este tema es una guía, una orientación. Queda para usted la tarea más difícil: investigar, conocer y aplicar en sus trabajos de redacción, así como en la vida diaria, ese medio tan maravilloso de comunicación que es la palabra. Pero no debes olvidar que habrá una efectiva comunicación, si empleas los términos precisos y en su oportunidad.

RECAPITULACION

1. El vocabulario empleado en redacción y composición debe ser suficiente, preciso y exacto. El dominio del mismo se adquiere leyendo constantemente y consultando con frecuencia el diccioario.

Haga la hoja de trabajo 22.

ACTIVIDADES COMPLEMENTARIAS

1. Elabore varias descripciones cortas; no olvide ningún detalle importante.
2. Debe dar nombre exacto a cada uno de los aspectos del objeto descrito.

BIBLIOGRAFIA BASICA

VIÑOLY, A. y J. DICCIONARIO GUIA DE REDACCION. Edit. Teide, S.A. Barcelona.

REACTIVOS DE AUTOEVALUACION

I.   Elabore una síntesis de la historia de la lengua española desde sus inicios
     hasta la invasión de los romanos.

     _____

     _____

     _____

     _____

     _____

     _____

     _____

     _____

     _____

II. Diga usted cual es el origen de los toponímicos siguientes:

     1) Talavera   _____

     2) Coimbra   _____

     3) Tarascón   _____

     4) Alicante   _____

     5) Cadiz   _____

     6) Barcelona   _____

     7) Segovia   _____

     8) Zaragoza   _____

Módulo 4

OBJETIVOS ESPECÍFICOS

Al terminar de estudiar este módulo, el alumno:

1.0 Definirá la descripción en general y en particular, la descripción literaria.

1.1 Explicará los elementos fundamentales de una descripción.

2.0 Indicará cuales son las particularidades de las diversas clases de descripción.

2.1 Redactará una descripción de acuerdo a lo que su asesor le indique o su grupo de estudio determine con las cualidades señaladas en el módulo para una buena descripción.

3.0 Utilizará en sus descripciones las figuras literarias que el módulo indica.

4.0 Redactará empleando el volcabulario aprendido en el módulo.

ESQUEMA RESUMEN

Pasos a dar para describir → V. Descripción

→ IV. Presentación

→ III. Reflexión

→ II. Punto de vista

I. Observación

		Nombre	Describe
2.— Elaboración	Tipos de descripción	Paisaje o topografía	un lugar
		Prosopografía	los rasgos físicos de alguien,
		Etopeya	el aspecto moral de una persona,
	Elementos que se requieren	Retrato	el aspecto físico y moral de una persona.
		Paralelo	retrato comparativo de dos personas
		Estructura	
		Técnica	
		Lenguaje	
		Estilo	

LA DESCRIPCION

198 Hablarle de **descripción,** es mencionarle un asunto que desde la primera unidad le fue presentado. Pero ahora profundizaremos en el tema. Como es usual, partiremos de un ejemplo, para motivar y explicar posteriormente el conocimiento.

199 Hemos seleccionado un trozo de la novela **"Los de abajo"** de Mariano Azuela, escritor considerado como el iniciador de la novela llamada de la Revolución. Médico a las órdenes de Pancho Villa, fue testigo ocular del movimiento social de 1910. Ese material inspiró al autor una de las novelas más interesantes y estudiadas de la literatura nacional de nuestros días.

"Fue una verdadera mañana de nupcias. Había llovido la víspera toda la noche, y el cielo amanecía entoldado de blancas nubes. Por la cima de la sierra trotaban potrillos brutos de crines alzadas y colas tensas, gallardos con la gallardía de los picachos que levantan su cabeza hasta besar las nubes.

Los soldados caminaban por el abrupto peñascal contagiados de la alegría de la mañana. Nadie piensa en la artera bala que puede estarlo esperando más adelante. La gran alegría de la partida estriba cabalmente en lo imprevisto. Y por eso los soldados cantan, ríen y charlan locamente. En su alma rebulle el alma de las viejas tribus nómadas. Nada importa saber a dónde van y de dónde vienen; lo necesario es caminar, caminar siempre, no estacionarse jamás; ser dueños del valle, de las planicies, de la sierra y de todo lo que la vista abarca.

Arboles, cactus y helechos, todo aparece acabado de lavar. Las rocas, que muestran su ocre como el orín las viejas armaduras, vierten gruesas gotas de agua transparente."

200 Por lo que acaba de leer, ¿podrá definir con sus propias palabras lo que es **descripción**? Le ayudaremos. ¿Qué describe Mariano Azuela? Un paisaje. ¿Cómo lo hace? Habla del cielo, de las nubes, de la sierra, de unos potrillos, de soldados, de un valle, "y de todo lo que la vista abarca". Nos da la imagen de un paisaje, de un todo, mediante el señalamiento de cada una de las partes que lo integran. De este elemental análisis, podemos deducir una primera definición de descripción.

Describir es enumerar las partes de un todo

Definición de la descripción en general

201 Este concepto, como dijimos antes, primario, establece una generalización. Lo que nos interesa observar no es sólo esto, sino estudiar la **descripción** desde el punto de vista literario. La **descripción literaria** debe reunir ciertas características. En primer lugar, toda creación artística debe producir una emoción estética en el receptor de la obra, es decir, tiene que conmoverlo espiritualmente mediante la expresión de belleza que trata de transmitir. En la obra literaria, indiscutiblemente, es con palabras como se llega a establecer esa comunicación espiritual entre el emisor (escritor) y el receptor (lector).

202 Relea la descripción. ¿Percibió el efecto estético que el autor trata de hacerle llegar con su creación? Indudablemente que sí, pues es muy distinto leer un libro de texto que sólo proporciona información, a deleitarnos con una composición literaria. La diferencia es abismal. Usted ya sabe distinguir esa diversidad porque en su libro de Metodología se establece claramente esta distinción. El libro de texto pertenece a las obras expositivas, y la obra literaria a las imaginativas. El lenguaje es el elemento esencial en ambos tipos de obras; el empleado en las obras expositivas es directo, está sirviendo como finalidad informativa, mientras que el literario es figurado, está lleno de belleza, de figuras literarias, que han sido concebidas para producir ese "fenómeno estético" tantas veces aludido. Tomando en cuenta lo anterior, la descripción literaria se define así:

Describir es presentar una imagen que conmueva espiritualmente

Definición de descripción literaria

203 Hay muchos autores que han tratado de definir este concepto; por ejemplo:

Describir es "dibujar, delinear, representar personas o cosas por medio del lenguaje".

Describir es "conseguir que se vea algo".

Describir es "pintar".

Una **descripción** es "un cuadro".

204 Ojalá que con las definiciones anteriores haya quedado claro el concepto de **descripción literaria.**

ELEMENTOS DE LA DESCRIPCION.

205 La **descripción,** entendida como creación literaria, es un proceso, un desarrollo mediante el cual vamos incorporando los elementos básicos para lograr un todo coherente. Martín Vivaldi nos habla de cuatro elementos esenciales: observación previa, reflexión, presentación y puntos de vista.

OBSERVACION PREVIA.

206 Si por describir entendemos "enumerar las partes de un todo", lógicamente tenemos que poner en juego nuestros cinco sentidos para poder plasmar posteriormente la imagen que captamos con todos sus detalles, o con los esenciales, al menos. Para lograr esta captación de detalles, tenemos que concentrar nuestra atención al máximo; nuestros ojos deben ser dos "lupas". **Observar** es mirar detenidamente una cosa. Ya cuando hemos "aprehendido" hasta el más insignificante rasgo de una cosa o persona, cuando tenemos una imagen cabal en nuestra mente, cuando la hemos asimilado, estamos en disposición de comunicarla. Esta fase es lo que se llama **observación previa;** pero el artista, al percibir la imagen, al hacerla suya, al aprehenderla, la interpreta de acuerdo con su visión particular de las cosas; está dando su **punto de vista.**

PUNTO DE VISTA.

207 Punto de vista es el modo particular que cada uno de nosotros tenemos de ver las cosas, de interpretarlas.

REFLEXION.

208 **Reflexión** es el proceso mediante el cual analizamos, valoramos, sintetizamos y desechamos los detalles observados previamente. La **reflexión** es una "coladera", es la depuración de todo aquello que sale sobrando, que no añade ni ayuda nada al objeto descrito. La **reflexión** implica una discriminación de detalles para favorecer el ser que se está describiendo; es selección y ordenación de las ideas esenciales y secundarias.

PRESENTACION.

209 Presentación es terminar la obra ya depurada, completa en sí misma, con todos los elementos: punto de vista, observación previa y reflexión. Es muy conveniente que antes de presentar la obra (pasarla en limpio), haya transcurrido algún tiempo entre la concepción y el último paso. Pues es más fácil apreciar los errores cuando volvemos a ver lo que hemos hecho, cuando hemos establecido una distancia temporal.

Describa lo que le pide la hoja de trabajo 24.

CLASES DE DESCRIPCION.

210 Hay diferentes tipos o clases de descripción; cada una de ellas requiere de una técnica adecuada; te iremos dando poco a poco las recomendaciones especiales cuando convenga. En este apartado te indicaremos a grandes rasgos, con su ejemplo respectivo, las diversas clases de descripciones: paisaje o topografía, prosografía, etopeya, retrato y paralelo.

Paisaje o Topografía.

211 Paisaje y topografía es la descripción de una parte determinada de un lugar, o de diferentes partes de un lugar vistas como un todo: una ciudad, un centro comercial, la plaza principal de un poblado una ciudad, un centro comercial, la plaza principal de un poblado con los edificios que la rodean, etc. En el primer caso —paisaje—, descripción de un lugar determinado, la situación del escritor es semejante a la de un pintor frente a un paisaje. Es necesario destacar la claridad, la sombra, el color, etc., así como llamar cada cosa por su nombre exacto. Ejemplo:

Paisaje: El Jardín de Luxemburgo, en agosto, es algo triste, lánguido, pesado. Caen las hojas amarillas de los árboles en la avenida polvorienta, duermen los vagabundos en los bancos, los gorriones revolotean entre las ramas y los tordos saltan en la hierba. Los chicos miran pararse sus barcos de juguete en el estanque octogonal, por falta de viento; modestas viejas de cofia hacen media, un solitario lee un libro. Algunos buenos burgueses de caricatura juegan al criquet o a la pelota, y en los equipos de tennis, entre muchachas sonrosadas, hay japoneses pequeños y gesticulantes. El pintor melenudo pinta en su caballete un cuadrito casi siempre detestable, y el poeta melenudo —aún quedan algunos— lanza una mirada de orgullo a su alrededor. Es ambiente de sueño, de aburrimiento, de pesadez; parece que no han de volver nunca, las praderas verdes, los días frescos, el follaje húmedo, las flores de corolas brillantes."

PIO BAROJA

Diferencia entre paisaje y topografía

212 Debido a la importancia que tiene el **paisaje** en la descripción, lo estudiaremos con detalle en la Unidad siguiente.

Topografía: "Al amanecer salen de la ciudad. Desde lejos brillan las cuarenta mil casas blancas de la urbe religiosa. Recorren una tierra fértil, de labranza, en torno a la ciudad torreada y llana. Desde el caballo, Hernán Cortés aprecia los baldíos y aguas donde se podría criar ganados pero mira también, a su alrededor, la multitud de mendigos que corren de casa en casa, de mercado en mercado, la muchedumbre descalza, cubierta de harapos, contrahecha, que extiende las manos, masca los olotes podridos, es seguida por la jauría de perros hambrientos, lisos, de ojos colorados, que los recibe al entrar a la ciudad de torres altas. Han dejado atrás los sembradíos de chile, maíz y legumbres, los magueyes. Cuatrocientas torres, adoratorios y pirámides del gran panteón. Desde las explanadas, las playas y las torres truncas, se levanta el sonido de trompetas y atabales.

CARLOS FUENTES

213 En la **topografía** el autor no está estático como en el paisaje, sino que se mueve, es como si entrara a la ciudad en un coche. A su vista se ofrecen multitud de cosas; sólo destaca lo que le llama más la atención, los rasgos más sobresalientes.

PROSOPOGRAFIA.

214 **Prosopografía** es la descripción de los rasgos físicos de una persona o animal. La técnica a seguir en este caso es semejante a la del paisaje, solamente que hay que acentuar los detalles, pues se trata de un solo ser.

Persona:
"...era un joven trigueño, con el tipo de indígena bien marcado, pero de cuerpo alto y esbelto, de formas hercúleas, bien proporcionado... Los ojos negros, su nariz aguileña, su boca grande, provista de una dentadura blanca y brillante, sus labios gruesos, que sombreaba apenas una barba naciente y escasa..."

I.M. ALTAMIRANO

Animal:
"...Terrífica, una serpiente de cascabel, vieja entre las viejas, cuya cola contaba treinta y dos cascabeles. Su largo no pasaba de un metro cuarenta, pero en cambio su grueso alcanzaba al de una botella. Magnífico ejemplar, cruzada de rombos amarillos..."

HORACIO QUIROGA

ETOPEYA.

215 **Etopeya** es la descripción moral de una persona. Debe

tomarse en cuenta el modo de ser y pensar del individuo.
Ejemplo:

"Era un tipo curioso el de Elizabide el Vagabundo.
Reunía todas las cualidades y defectos del vascóngado
de la costa: era audaz, irónico, perezoso, burlón. La
ligereza y el olvido constituían la base de su temperamento: no daba importancia a nada, se olvidaba de
todo. Había gastado casi entero su escaso capital en
correrías por América, de periodista en un pueblo, de
negociante en otro, aquí vendiendo ganado, allá co-
merciando en vinos. Estuvo muchas veces a punto de
hacer fortuna, lo que no consiguió por indiferencia.
Era de esos hombres que se dejan llevar por los
acontecimientos sin protestar nunca. Su vida, él la
consideraba con la marcha de uno de sus troncos que
van por el río, que si nadie los recoge se pierden al fin
en el mar.
Su inercia y su pereza eran más de pensamiento que
de manos; su alma huía de él muchas veces: le bastaba
mirar el agua corriente, contemplar una nuebe o una
estrella para olvidar el proyecto más importante de su
vida, y cuando no lo olvidaba por esto, lo abandonaba
por cualquier otra cosa, sin saber por qué muchas
veces."

PIO BAROJA

RETRATO.

216 Retrato es la combinación de prosopografía y etopeya. Se integran perfectamente formando una unidad. El
retrato nos da una imagen completa del personaje que se
describe. Ejemplo:

"Todo era en ella deleitable, hasta las huellas, en el
rostro, de la melancolía; todo: la orgullosa prestancia,
la opulenta belleza, la templada serenidad, la inacce-
sible desenvoltura, el exquisito gusto de sus galas y
movimientos, el conjunto espléndido de su persona y
la atmósfera creada en torno suyo, sin sombra de mal
alguno. Ahora parecía imposible haber admitido que
los vivos recuerdos de la figura se torcieran en imagen

perversa, falsa de toda falsedad. Hasta el aire mundano la nimbaba de ligereza traslúcida y la carne semejaba ser porcelana o cristal. Armonía de rasgos y volúmenes: los pies breves y firmes, alto al empeine, sinuosas las caderas y rítmicas, el tronco erguido, macizos los hombros, los brazos bien torneados, las manos ágiles, los dedos largos y finos, el cuello esbelto, la cabeza soberana, coronada con la gloria de la cabellera en imperial ondulación. Y el prodigio de la cara, que revelaba la historia intensa de aquella vida: las herencias acumuladas de su estirpe, la esmerada educación, su sociabildad, su mundanidad, los viajes, las emociones, los placeres del espíritu y de la carne, las congojas, en el rostro lleno de contrastes: la frente despejada y hacia las sienes, con apariencias de fragilidad; los arcos románicos de las cejas, que abrían las capillas hondas para el manifiesto de los ojos, bajo las pestañas, vestales de misterios y asombros, entre la tenue sombra de los párpados y las ojeras, cuenca de los fulgores... Prolongando la curva de las cejas, el arranque invicto de la nariz, profusa en miniados dibujos, forja de muchas generaciones cuyo carácter compendiaba; era, como la boca, laberinto de ansias y desdenes (cuán cierto fue luego para el estudiante que la faz del mundo habría cambiado si la nariz de Cleopatra hubiese sido más corta); eran, boca y nariz, el puerto en que asomaban las pasiones, atemperadas por el mentón, que cerraba el óvalo perfecto de líneas descendentes. ¿Había cauce de lágrimas en la frescura de sus mejillas, y rictus de tristeza en las risueñas comisuras de los labios?... A la par infundía reverencia y confianza."

AGUSTIN YAÑEZ

Haga usted la hoja de trabajo 23 y la 25.

PARALELO.

217 Paralelo es el retrato de dos personajes. Se comparan, igualando o contrastando, tanto rasgos físicos como espirituales. Ejemplo:

"Formaban las dos hermanas, siempre juntas, aunque

no por eso unidas siempre, una pareja al parecer indisoluble, y como un solo valor. Era la hermosura espléndida y algún tanto provocativa de Rosa, flor de carne que se abría a flor del cielo a toda luz y a todo viento, la que llevaba su primera vez las miradas a la pareja; pero eran luego los ojos tenaces de Gertrudis los que sujetaban a los ojos que se habían fijado en ellos y los que a la par les ponían raya. Hubo quien al verlas pasar preparó algún chicoleo un poco más subido de tono; más tuvo que contenerse al tropezar con el reproche de aquellos ojos de Gertrudis, que hablaban mudamente de seriedad. "Con esta pareja no se juega", parecía decir con sus miradas silenciosas.

Y bien miradas y de cerca, aún despertaba más Gertrudis el ansia de goce. Mientras su hermana Rosa abría espléndidamente a todo viento y a toda luz la flor de su encarnadura, ella era como un cofre cerrado y sellado en que se adivinaban tesoro de ternuras y delicias secretas."

MIGUEL DE UNAMUNO

Retrato de un animal:

"La anaconda es la reina de todas las serpientes habidas y por haber, sin exceptuar al pitón malayo. Su fuerza es extraordinaria y no hay animal de carne y hueso capaz de resistir un abrazo suyo. Cuando comienza a dejar del follaje sus diez metros de cuerpo liso con grandes manchas de terciopelo negro, la selva entera se crispa y se encoge. Pero la anaconda es demasiado fuerte para odiar a ese quien fuere, con una sola excepción, y esta conciencia de su valor la hace conservar siempre buena amistad con el hombre. Si a alguien detesta es, naturalmente, a las serpientes venenosas, y de aquí la conmoción de las víboras ante la cortés Anaconda."

HORACIO QUIROGA

DESCRIPCION DE UN SOLO OBJETO POR SUS MULTIPLES DETALLES.

218 Como lo anotamos en páginas anteriores, toca ahora profundizar en el análisis de un tema de descripción. **Un**

solo objeto tomando en cuenta sus **múltiples detalles.** Lee con sumo cuidado lo siguiente:

La Catedral

La catedral es fina, frágil y sensitiva. Tiene en su fachada principal dos torres; mejor diremos: una; la otra está sin terminar; un tejadillo cubre el ancho cubo de piedra. Tres son sus puertas: la de Chicharreros, la del Perdón y la del Obispo Echano. Sus capillas llevan denominaciones varias: la del Niño Perdido, la de los Esquiveles, la de Monterón, la de la Quinta Angustia, la del Consuelo, la de la Sagrada Mortaja. En la capilla del Consuelo está enterrado Mateo Fajardo, eminente jurisconsulto, autor de las **Flores de las Leyes.** La capilla de Monterón es del Renacimiento; la mandó labrar don Gil González Monterón; costó la obra treinta y dos mil maravedís. En la pared hay una inscripción que dice: "Esta obra la mandó hacer don Gil González Monterón, adelantado de Castilla, señor de Nebreda; acabóla su hijo don Luis Ossorio, marqués de los Cerros, año 1530, a 15 de marzo. "En el suelo, en medio del recinto, se lee sobre una losa de mármol, que cierra un sepulcro, debajo de una calavera y dos tibias cruzadas: "Aquí viene a parar la vida."...

La sacristía es alargada, angosta. El techo, de bóveda está atesonado con centenares, millares de mascarones de piedra; no hay dos caras iguales entre tanta muchedumbre de rostros: tiene cada uno su pergeño particular; son unos jóvenes y otros viejos; unos de mujer y otros de hombre; unos angustiados y otros ledos. Se guardan en la sacristía casullas antiguas, capas pluviales, sacras, bandejas, custodias. Una de las casullas es del siglo XIII y está bordada de hilillos de oro —en elegante y caprichosa tracería— sobre fondo encarnado. Causóle tal admiración a Castelar, en una visita que éste hizo a la catedral, y tales grandilocuentes encomios hizo de esta pieza el gran orador, que desde entonces se llama a esta casulla "la de Castelar". Se guarda también en la sacristía el pectoral de latón y tosco vidrio del virtuoso obispo Echano.

El archivo está allá arriba; hay que ascender por una angosta escalera para llegar a él, después se recorren varios pasillos angostos y oscuros; se entra, en fin, en una estancia ancha, con una gran cajonería de caoba. Allí, en aquellos estantes, duermen infolios y cuadernos de música. Las ventanas se abren junto al techo. Una gruesa mesa destaca en el centro. La estera es de esparto crudo. Se goza allí de un profundo silencio; nada turba el reposo de la ancha cámara."

AZORIN

ANALISIS DE ESTA DESCRIPCION.

Estructura

219 La descripción está dividida en tres párrafos:
220 El primero le sirve al autor para darnos una idea global del objeto descrito, así como para enumerar las partes principales: fachada, torres, tejadillo, puertas. Luego pasa a decirnos cómo y cuántas son las capillas; después, nos hace detenernos frente a una inscripción para indicarnos indirectamente la historia de la edificación.

221 En el segundo párrafo nos describe la sacristía en forma muy minuciosa; se detiene en cada detalle luego hace comentarios de lo que han dicho distinguidos personajes que han visitado la catedral. Por la descripción nos damos cuenta del estilo en que fue construído el inmueble: el Barroco.

En el tercero y último párrafo nos pasa al archivo: nos lleva de la mano por la escalera angosta; después de recorrer varios pasillos nos pone frente a lo que es el archivo: lugar tranquilo, acogedor para la reflexión: nos indica lo que hay en esa sala.

222 El orden en la descripción es muy importante. En el primer párrafo nos habla del edificio, nos ofrece una impresión general; luego, al llevarnos a la sacristía, entra en detalles sobre el mismo lugar, para pasar, en el párrafo tercero, a otra sección de la catedral: el arcivo, donde nos hace imaginar plenamente el lugar que ha descrito con los rasgos esenciales. **Orden**

223 La **técnica** que ha usado Azorín es la del "turista" que, interesado vivamente en la expresión artística y religiosa del monumento histórico, amorosamente hace suyo lo que está contemplando; es también **técnica cinematográfica,** pues el autor se convierte en camarógrafo que fuera a filmar un documental: primero nos ofrece una panorámica: "La catedral es fina, frágil y sensitiva"; enseguida destaca sus rasgos sobresalientes: torres, techo, puertas, etc. Conforme avanza, va limitando el espacio "filmado", hasta llegar al "close up" (acercamiento): "El techo, de bóveda está atesonado con centenares, millares de mascarones de piedra; no hay dos caras iguales entre tanta muchedumbre de rostros: tiene cada uno su pergeño particular;". Así continúa describiendo los objetos de la sacristía. Al final del párrafo nos ofrece un "long shot".[1] "Se guarda también en la sacristía el pectoral de latón y tosco vidrio del virtuoso obispo Echano. Viene un "corte" para pasar al tercer plano: el archivo. Aquí el escritor hace que nuestra vista descanse, restituye el equilibrio; su descripción no es tan detallada, repara sólo en los rasgos más sobresalientes; sin embargo logra dejarnos la imagen perfecta de lo que nos describió. Incluso logró transmitirnos, además de la emoción estética, el sentimiento de religiosidad y tranquilidad que invade a este tipo de lugares. **Técnica empleada**

224 El lenguaje, materia prima para la obra literaria, ha sido manejado por el autor, de la misma manera que la **Lenguaje**

---

1 Término inglés usado en cinematografía para señalar una toma de película a gran distancia que permite captar en general el objeto.

cámara cinematográfica: causó primeramente la impresión estética, luego se intensificó en los detalles, para ir distendiéndose poco a poco, hasta causar el efecto final: disolviéndose como la imagen cinematográfica. El lenguaje lo explicaremos más detenidamente en el siguiente aspecto.

Estilo

225 Ya conoces el término "estilo". Tu curso de Metodología lo explica ampliamente, y tú, en tus constantes ejercicios sobre análisis literario, lo has estudiado. Estilo es la manera particular que tiene el artista para expresar sus ideas, sentimientos, emociones, etc. En su obra "Curso de Redacción", Martín Vivaldi propone las siguientes normas:

Cualidades de un buen estilo

226 El estilo debe ser plástico, claro, vivo.

El que describe debe tener en cuenta que, para causar esa "impresión estética" a la que hemos aludido con frecuencia, es necesario **mostrar** la imagen al lector. Esto se logra mediante el empleo de los rasgos distintivos de lo que se va a describir. Azorín nos dice en su descripción: "La catedral es fina, frágil y sensitiva." No necesita añadir más, las palabras "fina, frágil y sensitiva" nos dan la idea exacta que el autor desea comunicar. La claridad la obtiene mediante el uso de oraciones cortas, simples. Deliberadamente desea evitar el rebuscamiento en la expresión: "Tiene en su fachada principal dos torres; mejor diremos una; la otra está sin terminar; un tejadillo cubre el ancho cubo de piedra." Cada oración corresponde a una pincelada definida de color.

227 El estilo debe corresponder a la época en que se vive.

Agilidad

Nos ha tocado vivir una época en la que la rapidez, el movimiento, el cambio, son sus elementos definidores. En consecuencia, el estilo descriptivo debe ser así, para evitar la lentitud, los períodos largos, que producen cansancio y aburrimiento. Estos elementos: rapidez, movimiento, cambio, se logran en la descripción empleando oraciones y párrafos cortos. El ejemplo de Azorín habla por sí solo.

Interés

228 La impresión ha de ser directa, escueta.

Hay que evitar los circunloquios, las oraciones complicadas. Las recomendaciones del inciso número dos sirven para éste también.

Hay que captar la atención del lector desde la primera línea.

229 ¿Cómo? Empleando oraciones directas, explicando solamente lo necesario. Ejemplo: "La catedral es fina, frágil y sensitiva."

El vocabulario debe ser preciso, exacto.

230 Hay que usar los términos adecuados. Debe evitarse usar demasiadas palabras. El vocablo exacto basta para producir la imagen plástica que se desee.

Precisión

231 Como corolario le recomendamos que para que sus descripciones sean aceptables, lea muchísimos ejemplos de diversos autores; su vocabulario debe ser amplio, suficiente y diverso; la construcción de sus oraciones debe ser clara, sencilla y dinámica. Si atiende a estos tres factores, seguramente sus composiciones no sólo serán aceptables, sino buenas. Aprenderá no sólo a hacer descripciones, sino, lo que es más importante: **a comunicarse con sus semejantes.** Recuerde que aprender redacción es saber expresarse correctamente, tanto por escrito como oralmente.

Haga la hoja de trabajo 26.

RECAPITULACION

1. **Describir** es enumerar las partes de un todo.
2. **Describir** es presentar una imagen que conmueva espiritualmente.
3. **Observar** es mirar detenidamente una cosa.
4. **Punto de vista** es la manera particular que cada uno tiene de ver las cosas, de interpretarlas.
5. **Reflexión** es el proceso mediante el cual se analiza, se valora y se sintetiza lo observado.
6. **Presentación** de una descripción es su manifestación, tomando en cuenta la observación, el punto de vista y la reflexión.
7. **Paisaje o topografía** es la descripción de una parte de un lugar, o de diferentes partes de un lugar vistas como un todo.
8. **Prosopografía** es la descripción de los rasgos físicos de una persona o animal.
9. **Etopeya** es la descripción de una persona.
10. **Retrato** es la combinación de prosopografía y etopeya.
11. **Paralelo** es el retrato de dos personas, comparándolas.

12. **El estilo descriptivo** debe ser.
    a) plástico, claro, vivo.
    b) correlativo a la época en que vivimos.
    c) directo, es decir, la impresión ha de ser escueta.
    d) interesante, hay que captar la atención del lector desde la primera línea.
    e) preciso y exacto en el vocabulario usado por el escritor.

ACTIVIDADES COMPLEMENTARIAS

Seleccione una novela o cuento de autores reconocidos por la crítica. Lea con amor y detenimiento el contenido. Deténgase cuando tropiece con descripciones. Léalas dos veces, cuando menos.

Señale cada una de las descripciones. Clasifíquelas. Indique aparte, las características de cada una de ellas.

Analice su estilo.

Si tiene habilidad para dibujar, reconstruya en una hoja la descripción que más le haya gustado: un paisaje, un retrato, etc. Luego, elabore usted una descripción que difiera de la del relato que leyó.

BIBLIOGRAFIÁ BASICA

VIVALDI, Martín. CURSO DE REDACCION. Edit. Paraninfo. Madrid.

EL LENGUAJE FIGURADO.

Tipo de lenguaje

233 Nuevamente hacemos alusión a un término que domina. Su libro de Metodología de la Lectura, le ayudará a completar las ideas que sobre algunos temas, como el presente, vamos estudiando. El término **"Lenguaje literario"** se opone al término "Lenguaje Coloquial": el primero se refiere al empleado en Literatura —expresión de belleza por medio de la palabra—, y el segundo, al medio de comunicación que usamos cotidianamente, ya sea, oral o escrito. También existe un **lenguaje directo** que tiene la finalidad de expresar ideas, información o conocimientos —como es el caso de los libros de texto, científicos o de divulgación.

234 Llámese **lenguaje figurado** al literario, al que usan los artistas de la palabra para comunicar su mundo en forma bella. Si la Literatura es un arte, si pretende expresar belleza, no le basta el lenguaje cotidiano; tiene que trascenderse. A través de los tiempos, los artistas de la palabra han creado, inventado, un lenguaje particular, privativo de la Literatura. No les ha bastado el lenguaje cotidiano, pues en función de ofrecernos su mundo, en la forma tan especial que ellos lo ven, tienen la necesidad de alterar el sentido lógico, normativo del lenguaje. De esta manera han surgido muchos usos del lenguaje literario. Esos usos han sido clasificados por los "preceptistas" —personas que leaboran la teoría literaria. Enseguida estudiaremos algunos.

FIGURAS LITERARIAS

235 En esta ocasión veremos tres términos. Son los principales del estilo descriptivo. Estúdielos para que, posteriormente, los emplee en sus composiciones. Ellos son: el epíteto, la personificación y la antítesis (contraste). Son elementos que dan realce al lenguaje.

EPITETO.

236 El epíteto es el adjetivo que destaca la cualidad más significativa del sustantivo y le es connatural. Ejemplos:

> *blanca* paloma
> *radiante* estrella
> *triste* tarde
> *rumorosas* aguas.

237 Observe que el epíteto-adjetivo se antepone al sustantivo, pues de esa manera se hace hincapié en la cualidad del objeto, y no en el objeto mismo. No sólo las palabras tienen valor de epíteto; también hay oraciones que, equivaliendo a un adjetivo, tienen la misma función. Por ejemplo los griegos llamaban a uno de sus héroes "Aquiles, el de los pies alados", por su ligereza al correr. La expresión "el de los pies alados", que podría condenarse en una sola palabra: alado o ligero, es un epíteto.

PERSONIFICACION.

238 Personificación es la atribución a un ser inanimado o animal de cualidades o actividades propias de una persona. Ejemplos:

"Tú me levantas, tierra de Castilla,
en la rugosa palma de tu mano,
al cielo que te enciende y te refresca,
al cielo tu amo."

"¿Por qué me hieres? Y elevé la cara
hacia la cima de la joven vara
que en ese instante, al resplandor campero,
con toda su hermosura me mecía.
Rezaba el huracán, la cumbre se dolía
El perro de la noche en el alba lloraba."

Las personificaciones son las siguientes:

OBJETO INANIMADO	CUALIDAD
...tierra de Castilla,	Tú me levantas
" "	la rugosa palma de
	tu mano
la joven vara	¿Por qué me hieres?

ANTITESIS (CONTRASTE)

239 Antítesis o contraste es oponer dos ideas; es poner dos pensamientos contrarios uno frente a otro. Ejemplo:

El hombre sólo es grande de rodillas

Las ideas contrarias son: El hombre es grande... (cuando está) de rodillas.

Tuvo sed el que creó todas las aguas.

Ideas contrarias: tuvo sed... el que creó todas las aguas.

240 Una recomendación final: no abuse de las figuras retóricas, úselas sólo cuando necesite realzar las cualidades del sustantivo, pues, como se lo indican las reglas del estilo descriptivo: "el vocabulario debe ser preciso, exacto."

RECAPITULACION

1. **El lenguaje figurado** es el que tiende a lo poético. Está lleno de belleza y de figuras retóricas.
2. **Epíteto** es el adjetivo que destaca la cualidad más significativa del sustantivo.
3. **Personificación** es la atribución a un ser inanimado, de cualidades o actividades propias de un ser vivo o de una persona.
4. **Antítesis o contraste** es la oposición de dos ideas; es poner dos pensamientos contrarios uno frente a otro.

Haga usted la 2a. parte de la hoja de trabajo 26.

ACTIVIDADES COMPLEMENTARIAS

1. Seleccione una descripción, de preferencia en verso.
2. Analícela para que encuentre las figuras literarias estudiadas en esta Unidad. Clasifíquelas. Después, trate de inventar una de cada una de ellas.

BIBLIOGRAFIA BASICA

REY, Juan. PRECEPTIVA LITERARIA. Edit. Sal Terrae. Santander.

REACTIVOS DE AUTOEVALUACION

I. Defina usted:
   a) La descripción, en general.
       La descripción literaria.

II. Anote sin consultar el libro, los elementos de la descripción y explique cada uno de ellos, en forma sintética.

III. Realice el retrato literario del animal que mas conozca.

_____

_____

_____

_____

_____

_____

Paneles de verificación

I.— El Verbo.

"Seis días hacía que vagaba por las callejuelas y muelles de aquel puerto. Lo *había dejado* allí un vapor inglés procedente de Punta Arenas, puerto en que *había desertado* de un vapor en que servía como muchacho de un capitán. Estuvo un mes allí, ayudando en sus ocupaciones a un austríaco pescador de centollas, y en el primer barco que pasó hacia el norte embarcóse ocultamente.

Lo *descubrieron* al día siguiente de zarpar y *enviáronlo* a trabajar en las calderas. En el primer puerto grande que tocó el vapor lo desembarcaron, y allí quedó como un fardo sin dirección ni destinatario, sin conocer a nadie, sin un centavo en los bolsillos y sin saber trabajar en oficio alguno.

Mientras *estuvo* allí el vapor, *pudo comer,* pero después. . . La ciudad enorme que se alzaba más allá de las callejuelas llenas de tabernas y posadas pobres, no lo *atraía;* parecía un lugar de esclavitud, sin aire, oscuro, sin esa grandeza amplia del mar, y entre cuyas altas y rectas paredes la gente *vive* y muere aturdida por un tráfago angustioso."

1. **VERBOS CONJUGADOS** **TIEMPO** **MODO**
   (No los repitas)

hacía	Pret. Imperfecto	Indicativo
había dejado	Pret. Pluscuamperfecto	Indicativo
había desertado	Pret. Pluscuamperfecto	Indicativo
servía	Pret. Imperfecto	Indicativo
estuvo	Pret. Indefinido	Indicativo
embarcó	Pret. Indefinido	Indicativo
descubrieron	Pret. Indefinido	Indicativo
enviaron	Pret. Indefinido	Indicativo
tocó	Pret. Indefinido	Indicativo
desembarcaron	Pret. Indefinido	Indicativo
quedó	Pret. Indefinido	Indicativo
pudo	Pret. Indefinido	Indicativo
alzaba	Pret. Imperfecto	Indicativo
atraía	Pret. Imperfecto	Indicativo
parecía	Pret. Imperfecto	Indicativo
vive	Presente	Indicativo
muere	Presente	Indicativo

2. **INFINITIVOS**   **PARTICIPIOS**   **GERUNDIOS**

zarpar   aturdida   ayudando
trabajar
conocer
saber
trabajar
comer

Copulativos	Impersonales	Transitivos	Intransitivos
parecía	hacía	había dejado	había despertado
		embarcó(se)	servía
		descubrieron	estuvo
		enviáron(lo)	pasó
		tocó	pudo comer
		desembarcaron	quedó
		alzaba	atraía
			vive
			muere

II.— FUNCION SINTACTICA DEL VERBO.

1. El sol alumbra las casas.   Núcleo del Predicado Verbal
2. El detergente es tóxico.   Cópula del Predicado Nominal
3. No me gusta oír música estridente.   Complemento del Verbo
4. Tengo que estudiar hoy.   Núcleo del Predicado Verbal
5. Cantar es mejor que llorar.   Sustantivo

III. Para ser evaluado en grupo.
IV. Para ser evaluado por el asesor.

MODULO 2 — VALIDACION

I. Para ser evaluado por el asesor o por usted mismo para lo cual deberá haber usado por lo menos el 90% de los adverbios y locuciones que aparecen del párrafo 129 al 149.

II. 1) Alguacil — Oficial inferior de justicia.
     2) Almácigo — Lugar donde se siembran las semillas
     3) Ambiopía — Vista doble.

4) Analgesia — Falta o supresión de toda sensación dolorosa
5) Anacusia — Sordera
6) Balaustrada — Serie balaustres o columnista que con los barandales forman las barandillas o antepechos de balcones, azoteas, corredores o escáleras
7) Epigrama — Composición poética breve, precisa y aguda, que expresa un sólo pensamiento principal, generalmente festivo o satírico.
8) Pictórico — Relativo o perteneciente a la pintura.
9) Testamento — Declaración que de su última voluntad hace una persona.
10) Várice — Dilatación permanente de una vena por acumulación de sangre.

MODULO 3 — VALIDACION

II.
1) Latino
2) céltico
3) ligur
4) griego
5) cargaginés
6) ligur
7) céltico
8) céltico
Si no obutvo por lo menos 5 aciertos, estudie nuevamente de los párrafos 158 a 164

III. Cumpla usted con la indicación que le da el objetivo 2.0.
Discútalo con su asesor, o con su grupo de estudio.

MODULO 4 — VALIDACION

I. a) Consulte los párrafos del 200 al 204.
   b) Ver párrafos 205.

II. Ver los párrafos 206, 207, 208, 209.

III. Para ser evaluada en grupo o por el asesor.

UNIDAD VI

Objetivos Generales

Al terminar de estudiar esta unidad, el alumno:

1. Utilizará la lengua literaria como vehículo de comunicación.
2. Empleará con propiedad el verbo en sus diversas irregularidades y usos sintácticos.
3. Redactará usando en forma adecuada los diversos sintagmas.
4. Ennumerará los elementos formativos de la lengua castellana.
5. Redactará diversos tipos de paisaje.
6. Reconocerá las figuras literarias: ironía, paradoja y juego de palabras.

Módulo 5

OBJETIVOS ESPECÍFICOS

Al terminar de estudiar este módulo el alumno:

1.0 Identificará la función desempeñada por el sustantivo en varias oraciones propuestas.
2.0 En un párrafo dado clasificará los complementos que localice.
3.0 Anotará el género correcto de los sustantivos que se le propongan.
4.0 Recordará la pluralización adecuada a sustantivos de terminación especial.
4.0 Clasificará los sustantivos según lo estudiado en este módulo.
6.0 En un párrafo dado identificará, clasificándolos, los pronombres que contenga.
6.1. Reconocerá la función sintáctica de ciertos pronombres.
6.2 Identificará la función de los pronombres que se le propongan.

ESQUEMA RESUMEN 1

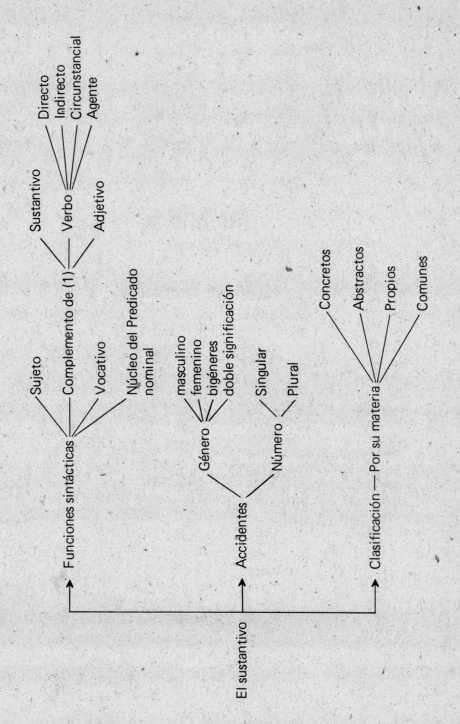

El sustantivo

Funciones sintácticas
- Sujeto
- Complemento de (1)
  - Sustantivo
  - Verbo
    - Directo
    - Indirecto
    - Circunstancial
    - Agente
  - Adjetivo
- Vocativo
- Núcleo del Predicado nominal

Accidentes
- Género
  - masculino
  - femenino
  - bigéneres
  - doble significación
- Número
  - Singular
  - Plural

Clasificación — Por su materia
- Concretos
- Abstractos
- Propios
- Comunes

INTRODUCCION

Hemos escogido para introducirnos al estudio del **sustantivo,** un texto de la novela "Paradiso", de José Lezama Lima, autor argentino, ya que uno de nuestros objetivos, además de que aprenda la función gramatical del lenguaje, es el iniciarlo si no posee en ese hábito maravilloso— la experiencia vital que proporciona la lectura. De las muchas opiniones que ha despertado "Paradiso" insertamos la siguiente para que tenga una idea de la obra mencionada: "En Paradiso, momento definitivo de la literatura de Latinoamérica, el esplendor se desdobla y multiplica para dejarnos simultáneamente con el enceguecimiento y la lucidez que toda gran obra de arte obtiene y deposita entre nosotros. Monumento verbal, reflexión sobre el mundo, indagación de finalidades y principios, Paradiso es, al mismo tiempo, el reencuentro con la deslumbrante riqueza del idioma, la contemplación de un acto poético de gravedad y gracia, el vislumbramiento de dimensiones y realidades negadas o desdeñadas por una literatura vanamente realista. Libro capital, esencial de nuestra lengua, obra de amor y de constancia, mito en sí mismo y tratado sobre el mito, música y ceremonia. . ."

"La *mano de Baldovina* separó los *tules* de la *entrada* del *mosquitero* hurgó apretando suavemente como si fuese una esponja y no un *niño* de cinco *años;* abrió la *camiseta* y contempló todo el *pecho* del *niño* lleno de *ronchas,* de *surcos* de violenta *coloración* y el *pecho* que se ablutaba y se encogía como teniendo que hacer un *potente* esfuerzo para *alcanzar* un *ritmo* natural; abrió también la *portañuela* del *ropón* de *dormir,* y vio los *muslos* llenos de *ronchas* que se iban agrandando, y al *extender* más aún las *manos* notó las *piernas* frías y temblorosas. En ese *momento* las *doce* de la *noche* se apagaron las *luces* de las casas del *campamento* militar y se encendieron las de las *postas* fijas, y las *linteras* de las *postas* de *recorrido* se convirtieron en un *mounstro* errante que descendía de los *charcos,* ahuyentando a los *escarabajos.*"

EL SUSTANTIVO.

243 Observe las palabras en cursivo del trozo anterior. ¿Qué están designando? **objetos.** Por "objetos" vamos a entender todos los seres vivos y las cosas con existencia independiente; también como objetos tenemos que considerar cualquier aspecto de la realidad que, aun no teniendo existencia propia, puedan ser considerados en sí mismos; de esta manera adquieren existencia propia. Los pensamos como conceptos independientes. En este mismo caso están los infinitivos: alcanzar dormir y extender, que indica el nombre de la acción en abstracto. Estas palabras que indican los objetos se llaman sustantivos.

Sustantivo igual a nombre

244 Sustantivo es la palabra que designa seres —objetos— que tienen existencia independiente, real (mano, Baldovina, tules), o pensada (años, coloración, esfuerzo). Al sustantivo también se le llama **nombre y nombre sustantivo.**

Funciones sintácticas del Sustantivo

245 El **sustantivo** cumple varias funciones: núcleo del sujeto, complemento de otros sustantivo, vocativo, complemento del adjetivo, núcleo del predicado nominal y complemento del verbo.

SUJETO.

246 El **sustantivo como sujeto constituye el núcleo del sintagma**[1] **nominal.**

Ejemplos:

Juan sale

Rechina la *puerta* de entrada

Entra mi *madre*

La *niña* vivía

1 Unidad sintáctica independiente.

COMPLEMENTO DE OTRO SUSTANTIVO.

247 El sustantivo como complemento de otro sustantivo se construye con preposición. Es un determinativo nominal.

La luz de gas es menos potente que la eléctrica

La luz del sol me deslumbró.

Las luces *de las casas del campamento militar.*

Casa sin luz no se vende.

VOCATIVO.

248 Es el nombre de la persona o cosa personificada a quien se dirige la palabra es una palabra aislada. No constituye sintagma.

Usos del vocativo

249 Se usa en oraciones exclamativas. Va sin preposición. Ejemplos:

Pedro dile a Jorge que se apure

¡*Tierra* gracias por ser tan pródiga!

Espero, *Enrique,* que te portes bien.

COMPLEMENTO DEL ADJETIVO.

250 Se usa mediante una preposición: "de", "para", "con", "a", etc. Completa o determina al adjetivo. Ejemplos: (Completa al adjetivo)

Rojo de ira (rojo: adjetivo; de: preposición; ira: sustantivo)
    Atento con los ancianos. (atento: adjetivo; con: preposición; ancianos: sustantivo).

Apto *para el trabajo.* (apto: adjetivo; para: preposición; trabajo: sustantivo) (determina -restringe- la cualidad del adjetivo).

Bajita *de cuerpo.* (bajita: adjetivo; de: preposición; cuerpo: sustantivo)

Lisiada *de un brazo.* (lisiada: adjetivo; de: preposición; brazo: sustantivo)

NUCLEO DEL PREDICADO NOMINAL.

251 Se usa sin preposición:

El niño es *actor*

La flor *parece rosa*

252 Se usa con la preposición "de" cuando indica posesión o materia.

El libro *es de Jorge.*

La casa *es de madera*

COMPLEMENTO DEL VERBO (Ver Unidad IV)

Haga usted la hoja de trabajo no. 27.

COMPLEMENTO DIRECTO

253 Complemento directo es el nombre del objeto que se ve afectado por la acción de los verbos transitivos. Es su núcleo. También constituye complemento del núcleo. Ejemplos:

1) El árbol dibujaba secretamente *su sombra.*
2) Las plantas del parque esparcían *su cálido perfume.*

3) "El dios de ardientes mejillas recorría *los espacios.*

COMPLEMENTO INDIRECTO.

254 Complemento indirecto es la persona que recibe el daño o el provecho de la acción del verbo, sea transitivo o no. Es un núcleo. Va precedido de las preposiciones **a** y **para**. Ejemplos:

Con verbo transitivo:

El abuelo trajo regalos *para los niños*

La Compañía Nacional pagó el seguro a *los damnificados*

COMPLEMENTO CIRCUNSTANCIAL.

255 Es el núcleo del complemento circunstancial y va precedido siempre por una preposición. Ejemplos:

María camina *por el parque*

Lo hizo *por Moisés*

Cavó la tierra *con el azadón*

COMPLEMENTO AGENTE.

256 Complemento agente es el sujeto en las oraciones de voz pasiva. Siempre va precedido por la preposición "por". Ejemplos:

Las verduras fueron traídas *por el agricultor*

El edificio fue inaugurado *por el Presidente*

Elabore la hoja de trabajo 28 y 30.

ACCIDENTES DEL SUSTANTIVO.

257 El **sustantivo** —como el verbo— sufre accidentes, es decir es una palabra variable formada por un **lexema** (radical) y por **morfemas** (terminaciones). Estos accidentes son: **género y número.**

GENERO.

258 **Género** es un accidente del sustantivo (y adjetivo) que se indica mediante la terminación de la palabra.

Los géneros del sustantivo son: **masculino y femenino.**

GENERO MASCULINO.

259 El género masculino se refiere a los seres del sexo masculino y a oficios propios del hombre.

Terminan en **o**: ni**ñ**o, perr**o**, tí**o**, hij**o**, os**o**, ciel**o**, infiern**o**, libr**o**, cuadern**o**, jarr**o**, etc.
Terminan en otra vocal:
peine, rub**í**, poet**a**, bamb**ú**, etc.
Terminan en consonante:
Cajón, reloj, actor, albañil, árbol, camión, interruptor, etc.

260 Todo ser al que se le pueda anteponer el artículo **el**, es sustantivo del género masculino. (Excepto **"el"** ante femeninos comenzados con **"a"** o **"ha"** tónica. Ejemplos: El agua, el hacha).

GENERO FEMENINO.

261 El género femenino se refiere a los seres del sexo femenino y a oficios propios de la mujer.

Terminan en **a**:
ni**ñ**a, poetis**a**, jarr**a**, tí**a**, perr**a**, tierr**a**, sill**a**, mes**a**, lámpar**a**, etc.

Terminan en otra vocal:
fiebre, liebre.
Terminan en consonante:
Luz, pared, decisión, electricidad, epidermis, etc.

262 Todo ser al que se le pueda anteponer el artículo **la**, es sustantivo de género femenino.

Elabore la hoja de trabajo 33.

SUSTANTIVOS CUYA SIGNIFICACION VARIA SEGUN EL GENERO QUE INDIQUEN POR EL ARTICULO

263 Hay palabras —sustantivos— que tienen doble significación. Esto depende del artículo (él, la) que se le anteponga. Algunos de ellos son los siguientes:

Sustantivos
de doble
significado

el cura: sacerdote	la cura: curación
el cometa: astro	la cometa: jueguete
el cólera: enfermedad	la cólera: ira
el vista: empleado	la vista: visión
el pendiente: alhaja	la pendiente: cuesta
el moral: árbol	la moral: ética
el orden: disposición	la orden: mandato
el corte: de cortar	la corte: comitiva real
el frente: fachada	la frente: parte de la cara

SUSTANTIVOS QUE SE USAN INDISTINTAMENTE EN GENERO MASCULINO O FEMENINO.

264 el mar: la mar   el azúcar: la azucar
el dote: la dote   el hojaldre: la hojaldra
el linde: la linde   el apóstrofe: la apóstrofe

Bigeneres

265 De lo estudiado anteriormente podemos concluír lo siguiente: la mayor parte de los sustantivos terminan en "e" o en consonante, un gran número tiene una forma fija para cada género. El masculino se indica mediante la vocal "o" o por medio del artículo "el"; el femenino se manifiesta por la vocal "a" o por el artículo "la". Hay algunos casos en los cuales al sustantivo se le pueden anteponer "el" o "la". El llamado género "neutro" se designa anteponiendo al artículo "lo" al adjetivo sustantivado con terminación masculina.

266 El número es el accidente gramatical que clasifica los seres de acuerdo con la cantidad —uno o varios—. Se llama **singular** si se refiere a un ser, y **plural**, si indica varios.

Número

SINGULAR	PLURAL
casa	casas
hombre	hombres
bambú	bambúes
rubí	rubíes o rubís
mamá	mamás
camión	camiones
árbol	árboles
dosis	dosis
tórax	torax
lord	lores
	nupcias
	víveres

PLURALIZACION DE LOS SUSTANTIVOS.

267

1. Cuando la palabra singular termina en vocal no acentuada se agrega **"s"**. Ejemplos:
   libro: libros, casa: casas, tierra: tierras.

2. Cuando la palabra singular termina en vocal acentuada o en consonante, se agrega **"es"**. Ejemplos:
   ají: ajíes, bambú: bambúes, árbol: árboles, mar: mares, Luz[1] : luces, pared: paredes.

3. Algunas palabras terminadas en vocal acentuada, también se pluralizan agregándoles **"s"**. Ejemplos:
   papá: papás, sofá: sofás, café: cafés.

4. Las palabras que terminan en **"s"** y algunos latinismos al usarse como plurales se valen del artículo. Ejemplos:
   el martes: los martes, el déficit: los déficit, el análisis: los análisis, el tórax: los tórax.

5. Algunas palabras provenientes de lenguas modernas, alteran el lexema, Ejemplos:
   frac: fraques, lord: lores, vicac: vivaques.

---

1 los sustantivos terminados en "z" al pluralizarse, cambian la "z" en "c".

6. Algunos sustantivos sólo se usan en plural. Ejemplos: nunpcias, albricias, víveres, esponsales.

Haga usted la hoja de trabajo Nos. 31, 32 y 34.

CLASES DE SUSTANTIVOS.

268 Lea lo siguiente:

Clasificación
de los
sustantivos

"La candente mañana de febrero en que Beatriz Viterbo murió, después de una imperiosa *agonía* que no se rebajó un solo *instante* ni al *sentimentalismo* ni al *miedo,* noté que las *carteleras* de *fierro* de la Plaza Constitución habían renovado no sé qué aviso de *cigarrillos* rubios; el hecho me dolió, pues comprendí que el incesante y vasto *universo* ya se apartaba de ella y que ese *cambio* era el primero de una serie infinita. Cambiará el universo pero yo no, pensé con melancólica *vanidad*; alguna vez, lo sé, mi vana devoción la había exasperado; muerta, yo podría consagrarme a su memoria, sin *esperanza*, pero también sin humillación. Consideré que el treinta de abril era su *cumpleaños; visitar ese día la casa* de la calle Garay para saludar a su *padre* y a Carlos Argentino Daneri, su primo hermano, era un acto cortés, irreprochable, tal vez ineludible".

J.L. BORGES

269 Observe las palabras en cursivo. Para que lo haga mejor, enlistaremos algunas:

mañana	carteleras
agonía	fierro
instante	cigarrillos
sentimentalismo	universo
miedo	casa
vanidad	padre

270 Compare las dos columnas. ¿Qué diferencias encuentra? La más notable es que se oponen. ¿Dónde radica la oposición? Pues en que las palabras del primer grupo

señalan ideas, seres pensados, que no existen en la realidad.
En cambio la segunda lista presenta seres que existen en la
realidad. A los primeros se les designa sustantivos **abstractos,** y a los segundos: sustantivos **concretos.**

SUSTANTIVOS CONCRETOS.

271 Sustantivos concretos son los objetos con existencia
real pero con independencia de dicha realidad, y

SUSTANTIVOS ABSTRACTOS.

272 Sustantivos abstractos son los seres pensados que no
existen en la realidad.

SUSTANTIVOS CONCRETOS

273 Los sustantivos **concretos** se clasifican en **propios** y
comunes.

274 Los sustantivos **propios** nombran un ser determinado,
lo denotan simplemente, no dicen sus cualidades. Dentro
de los sustantivos propios tenemos:

Nombres de personas: Pedro, Jorge, Arturo, Pedro
Páramo, Jorge Ibanguergoitia, Arturo de Córdova.
Nombres de animales: Rocinante, Platero, Sultán, etc.
Nombres geográficos: Río Bravo, Himalaya, Pico de
Orizaba, México, Europa, Zacazonapan, etc.
Nombres de instituciones: Palacio de Gobierno, Insti-
tuto Mexicano del Seguro Social, Instituto Tecnológico y
de Estudios Superiores de Monterrey, etc.

275 Sustantivos **comunes**: nombran un ser aludiendo a sus
cualidades, lo connotan, dicen qué es el objeto nombrado,
se refieren a su especie. Por ejemplo: perro, escuela, hombre, etc., cada una de esas palabras está aludiendo a todas
las de su especie, está encerrando las cualidades de todas.

SUSTANTIVOS ABSTRACTOS.

276 Los sustantivos abstractos designan:

Cualidades: La **delgadez** de su rostro.
Sentimientos: El arrepentimiento, el amor, el odio, la ternura.
Acciones: El estudio, el trabajo, el descansar.
Conceptos: La libertad, la justicia.

277 Los seres concretos se consideran de un modo general cuando representan un concepto: En "El violín es un instrumento", "el perro es el mejor amigo del hombre", violín y perro se consideran abstractos.

Resuelva la hoja de trabajo 35.

RECAPITULACION

1. **Sustantivo** es la palabra que designa seres con existencia independiente, real o pensada.
2. **El sustantivo** funciona como: sujeto, complemento de otro sustantivo, vocativo, complemento del adjetivo, núcleo del predicado nominal y como complemento del verbo.
3. **El sustantivo** tiene accidentes: género: masculino, femenino, y número: singular y plural.
4. **El sustantivo** se clasifica como:
    a) **concreto:** es el objeto con existencia real, pero con independencia de dicha realidad.
    b) **abstracto:** es el ser pensado que no existe en la realidad.
    c) **común:** nombran un ser aludiendo a sus cualidades, connota, se refiere a su especie: perro, escuela, hombre.
    d) **propio:** es un ser determinado: no se alude a sus cualidades denota: Jorge, Pablo Treviño, Río Usumacinta.

Haga la hoja de trabajo 26.

ACTIVIDADES COMPLEMENTARIAS

1. Seleccionar un texto donde aparezcan muchos sustantivos.
2. Subrayarlos y enlistarlos, indicando su clasificación.
3. Escoger otro texto para analizar la función sintáctica de los sustantivos.
4. Una vez efectuado lo anterior, separar las oraciones del párrafo; luego,

efectuar el análisis sintáctico; posteriormente, señalar la función sintáctica específica.

5. De un nuevo texto, localizar los sustantivos y estudiar sus accidentes.

BIBLIOGRAFIA BASICA

LACAU-ROSETTI. CASTELLANO (2). Edit. Kapelusz. B. Aires.

EL PRONOMBRE

278 Observe el siguiente diálogo, tomando de la obra teatral "El Tuerto es Rey", de Carlos Fuentes.

Duque

   ¿Jugamos a cuidarnos?

Donata

   Esa es otra discusión interminable. Y **tú** eres un tramposo.

   (El duque sonríe al público).

Duque

   Ustedes me dicen **tú**. Pero **tú** no quiere decir nada. **Tú** es como una camisa vieja arrojada al lado del camino. El primero que pasa puede ponérsela.

Donata

   Sí, pero soy **yo** la que dice **tú**. Esa es la diferencia.

   (El Duque da la espalda al público. Avanza hacia arriba y, apenas lo hace, pierde toda dignidad: camina a tientas, tropezando, hasta llegar al lado de Donata. Se inclina, inquiriendo, junto a la cabeza de la mujer).

Duque

   ¿Señora. . . Donata?

Donata

   Yo siempre soy **yo**. No tengo necesidad de representar.

Duque

   ¿Donata?

Donata

   Tú no eres nadie porque **yo** puedo decirle **tú** a cualquiera. Ahí tienes. Cerrado el juego de los pronombres.

   (El Duque vuelve a dirigirse, obsequioso, implorante, al público).

Duque

   Podemos jugar a los sueños.

Donata

   No insistas. Eres incapaz de contarme los tuyos.

Duque

   Pero señora, lo interesante es que mi sueño no es mío. Ese es el chiste, ¿no se da cuenta? , el chiste es que **yo** sueño un sueño ajeno.

Diálogo del
Tuerto es
Rey

Donata
> Ya lo sé. El sueño sólo te atraviesa. ¿No ha escrito mi marido?

Duque
> Yo soy su conducto. . ."

Uso rotativo del pronombre

279 Las palabras en negrita son **pronombres** personales. Los que se usan en el diálogo y acompañan al verbo en la conjugación (consulta la Unidad anterior). Eso ya lo sabe. Ahora fíjese en el uso del pronombre **yo**. Unas veces lo usa **Donata** y otras el **Duque**. Es decir, depende de quién está hablando. Así, pues, el pronombre no tiene significación propia, su uso es circulante; depende de quién hable y a quién se hable, por lo que el **pronombre** es una palabra que tiene función y significado ocasionales. Se usa como sustantivo, adjetivo o adverbio.

Función del pronombre

280 Fíjese usted en las siguientes oraciones:

> **Yo** estoy aquí desde hace tiempo.
> Traje **mi** libro de gramática.
> **Ahí** está el traje.

281 La palabra **yo** está desempeñando el oficio de sustantivo, el vocablo **mi**, el de adjetivo, y la voz **ahí** es un adverbio; sin embargo, tanto el sustantivo, como el adjetivo y el adverbio también son pronombres. De ahí que la función del pronombre sea especial. Su uso depende del empleo que se le asigne en cada ocasión.

282 El pronombre funciona como sustantivo (personal), como adjetivo (posesivo), y como adverbio (demostrativo).

283 Este tema se irá enfatizando, de conformidad con el estudio de cada tipo de pronombre.

PRONOMBRES PERSONALES.

Clasificación de pronombres

284 Pronombres Personales son **yo, tú, él** y sus derivados. **son siempre sustantivos.**

285 En la IV Unidad nos referimos a la función sintáctica de los pronombres personales. Dicha función es la del sustantivo: sujeto, complemento directo, indirecto, circunstancial (terminal).

286 También en la citada unidad se explica que el pronombre tiene como accidente gramatical la **declinación** (proceso que indica la función sintáctica de los sustantivos, adjetivos y pronombres).

Veamos con ejemplos.

EL PRONOMBRE COMO SUJETO.
287

Función o declinación del pronombre

Yo: Yo estudio la lección
Tú: Tú vas al correo.
El: El dibujó la circunferencia.
Ella: Ella: bailó muy bien.
Ello: Ello me asombró.
Nosotro(a)s: Nosotro(a)s: cumplimos con nuestro deber.
Vosotro(a)s: Vosotro(a)s: acudisteis a la cita.
Ustedes: Ustedes llegaron a la hora.
Ello(a)s: Ello(a)s: leyeron toda la novela.

EL PRONOMBRE COMO COMPLEMENTO DIRECTO.
288

Me: Escúcha**me, me** vio.
Te: Acércate, **te** escucho.
Lo: Cuída**lo, lo** cuido.
La: Termína**la, la** vi, **la** terminé.
Se: La fiesta **se** terminó, Las uvas **se** acabaron.
Los: Ayer **los** vi.
Las: Las compré en la tienda.
Nos: Nos quiere mucho.
Os: Os felicitó Mario.

EL PRONOMBRE COMO COMPLEMENTO INDIRECTO.
289

Me: Tráem**e** los regalos. Me los trajo.
Te: Te transcribieron la carta.

* Usted y Ustedes toman las formas: LO, LA, LE, SE, LOS, LAS, LES.

Le: **Le** mandaron una tarjeta postal desde París.

Se: **Se** la llevaron a domicilio. **Se** compraron dos velices.

Les: **Les** avisé mi llegada.

Nos: **Nos** agradó la noticia.

Os: **Os** hizo el croquis.

EL PRONOMBRE COMO COMPLEMENTO CIRCUNSTANCIAL (TERMINAL)

290

Mi: Josefa lo trato sin **mi**.

Conmigo: Pedro vino **conmigo**.

Ti: Lo hizo por **tí**.

Contigo: Llévalo **contigo**.

Si. Lo pensaré —dijo para **sí**.

Si: Las llevaremos —pensaron para **si**.

Consigo: Trajo el bolso **consigo**.

Consigo: Llevaron el carro **consigo**.

Haga ud. la hoja de trabajo 37.

ACCIDENTES DE LOS PRONOMBRES QUE SE USAN COMO SUJETO.

291 Los pronombres que se usan como sujeto: yo, tú, él, ella, ello, nosotros, vosotros, ellos, nosotras, vosotras, ellas, usted y ustedes tienen **género**: masculino, femenino y **número**: singular y plural.

USO DE LE y LES, EN LA COMBINACION CON OTROS PRONOMBRES. ADQUIEREN LA FORMA "SE" PARA EVITAR CONFUSIONES.

292 Ejemplos:

Yo **le** traje el libro a Jorge

Yo **se** lo traje. (No: yo **le** lo traje)

Yo **le** apliqué la inyección al enfermo.

Yo **se** la apliqué **(No:** yo **le** la apliqué)

Yo **les** conté la película.

Yo **se** la conté. **(No:** yo **les** la conté)

293 No debes olvidar que **los pronombres personales tienen función sintáctica como sustantivos.**

PRONOMBRES POSESIVOS.

294 Los pronombres Posesivos son **mío, tuyo, suyo, nuestro, vuestro** (con sus femeninos y plurales).

295 Su función sintáctica como adjetivos o sustantivos es ocasional: depende de la actitud del hablante.

296 Sufren apócope antes del sustantivo: mi, tu, su.

EL PRONOMBRE COMO ADJETIVO.

297 **Mi** casa es grande
El niño dice; quiero **mi** juguete.
Tú expresaste ayer: sin **mi** medicina, me muero.
Tu pluma es azul.
Su vestido es elegante.

298 En las tres primeras oraciones se está usando la palabra **"mi".** Por su significación indica posesión o pertenencia, sintácticamente está funcionando como adjetivo. En la primera está hablando la primera persona; en la siguiente, la segunda, y en la última, la tercera. La significación depende de la persona que se está expresando.

EL PRONOMBRE COMO SUSTANTIVO.

299 Lo **mío** es poco.
Lo **tuyo** es mucho.
Lo **suyo** es suficiente.

300 Aquí **mío, tuyo, suyo,** están sustantivados por el artículo neutro **lo.** Tienen función sustantiva.

301 Los **pronombres posesivos** funcionan sintácticamente como los sustantivos y los adjetivos.

302 Por su función sintáctica, tienen los mismos accidentes que el sustantivo y el adjetivo: género y número; además, persona.

Accidentes del pronombre

303 INDICAN UN
POSEEDOR: mío,   tuyo,   suyo,   singular
                 mía,   tuya,   suya,
                 míos,   tuyos,   suyos,
                 mías,   tuyas,   suyas   plural

304 INDICAN
MAS DE UN
POSEEDOR   nuestro,   vuestro,   suyo,   singular
                    nuestra,   vuestra,   suya,
                    nuestros,   vuestros,   suyos,   plural
                    nuestras,   vuestras,   suyas,

PRONOMBRES DEMOSTRATIVOS.

**Relación entre
los pronombres
y las personas
gramaticales**

305 Pronombres Demostrativos son **este, ese, aquel,** (sus femeninos, sus plurales y su neutro: **esto, eso, aquello**)[1]. También lo son: **aca, aquí, ahí, allí, allá.** Dan idea de lugar. Ello depende de la proximidad con las tres personas del coloquio. Su función sintáctica es la del adjetivo, sustantivo y adverbio.

306
Si lo señalado está cerca de la **primera persona,** se usará: éste, ésta, éstos, éstas, esto; aquí, acá.

307
Si lo señalado se encuentra cerca de la **segunda persona,** se usará: ése, ésa, ésos, ésas, eso; ahí.

308
Si lo señalado está distante de ambas, se usara: aquél, aquélla, aquéllos, aquéllas, aquello, allí, allá.

EL PRONOMBRE DEMOSTRATIVO COMO ADJETIVO.

309   **Esta** lámpara es la mejor.
           No quiero **ese** portafoliso.
           Aquél cuadro es muy oscuro.

310 Esta, ese y aquel son adjetivos porque están modificando a un sustantivo.

---

1   No se acentúan esto, eso, aquello.

EL PRONOMBRE DEMOSTRATIVO COMO SUSTANTIVO.

311   María no te perdonará **esto**.
Luciano dijo que **eso** era imposible.
Aquello fue horrible.

312 En el primer caso, el pronombre demostrativo (esto) está funcionando sintácticamente como complemento directo, en la segunda oración, "Eso" es también complemento directo, en la tercera, **aquello** es sujeto; por eso son sustantivos.

EL PRONOMBRE DEMOSTRATIVO COMO ADVERBIO.

313   Espérala **acá**.
Ahí, lo dejó.
Allá lo verás.

314 Acá denota proximidad a la primera persona; **ahí** expresa cercanía a la segunda; está distante de la primera; **allá** se refiere a la tercera persona, distante de la segunda y muy lejos de la primera. Es adverbio, porque es invariable y funciona como C.C. de lugar; por su significación es pronombre porque está en vez del lugar.

Denotaciones

Resuelva la hoja de Trabajo 39.

ACCIDENTES.

315 Los accidentes tienen género y número cuando funcionan como adjetivos; son invariables cuando se emplean como adverbios. Esto, eso y aquello son formas neutras y funcionan exclusivamente como sustantivos.

316 No debe usted olvidar: los **pronombres demostrativos**, por su función sintáctica, son adjetivos, sustantivos y adverbios. Su significación es ocasional; depende de quien sea el hablante.

PRONOMBRES RELATIVOS.

317 Pronombres relativos son **que, quien, cual, cuyo, donde, cuando, como, cuanto**. Varían de significación, de acuerdo con el enunciado. En la mayoría de los casos tienen un antecedente, al cual se refieren. Su función sintáctica es ocasional: son sustantivos, adjetivos o adverbios.

318 Analicemos algunos ejemplos:

Ejemplos

1. El lápiz **que** me prestaste, es azul.
2. **Quien** trabaja aquí, no vino hoy.
3. El aparato del **cual** te hablé, se vende en Saltillo.
4. El edificio **cuya** iluminación es impresionante, tiene veinte pisos.
5. El juguete está **donde** lo dejaste.
6. **Cuando** me vaya, te avisaré.
7. Me vestiré **como** tú quieras.
8. Imploró **cuanto** le fue posible.
9. Lleva **cuantos** libros puedas.
10. Me importa el **como** no el **cuanto**.
11. El **que** canta es inglés.

319

Ejemplos

Que: En el ejemplo 1, "que" se está refiriendo a "lápiz", es decir, "lápiz" es su "antecedente". Está funcionando como sustantivo.

Quien: En el ejemplo 2, "quien" tiene su antecedente implícito, está funcionando como sustantivo.

Cual: En el ejemplo 3, "cual" se está refiriendo a "aparato", que es su antecedente. Sintácticamente es un sustantivo y forma parte del sujeto.

Cuya: En el ejemplo 4, "cuya" se refiere a "iluminación", que es su antecedente. Está funcionando como adjetivo. Es modificador directo del sustantivo "iluminación"

Donde: En el ejemplo 5, "donde" está modificando directamente al verbo "está". Está funcionando como adverbio.

Cuando: En el ejemplo 6, "cuando" está modificando directamente al verbo; está funcionando como adverbio.

Como: En el ejemplo 7, "como" es modificador directo del verbo "vestiré". Su función sintáctica es la de adverbio. En el 10, es un sustantivo.

Cuanto: En el ejemplo 8, "cuanto" es modificador directo del verbo "imploró"; en el 9, modifica directamente al sustantivo "libros"; en el 10 es un sustantivo. En el 8: es adverbio; en el 9: adjetivo.

320 Debe recordar que los **pronombres relativos** son: **que, quien, cual, cuyo, donde, cuando, como, cuanto**. Que su significación varía según el enunciado. Que su función es ocasional: sustantivo, adjetivo y adverbio. Que pueden llevar antecedente o no. Que cuando son sustantivos y adjetivos tienen los mismos accidentes gramaticales que aquéllos: género y número.

Haga la hoja de Trabajo 40.

PRONOMBRES INTERROGATIVOS Y EXCLAMATIVOS.

321 Pronombres Interrogativos y Exclamativos son los mismos que los **relativos**.[1] Se acentúan ortográficamente. Su función es la de: sustantivo, adjetivo y adverbio. según la actitud que tome el hablante.

322 Analicemos los ejemplos siguientes:
Que: ¿**Qué** pasó? Es un sustantivo: sujeto.
   ¿**Qué** trajiste? Es un sustantivo: compl. directo.
   ¡**Qué** cosa tiene la vida! Es un adjetivo: modifica directamente al sustantivo "cosas".
Quien: ¿**Quién** cantó? Es un sustantivo: sujeto.
   ¿Para **quién** es? Es un sustantivo: objeto indirecto.
Cual: ¿**Cuál** es tu sugerencia? : Es un sustantivo; sujeto.
   No se **cuál** disco elegir. Es un adjetivo: modificador directo del sustantivo "disco"
Donde: ¿**Dónde** estás? Es un adverbio. Modifica directamente al verbo "estas".
Como: ¿**Cómo** te llamas? Es un adverbio. Modifica directamente al verbo "llamas".
Cuando: ¿**Cuándo** terminas? Es un adverbio. Modifica directamente al verbo "terminas".
Cuanto: ¡**Cuánto** te quiero! Es un adverbio. Modifica directamente al verbo "quiero".
Cuanto: ¡**Cuánto** trabajo me dio encontrate! Es un adjetivo. Modifica directamente al sustantivo "trabajo"

---

1 CUYO no se usa en nuestros días como pronombre interrogativo o exclamativo.

323 Recuerde que: **los pronombres interrogativos y exclamativos** son los mismos que los **relativos**. Se acentúan ortográficamente. Funcionan sintácticamente como los sustantivos, adjetivos y adverbios. Como adjetivos y adverbios son modificadores directos del sustantivo y verbo respectivamente. Como sustantivos y adjetivos tienen género y número.

Resuelva hoja de trabajo 41.

PRONOMBRES INDEFINIDOS.

324 Pronombres Indefinidos son **algo, alguien, alguno, poco, mucho, uno, cualquiera** (sentido de vaguedad); **nadie, nada, todo, ninguno** (sentido de generalidad); **varios, muchos, pocos** (sentido de cantidad). Su función sintáctica es la del sustantivo, adjetivo y adverbio. Como sustantivos y adjetivos tienen género y número.

325 Analicemos los ejemplos:

Algo: Me sucede **algo.** Es sustantivo: sujeto.

Llegó algo cansado. Es adverbio: modifica al adjetivo: "cansado".

Llame a **alguien**; Es sustantivo; objeto directo.

Jugó **todo**; Es sustantivo: objeto directo.

Alguna mujer lo ayudó: Es adjetivo: modifica directamente al sustantivo "mujer".

Cualquiera lo haría: Es un sustantivo: sujeto.

326 No debe olvidar que: los **pronombres indefinidos;** son **algo, alguien, alguno, poco, mucho, uno, cualquiera, nadie, nada, todo, ninguno, varios, muchos, pocos.** Que su función es ocasional: adjetivos, sustantivos, adverbios. Que cuando funcionan como sustantivos y adjetivos tienen género y número.

Elabore la hoja de Trabajo 42.

RECAPITULACION

1. **Pronombre** es una palabra que tiene un significado ocasional.
2. **El pronombre** funciona como **sustantivo** (pronombre personal), como **adjetivo** (pronombre posesivo) y como **adverbio** (pronombre demostrativo).
3. Los **pronombres personales** son **yo, tú, él** y sus derivados. Son siempre sustantivos.
4. Los **pronombres posesivos** son: **mío, tuyo, suyo, nuestro, vuestro** y sus derivados. Su función es la de adjetivo y sustantivo.
5. Los **pronombres demostrativos** son: **éste, ése, aquél** con sus femeninos, sus plurales y su neutro: esto, eso, aquello, son sustantivos y adjetivos.
6. Los **pronombres relativos** son: **que, cual, quien, cuyo, donde, cuando, como, cuanto.** Son sustantivos, adjetivos o adverbios.
7. Los **pronombres interrogativos y exclamativos** son: los mismos que los relativos. Tienen la misma función sintáctica que ellos. Se acentúan ortográficamente.
8. **Pronombres indefinidos** son: **algo, alguien, alguno, poco, mucho, uno, cualquiera, nadie, todo, ninguno, varios, muchos, pocos,** etc. Expresan vaguedad, generalidad o cantidad no precisa. Funciona como sustantivos, adjetivos y adverbios.

ACTIVIDADES COMPLEMENTARIAS

1. De un texto determinado, subrayar los pronombres.
2. Como consecuencia del trabajo anterior, hacer la clasificacion de pronombre.
3. Tomando como base la tarea señalada en el punto dos, analizar cuidadosamente cada uno de los pronombres para determinar la función que estén desempeñando en cada caso
4. Seleccionar un texto de una obra dramática. Estudiarlo con detenimiento para observar como el uso de los pronombres personales: **yo, tú, él** y sus derivados, dependen del coloquio.
5. Hacer la hoja de Trabajo 43.

BIBIOGRAFIA BASICA

LACAU-ROSETTI. CASTELLANO (2). Edit. Kapelusz. B. Aires.

EL VERBO

CONJUGACION IRREGULAR.

Irregularidad verbal

327 Como ya observó usted en la quinta unidad, los verbos tienen una determinada desinencia para indicar los tiempos y las personas; dicha terminación —morfema— es la misma en los verbos regulares; pero hay verbos **irregulares**, es decir, en los cuales la terminación o morfema es diferente de los regulares, incluso difieren las terminaciones entre los mismos irregulares. El verbo SER es el que presenta más irregularidades de todos, por ello lo estudiaremos a continuación, con detalle.[1]

CONJUGACION DEL VERBO "SER".

Nomenclaturas de la conjugación

328 Existen dos importantes nomenclaturas para la conjugación de los verbos españoles. Una es la de la Real Academia Española y otra la del gramático hispanoamericano Andrés Bello. Esta última es la que tiene más adeptos en Hispanoamérica. Le señalaremos las dos para que haga las comparaciones, sin embargo, para nuestro estudio vamos a tomar la de la Academia.

329   **MODO INDICATIVO**

PRESENTE
(Bello: presente)

Yo	soy
Tú	eres
El	es
Nosotros	somos
Vosotros	sois
Ellos	son

PRETERITO IMPERFECTO
(Bello: copretérito)

Yo	era
Tú	eras
El	era
Nosotros	éramos
Vosotros	érais
Ellos	eran

PRETERITO INDEFINIDO
(Bello: Pretérito)

Yo	fui

PRETERITO PERFECTO
(Bello: Antepresente)

Yo	he sido

---

1   La irregularidad en el radical se estudiará en la siguiente unidad.

Tú	fuiste	Tú	has sido
El	fue	El	ha sido
Nosotros	fuimos	Nosotros	hemos sido
Vosotros	fuisteis	Vosotros	habéis sido
Ellos	fueron	Ellos	han sido

PRETERITO ANTERIOR
(Bello: Antepretérito)

Yo	hube sido
Tú	hubiste sido
El	hubo sido
Nosotros	hubimos sido
Vosotros	hubisteis sido
Ellos	hubieron sido

PRETERITO PLUSCUAMPERFECTO
(Bello: Antecopretérito)

Yo	había sido
Tú	habías sido
El	había sido
Nosotros	habíamos sido
Vosotros	habíais sido
Ellos	habían sido

FUTURO IMPERFECTO
(Bello: futuro)

Yo	seré
Tú	serás
El	será
Nosotros	seremos
Vosotros	seréis
Ellos	serán

FUTURO PERFECTO
(Bello: Antefuturo)

Yo	habré sido
Tú	habrás sido
El	habrá sido
Nosotros	habremos sido
Vosotros	habréis sido
Ellos	habrán sido

330

MODO POTENCIAL

SIMPLE
(Bello: Pospretérito del Modo Indicativo)

Yo	sería
Tú	serías
El	sería
Nosotros	seríamos
Vosotros	seríais
Ellos	serían

COMPUESTO
(Bello: Antepospretérito del Modo Indicativo)

Yo	habría sido
Tú	habrías sido
El	habría sido
Nosotros	habríamos sido
Vosotros	habríais sido
Ellos	habrían sido

PRESENTE
(Bello: Presente)

Yo	sea
Tú	seas
El	sea
Nosotros	seamos
Vosotros	seáis
Ellos	sean

PRETERITO PERFECTO
(Bello: Antepresente)

Yo	haya sido
Tú	hayas sido
El	haya sido
Nosotros	hayamos sido
Vosotros	hayáis sido
Ellos	hayan sido

PRETERITO INDEFINIDO
(Bello: Pretérito)

Yo	fuera o fuese
Tú	fueras o fueses
El	fuera o fuese
Nosotros	fuéramos o fuésemos
Vosotros	fuérais o fuéseis
Ellos	fueran o fuesen

PRETERITO PLUSCUAMPERFECTO
(Bello: Antepretérito)

Yo	hubiera o hubiese sido
Tú	hubieras o hubieses sido
El	hubiera o hubiese sido
Nosotros	hubiéremos o hubiésemos sido
Vosotros	hubiérais o hubieseis sido
Ellos	hubieran o hubiesen sido

FUTURO IMPERFECTO
(Bello: Futuro)

Yo	fuere
Tú	fueres
El	fuere
Nosotros	fuéremos
Vosotros	fuereis
Ellos	fueren

FUTURO PERFECTO
(Bello: Antefuturo)

Yo	hubiere sido
Tú	hubieres sido
El	hubiere sido
Nosotros	hubiéremos sido
Vosotros	hubiéreis, sido
Ellos	hubieren sido

332   **MODO IMPERATIVO**
PRESENTE
(Bello: Imperativo)

se	Tú
sed	Vosotros

Resuelva la hoja de trabajo 44.

EL PRETERITO

333 El pretérito es lo "pasado"; es lo que sucedió antes del momento en que se habla.

334 Para que observe cómo funciona el tiempo pretérito, en sus diversas modalidades, lea la parte primera del cuento "Sor Filomena", del poeta nicaragüense Rubén Darío.

"¡Ya está hecho, por todos los diablos! —rugió el obeso empresario dirigéndose a la mesita de mármol en que el pobre tenorio ahogaba su amargura en la onda de ópalo de un vaso de ajenjo.

El empresario, ese famoso Krau— ¿no conoceis la celebridad de su soberbia nariz, un verdadero dije de coral ornado en rubio alcohólico? —, el empresario pidió el suyo con poca agua. Luego secó el sudor de su frente y, dando un puñetazo, que hizo temblar la bandeja y los vasos, soltó la lengua:

—¿Sabes, Barlet? Estuve en toda la ceremonia; lo he presenciado todo. Si te he de decir la verdad, fue una cosa conmovedora... No somos hechos de fierro...

Contóle lo que había visto. A la linda niña, la joya de su Troupe, tomar el velo, sepultar su belleza en el monasterio, profesar con su vestido oscuro de religiosa, la vela de cera en la mano blanca. Después, los comentarios de la gente.

—¡Una cómica, monja! ...A otro perro con ese hueso...

Barlet —el enamorado romántico— veía a lo alto y bebía a pequeños sorbos! "

335 Estudiemos algunos verbos del relato:

VERBO	TIEMPO	MODO
rugió	Pretérito Indefinido	Indicativo
secó	" "	"

149

VERBO	TIEMPO	MODO
	Pretérito indefinido	
hizo	" "	"
estuve	" "	"
ahogaba	Pretérito Imperfecto	Indicativo
veía	" "	"
bebía	" "	"
había visto	Pretérito Pluscuamperfecto	Indicativo
he presenciado	Pretérito Perfecto	"

336 Rubén Darío ha empleado el tiempo pretérito en cuatro formas. Como ve, este tiempo tiene muchas modalidades, que analizaremos enseguida:

PRETERITO INDEFINIDO. (PRETERITO)

337 Primero veremos las cuatro formas aparecidas en el trozo literario.

"—rugió el obeso empresario. . ."
"Luego secó el sudor de su frente y. . ."
"Estuve en toda la ceremonia. . ."
"que hizo temblar la bandeja. . ."

338 Lea con cuidado las cuatro expresiones. El verbo ha sido empleado en pretérito por el autor; en cada una de las cuatro oraciones está indicando que las acciones de: rugir, sacar, estar y hacer se efectuaron en el pasado y que, además, son independientes de cualquier otra acción.

339 Pretérito indefinido de indicativo: sirve para indicar las acciones efectuadas en el pasado y que, además, son independientes de cualquiera otra accion.

PRETERITO IMPERFECTO DE INDICATIVO. (COPRETERITO)

340 Estudiemos otras expresiones:

". . .el pobre tenorio ahogaba su amargura. . ."
". . .veía a lo alto y bebía a pequeños sorbos."

341 En la primera oración el verbo "ahogaba" está indicando una acción efectuada en el pasado de la cual no sabemos si terminó o no; solamente podemos darnos cuenta de un detalle: está indicando duración de la acción, es decir, se está efectuando en el pasado, pero podría continuarse en el presente; no tiene término. La segunda expresión está enfatizando lo mismo: "veía" y "bebía". Esta modalidad del pretérito se llama:

342 Pretérito imperfecto de indicativo (o Copretérito): sirve para indicar acciones realizadas en el pasado, pero que no señalan termino, solo indican duración.

PRETERITO PERFECTO DE INDICATIVO (ANTEPRESENTE)

343 Observa lo siguiente:

"...lo he presenciado todo".

344 Expresiones como la anterior emplean el pretérito en otra forma: "he presenciado". Es una forma compuesta: presente del verbo haber más participio. La acción que señala dicho tiempo se ha efectuado en el pasado, pero no está terminada, no es absoluta, sino que guarda relación con el momento presente: es un pasado inmediato; el pensamiento se expresa inmediatamente después de que ha sucedido: "me he levantado"; he comido; he dicho, etc.

345 Pretérito perfecto de indicativo: sirve para indicar las acciones realizadas en el pasado, que guardan relación con el presente.

346 Ahora, veamos otro empleo del pretérito:

"Contóle lo que había visto."

"había visto" es otra forma compuesta: pretérito imperfecto de haber más participio. Aquí tienes que fijarte en otro verbo "contó", empleado en pretérito indefinido. Observe que hay relación entre los dos tiempos y que: "había visto" es anterior en el tiempo a "contó". Esta relación temporal puede ser inmediata o lejana; todo depende de la intención del hablante. Este tiempo se llama:

PRETERITO PLUSCUAMPERFECTO DE INDICATIVO (ANTE-COPRETERITO).

347 Pretérito pluscuamperfecto de indicativo: sirve para expresar una acción ocurrida en el pasado, que es anterior a un hecho también pasado.

348 La otra forma que no ha aparecido en el texto leído es el llamado: "pretérito anterior". Veamos unos ejemplos:

Luego que *hube comido,* me acosté.
Después que *hubo llegado,* platicó lo sucedido.
Apenas *hubo terminado* de hablar por teléfono, se levantó.

349 Observe que esta forma del pretérito: "hubo llegado", "hube comido", "hubo terminado" se relaciona también con otra acción efectuada en el pasado; pero dicha acción es inmediata a la otra. Este tiempo verbal no se usa actualmente, su empleo se ha destinado a la literatura. Fíjese también que siempre va antecedido por adverbios: luego que, después que, apenas. También se emplea con: en cuanto, no bien, etc.

PRETERITO ANTERIOR DE INDICATIVO. (ANTEPRE-TERITO).

350 El pretérito anterior de indicativo: sirve para indicar una acción pasada, anterior a otra también pasada.

Haga usted lo que se le pide en la hoja de Trabajo 45 y en la 46.

RECAPITULACION

1. **El verbo ser** es muy irregular con su conjugación:

MODO INDICATIVO

Presente: soy,
Pretérito imperfecto: era,
Pretérito indefinido: fui,
Pretérito perfecto: he sido,

Pretérito anterior: hube sido,
Pretérito pluscuamperfecto: había sido

MODO POTENCIAL

Simple: sería (Pospretérito)
Compuesto: habría sido (Antepospretérito)

MODO SUBJUNTIVO

Presente: sea,
Pretérito perfecto: haya sido, (antepresente)
Pretérito indefinido: fuera o fuese (pretérito)
Pretérito pluscuamperfecto: hubiera o hubiese sido (Antepretérito)
Futuro imperfecto: fuere (futuro)
Futuro perfecto: hubiere sido (antefuturo)

MODO IMPERATIVO

Presente: sé   tú
Presente: sed   vosotros.

MODO INDICATIVO

2   **Tiempo pretérito:** es lo "pasado"; es lo que sucedió antes del momento en que se habla.
3. **Pretérito indefinido:** indica las acciones efectuadas en el pasado, y que son independientes de cualquiera otra acción.
4. **Pretérito imperfecto:** indica acciones realizadas en el pasado, que no señalan término, sino duración.
5. **Pretérito perfecto:** indica acciones efectuadas en el pasado que guardan relación con el presente.
6. **Pretérito pluscuamperfecto:** indica acciones ocurridas en el pasado, anteriores a un hecho pretérito.
7. **Pretérito anterior:** indica una acción pasada anterior a otra también pasada.

153

ACTIVIDADES COMPLEMENTARIAS

1. Revisar la conjugación del verbo ser. Valorarlo en cuanto a su irregularidad. Reflexionar en su importancia y en el constante empleo que de él hacemos diariamente. Practicar oralmente y por escrito aquellas formas de dicho verbo que, por desconocimiento o dificultad, no usamos.
2. Leer un cuento o novela que esté narrado en pretérito. Subrayar los verbos que estén en el tiempo mencionado. Estudiar las diferencias para valorar la necesidad de expresarse con eficacia.

BIBLIOGRAFIA BASICA PARA ESTE TEMA:

LACAU-ROSETTI. CASTELLANO. (2). Edit. Kapelusz. B. Aires.

REACTIVOS DE AUTOEVALUACION

I. Señale usted el género y el número de los sustantivos que siguen, utilizando las iniciales M. F. para masculino y femenino, y S. P., para singular y plural.

NOMBRE	GENERO	NUMERO
1) mitad		
2) libracos		
3) duplo		
4) populacho		
5) islotes		

II. Anote el plural de las siguientes palabras:

jabalí	_____	alelí	_____
marqués	_____	síntesis	_____
zafiro	_____	ajonjolí	_____
alférez	_____	dominó	_____

club _____   rubí _____
frac _____   silepsis _____
dosis _____   éxtasis _____
cualquiera _____

III. Haga el singular de los sustantivos que se le proponen:

    1) relojes _____

    2) cruces _____

    3) víveres _____

    4) cálices _____

    5) exequias _____

IV. Lea con atención las oraciones siguientes después anote, en las casillas correspondientes del cuadro que sigue, los complementos que encuentre en cada oración.
La oración # 1 se le da resuelta, como ejemplo.

  1) Se murmura con frecuencia en todas partes.
  2) El telégrafo eléctrico fue inventado por Morse.
  3) No se ganó Zamora en una hora.
  4) Cierra la ventana con cuidado.
  5) No quiero perro con cencerro.
  6) La bondad es la belleza del alma.
  7) A mi vecino le insultaron en la calle.
  8) Esta calle da al campo.
  9) Aquellas señoras son chiapanecas.
  10) La imprenta fue inventada por Gutemberg.

Complemento Directo	Predicado Nominal	Complemento Indirecto

Complemento Circunstancial	Sustantivo Complemento Agente
con frecuencia en todas partes.	

V. Clasifique los siguientes sustantivos según convenga.

1. (   ) belleza
2. (   ) inteligencia   A. Propio
3. (   ) Cuba   B. Común
4. (   ) cometa   C. Abstracto
5. (   ) cigarro

VI. Extraiga, liste y clasifique los pronombres que encuentre en las oraciones siguientes:

1) Unos tienen la fama y otros cardan la lana
2) Quien mucho abarca, poco aprieta
3) Tanto obstáculo me pone de mal humor
4) Saludé al maestro, el cual me saludó también
5) Es joven la mujer que vimos.

VII. Identifique la función desempeñada por los pronombres subrayados en las oraciones que siguen:

1. (   ) **Lo** mío, mío; y lo tuyo, de ambos   A. Como sujeto
2. (   ) Yo **le** traje lo que quería   B. Complemento indirecto
3. (   ) Yo le traje **lo que** quería   C. Complemento circunstancial
4. (   ) **Tú** eres un tramposo   D. Como adjetivo
5. (   ) Llevaron al niño **consigo**   E. Complemento directo

Módulo 6

OBJETIVOS ESPECIFICOS

Al terminar de estudiar este módulo el alumno:

1.0 Indicará que otras lenguas, además del latín y las lenguas autóctonas, contribuyeron en la formación del castellano.
1.1 Recordará un número de 10 palabras de origen germánico.
1.2 Señalará un mínimo de 3 dialectos romances ibéricos.
1.3 Recordará por lo menos 10 palabras hispanoamericanas (no mexicanas)
1.4 Recordará un mínimo de 10 vocablos de otros países, incorporados al castellano.

ESQUEMA-RESUMEN

Consulte el esquema del Módulo 3.

LOS ORIGINES DE LA LENGUA ESPAÑOLA

EL ROMANCE.

Evolución del Latín vulgar

351 Al caer el Imperio Romano, y debido a las invasiones que sufrió Hispania, se dificultaron notoriamente las comunicaciones entre Roma y todo el territorio que había conquistado. En tal virtud, la cultura romana se resintió extraordinariamente. Este hecho permitió que el latín vulgar, impuesto por los romanos, al dejar éstos de presionar su cultura, evolucionara, con la mezcla de otra lengua de grupos humanos que fueron invadiendo la Península Ibérica después de los romanos: visigodos, árabes, franceses, etc., hasta la consolidación del castellano como lengua oficial, por el rey Alfonso X, en el siglo XIII.

352 Así pues, fueron dos —ya asentados— los motivos que ayudaron al latín vulgar para que fuera evolucionando hasta convertirse en cada región en lenguas románicas: el asilamiento de Roma y la contínua depresión de la cultura impuesta por los antiguos conquistadores. Cada región fue agregando al latín vulgar que hablaban, formas de pronunciación de sus dialectos primitivos, así como vocabulario de las lenguas prerromanas; además fueron introduciendo palabras y usos lingüísticos de los subsecuentes invasores y colonizadores.

LOS GERMANOS.

Influjos lingüísticos posteriores a los romanos

353 Los germanos invadieron España en el año 409 D.C. Representantes de los germanos eran los suevos, vándalos y alanos. Estas agresiones germánicas se iniciaron desde el siglo III, pero fue hasta el año señalado arriba definitivamente se incorporaron a la vida española. Los alanos fueron exterminados a los pocos años. Los vándalos permanecieron un poco más —se establecieron en Bética—, pero pronto se fueron al Africa. Los suevos permanecieron en territorio español más tiempo que los alanos y vándalos: "Villalán" (Valladolid) "Bandaliés" (Huesca). Suevos: "Puerto Sueve" en la región asturiana.

Visigodos

354 Al comenzar el siglo VI llegaron los Visigodos, más civilizados que sus antecesores, y se establecieron en la meseta castellana. Al principio evitaron la mezcla con los hispanoamericanos, porque tenían prohibido el casamiento con otra raza que no fuera la visigoda. Poco a poco esta actitud empezó a cambiar, hasta que en el año 655 se estableció la unificación jurídica para ambos grupos. Los visigodos transformaron las costumbres, de los hispanorromanos, el derecho y la conciencia de Hispania como unidad independiente.

355 La influencia lingüística de los visigodos no fue muy grande. En la fonética no hay huellas. En la morfología sólo queda el sufijo "-ing": engo. Ejemplos: abolengo, realengo, etc. En el vocabulario tenemos:

GERMANISMO	ESPAÑOL	GERMANISMO	ESPAÑOL
laiston	lastar	wardja	guardia
fat	hato	skilla	esquila
tappa	tapa	haspa	aspa
rukka	rueca	gans	ganso
marthus	marta	ufjo (abundancia)	ufano
gano	gana	gasalija (compañero)	agasajar

356 Los nombres de personas se forman con dos elementos; casi siempre aluden a cualidades humanas y a la guerra:

Palabras de origen germánico

ELEMENTOS GERMANOS	ESPAÑOL
all: todo, wars: prevenido	Alvaro
frithu: paz, nanth: atrevido	Fernando (Fridenandus)
hroths: fama, riks: poderoso	Rodrigo (Rodericus)
hrotsh: fama, sinths: dirección	Rosendo (Rudesindus)
gails: alegre, wers: fiel	Elvira (Gelovira)
gunthis: Lucha	Gonzalo
hathus: lucha o	
all: todo, funs: preparados	Alfonso

357 El romance que se hablaba en España al terminar la época visigoda presentaba rasgos muy primitivos. Sin embargo, ya el latín hablado en España podía considerarse como un dialecto del latín general.

LOS ARABES.

358 En el año 711 D.C. los árabes invaden España; toda la península cae en manos de los musulmanes. Sólo en las

Establecimiento de los árabes en la Península Ibérica

montañas del norte quedan pequeños grupos humanos resistiendo. Los árabes, sirios y berberiscos, invasores, no traen mujeres, así que toman como esposas a las hispanogodas. Establecen su capital en Córdoba, que pronto se convierte en el centro de una esplendorosa civilización islámica. En el año 950, dos terceras partes de la Península Ibérica están en poder de los árabes. Florecen la agricultura, la industria y el comercio. En todo el territorio conquistado: el ANDALUZ, se habla el Arabe; sin embargo, los hispanogodos conquistados hablan su "lengua rústica". A estos habitantes del Andaluz se les llamó **Mozarabes** así como a su lengua, las famosas **Jarchas** son los primeros exponentes literarios en esta lengua.

359 La influencia arabe en el español fue decisiva. Los musulmanes estuvieron más de siete siglos en tierras hispánicas. El vocabulario español contiene unas cuatro mil palabras de origen árabe:

Veamos:

Palabras de origen árabe

adalid, atalaya, zaga, tambor, alférez, acicate, alazán, acémila, acequia, aljibe, alberca, noria, alcachofa, zanahoria, alfalfa, azafrán, azúcar, algodón, maquila, azucena, azahar, arrayán, retama, mejorana, tarea, racamar, alfarero, taza, jarra, arracadas, marfil, azufre, azogue, aduana, almacén, arroba, fanega, maravedí, aldea, zaguán, alcoba, celosía, azulejo, alcantarilla, almohada, alfombra, almíbar, babuchas, laúd, ajedréz, tahur, alcalde, alguacil, albacea, guarismo, álgebra, alambique, alcohol, jarabe, elixir, cenit, baladí, baldió, añil, carmesí; fulano, en balde, hala, ojalá, alborozo, Guadalajara, Guadalquivir, Mancha, Calatayud, Guadalupe, Guadiana, etc.

360 Como puede observar, existen muchas palabras del Arabe en nuestro idioma. Los musulmanes también pasaron voces de otras lenguas a la nuestra. Del sánscrito es: ajedrez, del persa: jazmín, naranja, azul; del griego: alambique, acelga.

361 Durante los siglos IX, X y XI, el Romance siguió su evolución. Existen documentos notariales que así lo atestiguan, dichos documentos emplean el latín, pero insertan palabras y construcciones romances. En las **glosas emilia-**

nenses y en las **glosas silenses** aparece ya conscientemente usada la lengua romance. Están escritas en dialecto Navarro-Aragonés.

LOS FRANCESES.

362 En el siglo XI, Sancho el Mayor abre una nueva vía a la peregrinación a Santiago de Campostela. A partir de entonces acuden devotos de otros lugares fuera de España. Los "francos" acuden abundantemente. Establecen ciudades a lo largo de dicho camino. Como consecuencia de ello, palabras de origen francés empiezan a introducirse en el romance hispano. Algunos de esos vocablos son: homenaje, mensaje, vergel, pitanza, fraile, mesón, manjar, vianda, vinagre, etc.

363 La Reconquista que había comenzado desde el principio de la dominación árabe se dirige hacia el sur. Los cristianos toman Toledo en 1085 y Zaragoza en 1118. Pero los mozárabes ya están muy aculturados con la civilización árabe; conservan sus creencias y hasta su lengua. En el siglo XII, el arzobispo don Raimundo funda la Escuela de traductores y, un siglo después, el Rey Alfonso X acoge en su corte a sabios judíos que dominan la cultura árabe. La filosofía griega es conocida por medio de los pensadores musulmanes Averroes y Avempace. Conforme va avanzando la reconquista, los cristianos van imponiendo los romances del norte: Gallego-Portugés, Astur-Leonés, Castellano, Navarro-Aragonés y Catalán. No todos estos dialectos tuvieron la misma suerte; unos se impusieron más pronto que otros; en el sur fue más difícil, debido a que el sustrato árabe era muy fuerte.

LOS ROMANCES DEL NORTE.

364 El Gallego-Portugés, tras la constitución del reino de Portugal, en 1139, se dividió en sus dos ramas actuales. El gallego se habla en Galicia solamente; en cambio el portugués se fue extendiendo hacia el sur, y hacia los lugares donde lo llevaron los conquistadores: Africa, Asia y América.

365 El Astur-Leones se enfrentó pronto con el castellano. Tuvo que replegarse a su región original. Hoy se conserva en el "bable" de Asturias.

366 El Navarro-Aragonés corrió casi la misma suerte que el astur-leonés. Sobrevivió hasta fines de la Edad Media. Fue absorbido por el español. En la actualidad se habla dialecto aragonés en la zona del Pirineo de Huesca.

367 El Catalán es la lengua más fuerte después del castellano. Se extendió hasta el extremo meridional de la costa levantina y llegó hasta las islas Baleares. Hoy se sigue hablando en esos lugares con algunas variantes dialectales.

368 El Castellano aparece como dialecto más o menos hacia el siglo X. Primero Castilla dependía de los reyes leoneses; después se independizó, y dirigiendo la Reconquista sometió a León. El castellano no sólo se extendió hacia el Sur, sino también hasta el este y oeste. De esta manera, el castellano iba incorporando muchos elementos de los dialectos de los vencidos; sobre todo el árabe.

**Aparición
del castellano**

369 Así se va imponiendo el castellano en la Península Ibérica; a más poder político, más saturación de dicha lengua. El siglo XIII registra oficialmente al castellano como lengua. Alfonso X, el Rey Sabio, dispuso que en una gran cantidad de obras culturalmente importantes se redactaran en castellano; antes de esto, sólo se conocían los cantares de gesta por tradición oral; el MIO CID es el único que conocemos bien actualmente. Ya para el siglo XV el castellano había adquirido rango de lengua culta. Durante los siglos se fue depurando y fijando algunas formas vacilantes, así como enriqueciendo su vocabulario. "La Celestina", escrita en 1499, lo muestra claramente.

370 Para esa fecha, el reino de Castilla dominaba el antiguo reino de León con Asturias y Galicia, Extremadura, el reino de Toledo, el de Murcia, toda Andalucía y las Islas Canarias.

371 Dos hechos importantes registra 1492 para España y el castellano: el descubrimiento de América, así como lpublicación de la primera gramática castellana por Antonio de Nebrija, llamada: **Arte de la lengua castellana o española.** Ya aparece la unidad de una sola lengua como expresión de todos los españoles.

372 Los siglos XVI y XVII marcan la cumbre de nuestra lengua y literatua. Aparecen obras como El Lazarrillo de Tormes. Poetas como Garcilaso de la Vega, San Juan de la Cruz, el gran Cervantes, Lope de Vega, Góngora y Quevedo.

373 En la actualidad la lengua española es hablada por más de cien millones de personas, en España, Hispanoamérica (exceptuando Brasil) Sur de los Estados Unidos, Filipinas, y otros lugares más donde fue llevada por los judíos sefardíes después de su expulsión de la Península. El español es una de las principales lenguas del universo. Tiene una gran vitalidad y seguramente dicha fuerza se acrecentará, ya que se habla en países jóvenes como el nuestro, que tiene un gran futuro político y económico, razones que aseguran su supervivencia.

374 Con la Conquista de México y del Perú, los dos focos culturales más importantes de América en el siglo XV, el español adoptó muchísimos términos de las lenguas indígenas habladas en este continente. Veamos algunos ejemplos:

México: tomate, cacao, chocolate, zapote, tamal, zopilote, amate.

Perú: quechua, llama, vicuña, alpaca, guano, cóndor, quipos, balotaje, etc.

Cuba: prángana, conga, chancleta, porra, chivato, danzonete, bailoteo, caguama, tusa, guajiro, batey, etc.

Colombia: chirriado, guache, tolete, matamba, etc.

Las Antillas: bohío, ají, maní, ananá.

Venezuela: chinchorro, piche, guirizapa, maraca, papirotada, etc.

Argentina: mate, tilingo, pucho, atorrante.

Hacer la hoja de Trabajo 47.

Americanismos

APORTACION DE LENGUAS MODERNAS: ANGLICISCISMOS, GALICISMOS; GERMANISMOS, ITALIANISMOS, Y LUSITANISMOS.

Anglicismos

375 Además de todas las lenguas mencionadas anteriormente, El español se ha enriquecido, después de su consolidación como lengua culta, con muchas palabras de las lenguas modernas, como: anglicismos, galicismos, germanismos, lusitanismos, italianismos, etc.

376 Los anglicismos son las palabras provenientes del Inglés, que el español ha tomado, y que han sido aceptadas por la Academia de la Lengua, porque mencionan usos y costumbres que eran desconocidos en nuestro idioma. Algunos ejemplos son:

Cheque, mitin, paquete, dólar, reportero, panfleto, túnel, casimir, comité, franela, fútbol (futbol), garaje, tenis, gol, confort, bistec, boxear, folklore, rosbif, vagón, coctel, líder, récord, detective, control, club, bar, etc.

Barbarismos de origen inglés

377 Hay muchos anglicismos que usamos en la vida diaria sin necesidad, pues el español tiene las palabras adecuadas. Estos vocablos no han sido aceptados por la Academia, con toda razón y se llaman barbarismos. Tú debes evitarlos, usando las voces castellanas equivalentes. Veamos algunos ejemplos:

lunch: almuerzo, interview: entrevista, ticket: billete o cupón, closet, guardarropa, hall: pasillo o salón, picnic: paseo campestre, raid: viaje "aventón", etc.

Galicismos

378 Galicismos son las palabras provenientes del Francés, que el español ha tomado y han sido aceptadas por la Academia de la Lengua porque mencionan usos y costumbres, con voces que no tenía nuestro idioma. Algunos ejemplos son:

Jardín, bufete, jaula, sargento, paje, cofre, reproche, hotel, corsé, mentón, bobina, encuesta, etiqueta, acaparar, recital, etc.

379 También existen muchos galicismos que, sin haber

sido aceptados por la Academia, por las mismas razones que los anglicismos, se usan frecuentemente en español. Ejemplos:

amateur: aficionado, carnet: cuadernillo, biscuit: bizcocho, restaurant: restaurante, debut: primera presentación, boulevar: avenida, bouquet: ramillete, constatar: comprobar, influenciar, influír, orfelinato: orfanato, revancha: desquite, maitre d'hotel: maestresala de un hotel, soireé: sarao, argot: caló, negligé: bata de mujer, matinée: función matutina, chic: elegancia, buffet: ambigú, menú: lista de platos, etc.

380 Germanismos son palabras que provienen del alemán, que tomó el español y ha aceptado la Academia. Ejemplos:

Germanismos

marco, máuser, heraldo, blindaje, vals, metralla, kindergarten, potasa, cinc, ganga, cobalto, sable, coche, etc.

381 Italianismos son palabras que provienen del italiano, que tomó el español y han sido aceptadas por la Academia. Ejemplos:

Italianismos

medalla, piano, estuco, volcán, nuncio, soneto, cúpula, canalla, terceto, carroza, mosaico, emboscada, barcarola, fachada, escopeta, máscara, bufón, artesano, centinela, calibre, carnaval, ópera, alerta, casino, pomada, etc.

382 Lusitanismos son las palabras que provienen del portugés tanto de Portugal como de Brasil. Ejemplos:

Lusitanismos

chubasco, aricos, brasilero, vigía, marimba, chumacero, cachimba, etc.

383 Hebreísmos son palabras que provienen del hebreo, y que pasaron al español por la estancia de los hebreos en la Península ibérica y además por la traducción de la Biblia. Ejemplos:

Palabras de origen hebreo

José, María, sábado, edén, etc.

384 Ahora ya tiene una visión general sobre el español, su lengua, desde el sustrato más antiguo hasta las adquisiciones más modernas. Según estadísticas, en la formación del Español intervinieron los siguientes elementos:

Latín: 80%, Arabe: 6%, Griego: 4%, otras lenguas: 10%.

Resuelva la hoja de Trabajo 48.

RECAPITULACION

1. Se llama **romance** al resultado de la evolución que fue sufriendo el latín vulgar, en cada uno de los lugares conquistados por los romanos, después de la caída del Imperio Romano hasta la consolidación de algunos dialectos en lenguas cultas.
2. Después de los romanos, los germanos: suevos, vándalos, alanos y visigodos invadieron España.
3. Los árabes llegaron y se establecieron en España por ocho siglos. Su influencia fue muy marcada en el vocabulario. Más o menos cuatro mil palabras de nuestra lengua son de procedencia árabe. Los últimos fueron arrojados de Granada, en 1492.
4. Los franceses se establecieron en España en la región del Pirineo, en el famoso camino a Santiago de Campostela, en el siglo XI.
5. Al lado de los dialectos musulmanes del Sur, en el Norte florecieron: el gallego-portugés, el astur-leonés, el navarro-aragonés, el catalán y el castellano.
6. El **castellano** es lengua culta en el siglo XIII. Desde esa fecha se empezó a imponer como lengua de todos los españoles.
7. Los españoles al conquistar el Nuevo Mundo en 1492, tomaron palabras de las lenguas habladas en América. Al pasar el tiempo adquieiron más, principalmente de México, Perú, Cuba, Las Antillas, Colombia, Venezuela y Argentina.
9. Las lenguas modernas también han aportado muchas voces al español; como el inglés, el Alemán, el francés, el italiano y el portugés.
9. Del hebreo también poseemos palabras.

Hacer la hoja de trabajo 49.

ACTIVIDADES COMPLEMENTARIAS

1. Haga una síntesis de la evolución de la lengua española, desde el romance hasta nuestros días.
2. Elabore listas de palabras, tomadas del texto, indicando su procedencia.

3. Elabore mapas de los distintos lugares que se mencionan en el texto. Utilice crayones, lápices de colores o plumones para que se diferencien unas influencias de otras.
4. Investigue en otras "Historias de la Lengua Española" más datos que amplíen este tema.
5. Reflexione sobre la lengua que habla y valore su riqueza.

BIBLIOGRAFIA BASICA PARA ESTE TEMA

LAPESA, Rafael. HISTORIA DE LA LENGUA ESPAÑOLA. Edit. Escelicer, S.A. Madrid.

REACTIVOS DE AUTOEVALUACION

I. Conteste usted tal y como lo demandan cada uno de los objetivos de este módulo.

Módulo 7

OBJETIVOS ESPECIFICOS

Al terminar de estudiar este módulo, el alumno:

1.0 Ante una descripción dada, el alumno analizará todos los elementos de que se compone.
1.1 Indicará qué es un paisaje.
1.2 Explicará los diversos tipos de paisaje posibles en una descripción.
2.0 Reconocerá las figuras literarias estudiadas en este módulo.

ESQUEMA-RESUMEN 1

Paisaje

Elementos de la descripción
- Geológico
- Psicológico
- Humano

Tipos
- Real.— Revive la realidad sensorial.
- Fantástico.— Evocación. Se traspone al plano real.

Lenguaje Figurado
- Ironía — Párrafo 395
- Paradoja — Párrafo 399
- Juego de palabras — Párrafo 401

LA DESCRIPCION

EL PAISAJE.

Elementos

385 El **paisaje** es la descripción de una cierta extensión de terreno con sus tres elementos: el geográfico: suelo, agua; el biológico: árboles, plantas, etc.; y el humano: personas y sus obras. Un buen paisajista procura armonizar estos tres elementos para lograr una aceptable obra de arte, aunque los verdaderos artistas pueden, según su punto de vista, destacar uno de los tres elementos. En nuestros días, el elemento más importante es el humano, pero conjugado armónicamente con los otros dos. Observe un ejemplo:

AVILA

"Fue una noche fría cuando llegué. En el cielo había pocas estrellas, y el viento glosaba lentamente la melodía infinita de la noche. . . Nadie debe hablar ni pisar fuerte para no ahuyentar el espíritu de la sublime Teresa. . . Todos deben sentirse débiles en esta ciudad de formidable fuerza. . .

Cuando se penetra en su evocadora muralla se debe ser religioso, hay que vivir el ambiente que se respira.

El río pasa casi sin agua por entre peñascos, bañando de frescura unos árboles desmirriados, que dan sombra a una evocadora ermita romántica, relicario de un sepulcro blanco con un obispo frío rezando eternamente, oculto entre sombras... En las colinas doradas que cercan la ciudad, la calma solar es enorme, y sin árboles que den sombra, tiene allí la luz un acorde magnífico de monotonía roja... Avila es la ciudad más castellana y más augusta de toda la meseta colosal... Nunca se siente un ruido fuerte, únicamente el aire pone en sus encrucijadas modulaciones violentas las noches de invierno... Sus calles son estrechas y la mayoría llenas de un frío nevado. Las casas son negras con escudos llenos de orín, y las puertas tienen dovelas inmensas y clavos dorados... En los monumentos, una gran sencillez arquitectónica. Columnas serias y macizas, medallones ingenuos, puertas calladas y achatadas y capiteles con cabezas toscas y pelícanos besándose. Luego, en todos los sitios, una cruz con los brazos rotos y caballeros antiguos enterrados en las paredes y en los dulces húmedos claustros... ¡Una sombra de muerta grandeza por todas partes! ... En algunas oscuras plazuelas revive el espíritu antiquísimo, y al penetrar en ellas se siente uno bañado en el siglo XV. Estas plazas las forman dos o tres casonas con tejados de flores amarillas, y únicamente un gran balcón. Las puertas cerradas o llenas de sombra, un santo sin brazos en una hornacina, y al fondo la luz de los campos que penetra por una encrucijada miedosa o por alguna puerta de la muralla. En el centro, una cruz desquiciada sobre un pedestal en ruinas y unos niños andrajosos que no desentonan con el conjunto. Todo ello bajo un cielo grisáceo y un silencio en que el agua del río suena a chocar constante de espadas."

FEDERICO GARCIA LORCA

386 ¡Un magnífico paisaje! García Lorca es ante todo el poeta que matiza humanamente todo lo que canta. En este caso, paisaje de Avila, el autor logra armonizar perfectamente los tres elementos del mismo; pero, sobre todo, deja en el lector una sensación de fuerza espiritual que fue lo que a él le impresionó al contemplar la ciudad de Santa Teresa.

ANALISIS DEL PAISAJE

Elementos de análisis

387 Geográfico: está muy marcado. Es una ciudad antigua, más bien pequeña que grande. El río no podía faltar, pero corre sin agua; hay colinas; la ciudad está enclavada en una meseta.

388 Biológico: Es menos notorio: árboles desmirriados, unas flores amarillas sobre los tejados.

389 Humano: es lo que sobresale; cada descripción que hace el poeta tiene una pincelada espiritual, aunque el hombre no aparece.

> ". . .esta ciudad de formidable fuerza. . ."
> ". . .su evocadora muralla. . ."
> ". . .en los dulces húmeos claustros. . ."
> ". . .En algunas antiguas plazuelas revive el
>   espíritu antiquísimo. . ."

390 Observe cada palabra, sobre todo cada adjetivo. El que describe debe ser un "pintor"; debe proyectar la sensación humana a través del color, de luces, sombras, etc.

ORDEN DE LA DESCRIPCION.

391 Fíjese cómo el autor comienza su descripción: "Fue una noche fría cuando llegué." De inmediato nos pone en ambiente; nos prepara para lo que subsecuentemente nos irá presentando. Después nos da su primera impresión de la ciudad: "Todos deben sentirse débiles en esta ciudad de formidable fuerza. . ." Lógicamente es lo que se percibe al principio: una impresión global. Pero el escritor nos da de inmediato ese matiz humano que hace que la impresión vaya más allá de lo meramente físico. Avila es la ciudad donde nació Santa Teresa, toda ella, la ciudad, emana ese ambiente de religiosidad que hace uno a Avila y a Santa Teresa. Después pasa a describir el río, casi sin agua, árboles desmirriados, las colinas, sus calles estrechas, sus casas, puertas, monumentos, partes de los monumentos; luego nos habla de algunas plazuelas, de algunas casonas son sus tejados, etc., remata con la nota que empezó: el ambiente físico: invierno; al principio anotó: noche fría. Termina con "cielo grisáceo". Primero nos da la idea general, después, va detallando, pero sin llegar al extremo, pues nos quiere dejar la impresión de lo que es Avila: una ciudad, antigua, austera, conventual; de ahí que su estilo corresponda a lo que nos está describiendo.

392 Son tres párrafos; los dos primeros muy cortos, sobre todo el segundo, con relación al tercero. En el primero nos habla del objeto a describir; en el segundo nos da la pincelada humana, subjetiva para prepararnos a recibir la impresión espiritual y estética de su paisaje. En el tercero desarrolla propiamente la descripción. Nos presenta todo lo que se ofrece a la vista; se detiene en los aspectos más sobresalientes; cuando lo cree conveniente enfatiza con la idea la impresión que desea dejar en el lector.

393 En toda descripción, ya sabe usted la adjetivación es elemento esencial. García Lorca no sólo emplea adecuadamente los adjetivos, sino también los sustantivos; la construcción de las oraciones también obedece a la impresión que se da en todo lo que nos está mostrando. Ejemplos de sustantivos con adjetivos: "noche fría", "formidable fuerza", "colinas doradas", "meseta colosal", "frío nevado". Lorca destaca sobre todo la idea de supervivencia, de grandeza: "...esta ciudad de formidable fuerza..." "Avila es la ciudad más castellana y más augusta de toda la meseta colosal". Estos mismos ejemplos nos sirven para ilustrar la construcción sintáctica del poeta. En el cuadro, equivaldrían a los detalles significativos que el pintor deseara destacar; es un cuadro obscuro, donde abundan los colores fríos perfectamente equilibrados con detalles de color, pero miminizados: las colinas doradas, las florecillas amarillas en el tejado.

Haga usted la hoja de Trabajo 50.

PAISAJE FANTASTICO.

394 Lo que acabamos de analizar es un paisaje llamado

real porque todo lo que se dice es objetivo, pertenece al plano de lo que existe; algunos autores cultivan el paisaje **fantástico,** la impresión que desean dejar en el lector es una evocación o una imaginación de lo que describen. Veamos un ejemplo:

LA BIBLIOTECA DE BABEL

"El universo (que otros llaman la Biblioteca) se compone de un número indefinido, y tal vez infinito, de galerías hexagonales, con vastos pozos de ventilación en el medio, cercado por barandas bajísimas. Desde cualquier hexágono, se ven los pisos inferiores y superiores: interminablemente. La distribución de las galerías es invariable. Veinte anaqueles a cinco largos anaqueles por lado, cubren todos los lados menos dos; su altura, que es la de los pisos, excede apenas la de un bibliotecario normal. Una de las caras libres da a un angosto zaguán, que desemboca en otra galería, idéntica a la primera y a todas. A izquierda y a derecha del zaguán hay dos gabinetes minúsculos. Uno permite dormir de pie; otro, satisfacer las necesidades fecales. Por ahí pasa la escalera espiral, que se abisma y se eleva hacia lo remoto. En el zaguán hay un espejo, que fielmente duplica las apariencias. Los hombres suelen inferir de ese espejo que la Biblioteca no es infinita (si lo fuera realmente ¿a qué esa suplicación ilusoria?); yo prefiero soñar que las superficies bruñidas figuran y prometen el infinito... La luz procede de unas frutas esféricas que llevan el nombre de lámparas. Hay dos en cada hexágono: transversales. La luz que emiten es insuficiente, incesante."

JORGE LUIS BORGES

Como habrá observado, la estructura y el desarrollo de la descripción es el mismo. El elemento que hace diferente la primera descripción de esta última es el **ambiente.** Para describir un paisaje fantástico es necesario crear una atmósfera, un ambiente sobrenatural: el sueño, imaginación febril, alucinaciones, etc.

Haga la hoja de trabajo 51.

RECAPITULACION

1. **Paisaje** es una descripción de terreno en el cual se combinan tres elementos: el geológico, el biológico y el humano.
2. Como toda descripción posee: estructura, orden, estilo, etc.
3. **Paisaje real** es la descripción tomada tal como se ve en la realidad.
4. **Paisaje fantástico** es la descripción evocada, donde la imaginación traspone el plano real, para llegar a lo sobrenatural.

ACTIVIDADES COMPLEMENTARIAS

1. Busque en un cuento o novela de autores reconocidos, descripciones de paisajes. Estúdielos con atención.
2. Analice la estructura, el orden y los elementos de los paisajes que leyó.
3. Ahora, evoque el paisaje que mejores recuerdos le haya dejado y dispongase a describirlo. Primero mentalmente, después por escrito.

BIBLIOGRAFIA BASICA PARA ESTE TEMA

VIVALDI, Martín. CURSO DE REDACCION. Edit. Paraninfo. Madrid.

EL LENGUAJE FIGURADO

FIGURAS LITERARIAS

395 Ahora veremos otros tres términos del lenguaje figurado (literario): **ironía, paradoja** y **juego de palabras.**

IRONÍA.

396 La ironía consiste en decir lo contrario de lo que se quiere dar a entender, de lo que se siente; pero en tal sentido que se entienda lo que se quiere decir. Hay intención burlesca, generalmente.

397 Por ejemplo cuando se le está explicando a alguien algún problema trigonométrico y no entiende, se le dice: "Eres un Pitágoras". "Fue Salomón el más sabio de los hombres y fue el hombre a quien más engañaron las mujeres".

398 El autor se burla de los sabios. Señala que para el amor estorba el conocimiento.

PARADOJA.

399 La paradoja consiste en contraponer aparentemente dos ideas, porque en el fondo hay mucho sentido. Se intenta dar más relieve al pensamiento.

"Vivo sin vivir en mí",
y tan alta vida espero
que muero porque no muero

SANTA TERESA.

400 Se contraponen dos ideas: vida y muerte. Se da relieve a la idea de que la muerte es la verdadera vida.

". . .pues lo que me acarreó de males la riqueza, me restituyó en bienes la pobreza".

B. GRACIAN

401 Se contraponen las ideas: riqueza y pobreza. Se da relieve a la idea de que la pobreza es portadora de bienes.

JUEGO DE PALABRAS.

402 El juego de palabras consiste en dar a una palabra varios sentidos distintos dentro de una misma frase. Generalmente se pretende lograr un efecto cómico:

"Jorge no veía gota, aunque sí bebía muchas."

403 Se da a entender que la persona no veía nada, pero que bebía demasiado.

"...y finalmente hallarás muy pocos hombres que lo sean... (son) horribles monstruos del mundo, que no tienen más que el pellejo, y todo lo demás borra, y así son hombres borrados."

B. GRACIAN

404 El juego de palabras está en "borra: relleno artificial" y "borrados"; rellenos de borra y aniquilados, esfumados.

405 El lenguaje figurado le da amplias posibilidades para la creación literaria. En los ejercicios que realice, correspondientes a los temas señalados, haga el esfuerzo de inventar las figuras estudiadas. Esto le ayudará mucho para que profundice en su pensamiento, y para que logre un mayor dominio del idioma.

Elabore la hoja de trabajo 52.

RECAPITULACION

1. **Ironía** consiste en decir lo contrario de lo que se quiere dar a entender. Hay intención burlesca.
2. **Paradoja** consiste en poner frente a frente dos ideas contradictorias, aparentemente, para dar mayor profundidad al pensamiento.
3. **Juego de palabras** consiste en dar a una palabra varios sentidos distintos dentro de una misma frase. Produce efectos cómicos.

ACTIVIDADES COMPLEMENTARIAS

1. Selecciona un texto literario, de preferencia de un autor del Siglo de Oro Expañol.
2. Analízalo. Subraya las figuras estudiadas en este tema. Clasifícalas.
3. Ahora, trata de inventar una ironía, una paradoja y un juego de palabras.

BIBLIOGRAFIA BASICA PARA ESTE TEMA

REY, Juan. PRECEPTIVA LITERARIA. Edit. Sal. Terrae. Santander.

REACTIVOS DE AUTOEVALUACION

I. Diga usted cual de los tres elementos del paisaje: geológico, biológico y humano, es el que predomina en esta descripción de D. Miguel de Unamuno:

En Mallorca son injustos con el llano en punto a su belleza. El deslumbramiento que produce la hermosura de la costa montañesa del Norte, de sus espléndidas calas, de sus valles y sus barracas, de sus rocas encendidas que avanzan a bañar su fulgor en el añil del mar, que es como una sangre, todo eso hace que no se precie lo debido la copiosa apacibilidad del riente llano de higueras, olivos, almendros y algarrobos.

Mallorca, la isla de oro, debe su fama de hermosa a la montaña costera. La brava sierra que forma la costa brava es como un gran contrafuerte que corre de Noroeste a Sureste, cubriendo la llanura. Va desde el cabo de Formentor donde se alzaba el pino que cantó Costa y Llobera, el que al viento sacudía su verde cabellera sobre el rompiente de las olas surgiendo de la roca sin tierra a sus pies, en el cabo Nordeste de la isla, hasta la península de Andraitx, en el cabo Suroeste, donde se alzan los ceñudos acantilados sin fronda ni verdura alguna, que primero le saludan al que llega embarcado desde Barcelona. Y toda esa costa es una maravilla luminosa. Diríase una isla de piedras preciosas, de esmeraldas, de topacios, de rubíes, de amatistas, bañándose al sol en su propia sangre. Pues es el mar como sangre de piedras preciosas. Es el mar homérico, el de la Odisea, el mar de color de vino, el que parece haberse derramado desde las entrañas de las rocas, no es el mar tenebroso que cantara Camoens.

178

2. Diga si considera la descripción anterior como:

   A — Realista
   B — Fantástica

3. Relacione las dos columnas:

   (   ) Paradoja

   A. Consiste en contraponer, aparentemente dos ideas.

   B. Figura que consiste en comparar una cosa con otra.

   (   ) Juego de palabras

   C. Tiene una intención burlesca, de burla fina.

   (   ) Ironía

   D. Consiste en dar a una palabra varios sentidos distintos dentro de una misma frase.

4. Redacte dos descripciones, una realista y otra fantástica, de no más de 20 renglones cada una.

Paneles de Verificación

MODULO 5 — VALIDACION

I. Sume los puntos buenos obtenidos.

1)	F	S
2)	M	P
3)	M	S
4)	M	S
5)	M	P

Valor: 5 puntos

II. Busque los plurales en un buen diccionario o en un texto de ortografía. Corríjase a sí mismo.

Valor: 15 puntos

III. 1) reloj
2) cruz
3) víveres
4) cáliz
5) exequias no tiene singular   Valor: 5 puntos

Complemento Directo	Predicado Nominal	Complemento Indirecto
Zamora la ventana perro	la belleza (del alma — Genitivo) chiapanecas	a mi vecino le

con frecuencia   por Morse

en todas partes   por Gutemberg

en una hora

con cuidado

con cencerro

en la calle

Valor: 15 puntos
Se califica restando de 15 los errores.

V.   1)   C
     2)   C
     3)   A
     4)   B
     5)   B   Valor: 5 puntos

VI. unos — indefinido
     otros — indefinido
     quien — relativo
     me —personal
     el cual — relativo
     me — personal
     que — relativo
               Valor: 15 puntos

VII. 1)   A
     2)   B
     3)   E
     4)   A
     5)   D   Valor: 5 puntos

MODULO 6 — VALIDACION

1. Coteje sus respuestas con las que el mismo módulo le proporciona en su información.
    Súme los aciertos. Deberá evaluarse de acuerdo con la clave siguiente:

43 puntos	=	MB
35 a 42	=	B
30 a 34	=	S
menos de 30	=	Repita el estudio

MODULO 7 — VALIDACION

1. Discútalo con sus compañeros o con su asesor.
2. Realista
3. A
    D
    C
4. Para ser evaluada en grupo o con el asesor
    La evaluación total del módulo deberá hacerse en grupo de estudio o con asesoría.

UNIDAD VII

Objetivos Generales

Al terminar de estudiar esta unidad, el alumno:

1. Desarrollará habilidades para usar adecuadamente el adjetivo.
2. Precisará su vocabulario en el empleo del adjetivo.
3. Redactará usando los artículos con propiedad.
4. Respetará las reglas de concordancia al redactar.
5. Reconocerá las irregularidades verbales.
6. Empleará sinónimos, antónimos, homónimos y homófonos en la redacción.
7. Describirá con movimiento.
8. Reconocerá las imágenes diversas del lenguaje literario.

Módulo 8

OBJETIVOS ESPECIFICOS

Al terminar de estudiar este módulo, el alumno:

1.0 Reconocerá los adjetivos en un texto dado.
1.1 Descriminará el adjetivo del sustantivo.
1.2 Clasificará los adjetivos de acuerdo con lo estudiado en sus diversas categorías.
1.3 Anotará los diversos grados de los adjetivos que se le propongan.

ESQUEMA-RESUMEN

El Adjetivo

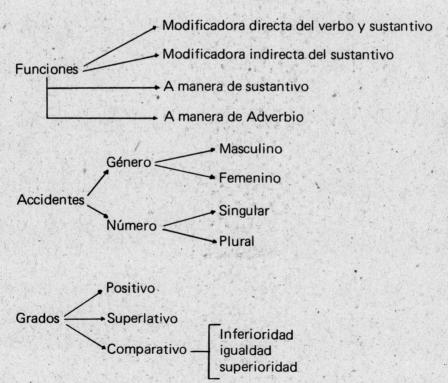

Funciones
- Modificadora directa del verbo y sustantivo
- Modificadora indirecta del sustantivo
- A manera de sustantivo
- A manera de Adverbio

Accidentes
- Género
  - Masculino
  - Femenino
- Número
  - Singular
  - Plural

Grados
- Positivo
- Superlativo
- Comparativo
  - Inferioridad
  - igualdad
  - superioridad

```
                    Calificativos — — — —- Epítetos
                                                        ┌ Cardinales
                                                        │ Ordinales
                    Determinativos — — — — Numerales —┤ Partitivos
                                                        └ Múltiplos

                    Demostrativos

Clasificación       Posesivos

                    Indefinidos

                    Interrogativos

                    Relativo

                    Gentilicio
```

EL ADJETIVO

406 Octavio Paz, escritor mexicano contemporáneo, ya conocido por ud. además de cultivar la poesía y el ensayo, ha escrito varios cuentos. La primera parte de uno de ellos, nos va a servir para motivar el estudio del adjetivo.

EL RAMO AZUL

"Desperté, cubierto de sudor. Del piso de ladrillos rojos, recién regado, subía un vapor caliente. Una mariposa de alas grisáceas revoloteaba encandilada alrededor del foco amarillento. Salté de la hamaca y descalzo atravesé el cuarto, cuidando no pisar algún alacrán salido de su escondrijo a tomar el fresco. Me acerqué al ventanillo y aspiré el aire del campo. Se oía la respiración de la noche, enorme, femenina. Regresé al centro de la habitación, vacié el agua de la jarra en la palangana de peltre y humedecí la toalla. Me froté el torso y las piernas con el trapo empapado, me sequé un poco y, tras de cerciorarme que ningún bicho estaba escondido entre los pliegues de mi ropa, me vestí y calcé. Bajé saltando la escalera pintada de verde. En la puerta del mesón tropecé con el dueño, sujeto tuerto y reticente. Sentado en una sillita de tule, fumaba con el ojo estremecido."

407 Relea el texto; observe estas palabras: rojos, regado caliente, grisáceas, amarillento, algún, su, enorme, femenina. ¿Qué expresan dichos vocablos? La mayoría, cualidades: rojos, regado, caliente, grisáceas, amarillento, enorme, femenina. Algún y su, están limitando al sustantivo que modifican. Las primeras palabras estudiadas, las que indican cualidades, también se están refiriendo al sustantivo; lo están modificando: ladrillos-rojos, piso. . . regado, vapor-caliente, foco-amarillento, algún-alacrán, su-escondrijo, noche-enorme femenina. Estas palabras que modifican al sustantivo, calificándolo o determinándolo, se llaman **adjetivos.**

Función modificadora

408 ADJETIVO ES LA PALABRA QUE MODIFICA AL SUSTANTIVO, CALIFICANDOLO O DETERMINANDOLO.

Difinición de adjetivo

409 El adjetivo tiene como función primaria ser modifica-

Modificación del sustantivo

dor directo del sustantivo, además es modificador indirecto del nombre, así como modificador directo del verbo y del sustantivo a la vez.

Directa

410 Las *alegres* muchachas paseaban por el pueblo.
Las luces *encendidas* del edificio la calmaron.
Tendrás *cuantas* plumas necesites para tu trabajo.
No desaproveches la *gran* oportunidad que se te brinda.
Cantaron y bailaron en la *amplia* sala.

411 Todas las palabras subrayadas son adjetivos que están modificando directamente a los sustantivos que están antes o después de ellos.

Indirecta

412 María muestra actitudes de *buena*.
Pedro posee reputación de *inteligente*.

413 Observe que tanto "buena" como "inteligente" están modificando a los sustantivos "actitudes" y "reputación", mediante la preposición "de". Por ello se llama a dichos adjetivos modificadores indirectos.

Modificación del verbo y del sustantivo

EL ADJETIVO COMO MODIFICADOR DIRECTO, TANTO DEL VERBO COMO DEL SUSTANTIVO.

414 Este caso se da en las oraciones de predicado nominal.

Directa

La terraza es *inmensa*.
El cielo estaba *nublado*.
El río viene *desbordado*.
El joven duerme *tranquilo*.

415 En los dos primeros ejemplos, el predicado nominal está formado por verbos copulativos "es" y "estaba" que son modificados tanto como los sustantivos "terraza" y "cielo", por los adjetivos "inmensa" y "nublado". En el tercer y cuarto casos, los verbos "viene" y "duerme", no copulativos, también son modificados, al mismo tiempo que los sustantivos "río" y "joven", por los adjetivos "desbordado" y "tranquilo".

416 Un adjetivo hace las funciones de sustantivo. Se acompaña del artículo neutro "lo". Ejemplos:

Lo *bueno* cuesta caro.
Lo *maldito* nadie se lo quita.
Lo *prevenido* lo caracteriza.
Lo *terrible* la emociona.

417 Un adjetivo hace las funciones de adverbio. Comúnmente en frases hechas; hablar claro, vestir rápido, jugar
limpio, etc. Ejemplos:

**Función a
manera de
sustantivo**

El padre habló *claro.*
La señora se vistió *rápido.*
Los aldeanos juegan *limpio.*

418 Como ve, los adjetivos están modificando al verbo
solamente. Están funcionando como adverbios de modo.

Haga la hoja de trabajo 53.

419 Los accidentes del adjetivo son: género, número,
grado y apócope.

**Accidente del
adjetivo:**

GENERO

420 Los géneros son masculino y femenino.

421 Los sustantivos son los que rigen el género de los
adjetivos, también de los artículos —que son adjetivos—, es
decir, el género del adjetivo depende del género del sustantivo.

422 **Masculino:** niño: bueno, malo, gracioso, etc.
Femenino: mujer: hacendosa, tranquila, hogareña,
abnegada, etc.

Haga la hoja de trabajo 54.

TERMINACION DEL ADJETIVO.

423 Los adjetivos tienen dos terminaciones. Una: es la
misma para el masculino que para el femenino. Otra: según
sea el género es la terminación. Ejemplos:

424 ADJETIVOS DE UNA TERMINACION

MASCULINO	FEMENINO
hombre amable	mujer amable
cinto café	cinta café
niño inteligente	niña inteligente
hogar humilde	casa humilde
cielo gris	tierra gris

425 ADJETIVOS DE DOS TERMINACIONES

MASCULINO	FEMENINO
hombre bueno	mujer buena
niño bondadoso	niña bondadosa
perfil griego	nariz griega
rostro redondo	cara redonda
cutis rosado	piel rosada

426 El número es singular y plural.

427 El sustantivo también rige el número de los adjetivos.
Ejemplos:

428

SINGULAR	PLURAL
padre: comprensivo	árboles: frondosos
reloj: eficiente	plantas: acuáticas
edificio: alto	caballos: desbocados
negocio: acreditado	mesas: redondas
pelo: reluciente	libros: prestados

GRADOS DE SIGNIFICACIÓN.

Grados de significación

429 Los adjetivos, de conformidad con la actitud del hablante, pueden usarse en tres distintos grados de significación: **positivo, comparativo y superlativo.** Ejemplos:

430 El papel es **bueno.** Positivo: expresa simplemente la cualidad.

El papel es **más bueno** que el otro. Comparativo: expresa comparación de la cualidad.

Este papel es **bonísimo.** Superlativo: expresa la cualidad elevada al sumo grado.

Analicémoslos:

GRADO COMPARATIVO.

431 En el grado comparativo hay tres niveles: superioridad, igualdad e inferioridad.

432 Superioridad: se emplea: **más. . . que**
Esta mesa es **más** grande **que** aquélla.
La sobrecama verde es **más** resistente **que** la blanca.

433 Igualdad: se emplea **tan. . . como**
Manejar es **tan** fácil **como** escribir a máquina.
El cielo está **tan** nublado **como** ayer.

434 Inferioridad: se emplea **menos. . . que.**
Este pozo es **menos** profundo **que** aquél.
La luz solar es **menos** dañina **que** la artificial.

GRADO SUPERLATIVO.

435 El grado superlativo puede ser **absoluto o relativo.**

436 Absoluto.
Se forma con la terminación **-isimo:**
El mármol es dur**ísimo.**
La pared es blanqu**ísima.**
O se forma anteponiéndole el adverbio **muy:**
La casa es **muy** grande.
La niña es **muy** inteligente.
437 Se forma anteponiéndole otras palabras: **extremadamente, sumamente, extraordinariamente:**
La profesora es **extremadamente** sensible.
Juan estaba **sumamente** triste.
La película resultó **extraordinariamente** sensacional.
438 Relativo
Se forma con **el más, el menos.**
Tú eres **el menos** indicado para opinar.
Ella es **la más** interesada en el asunto.

ADJETIVOS QUE TIENEN COMPARATIVO Y SUPERLATIVO PROPIOS.

439 Existen seis adjetivos que no usan las formas estudia-

**Grados
especiales**

das antes para formar el comparativo y el superlativo. Ellos son:

440

POSITIVO	COMPARATIVO	SUPERLATIVO
bueno	mejor	óptimo
malo	peor	pésimo
grande	mayor	máximo
pequeño	menor	mínimo
alto	superior	supremo
bajo	inferior	ínfimo

Ejemplos:

La cosecha es buena. Esta cosecha es mejor que la del año pasado. La cosecha es óptima. El tiempo es malo. El tiempo es peor hoy que ayer. El tiempo es pésimo. La cantidad es grande. La cantidad es menor de lo que pensábamos. La cantidad es máximo. El niño es pequeño. Este niño es menor que aquél. Su edad es mínima.

FORMACION DE ALGUNOS ADJETIVOS EN GRADO SUPERLATIVO ABSOLUTO.

441 Unos cuantos adjetivos que terminan en "-re", o "-ro", forman el superlativo absoluto en: "—errimo":

442

POSITIVO	SUPERLATIVO	POSITIVO	SUPERLATIVO
acre	acérrimo	libre	libérrimo
célebre	celebérrimo	pobre	paupérrimo
mísero	misérrimo		

Otros, conservan su origen latino:

443

POSITIVO	SUPERLATIVO	POSITIVO	SUPERLATIVO
antiguo	antiquísimo	bueno	bonísimo
cierto	certísimo	nuevo	novísimo
fiel	fidelísimo	diestro	destrísimo
valiente	valentísimo	tierno	ternísimo
sabio	sapientísimo.		

Haga la hoja de trabajo 55.

444 En el apócope algunos adjetivos pierden letras al anteponerse al sustantivo.

Apócope

445 Ejemplos:

Adjetivo pospuesto	Adjetivo antepospuesto (apócope)
hombre *grande*	*gran* hombre
maestro *bueno*	*buen* maestro[1]
hombre *alguno*	*algún* hombre
libro *primero*	*primer* libro
madre *mía*	*mí* madre

446 Tomando en cuenta su función sintáctica, los adjetivos se clasifican en **calificativos y determinativos.**

Clasificación sintáctica

447 Adjetivos calificativos son los modificadores directos del sustantivo y expresan una cualidad de él: amplían la significación del sustantivo, añaden notas.

448 Analicemos algunos ejemplos:

La casa *blanca,* el pez *dorado,* el niño *sucio,* la *rosa roja,* la pupila *azul,* la mesa *ovalada,* el cuadro *bonito,* etc.

Calificativos

449 Fíjese en lo siguiente la palabra subrayada es el adjetivo. Compruebe que está indicando una cualidad del sustantivo al cual modifica directamente. Otro detalle importante de los adjetivos calificativos es la colocación dentro del sintagma nominal: van después del sustantivo al que están describiendo; pero se pueden anteponer también al sustantivo, ello depende de la intención del hablante. Ejemplos: El hermoso edificio, la negra cabellera, el veloz caballo. En estos sintagmas nominales, el adjetivo antepuesto intencionalmente, tiene por objeto llamar más la atención en la cualidad, que en el objeto descrito. En el habla cotidiana, por razones psicológicas; en el lenguaje literario, por exigencias estilísticas; es decir, tiene carácter afectivo, subjetivo.

ADJETIVOS EPITETOS.

450 Los adjetivos epítetos son también calificativos; expresan una cualidad inherente, propia, del sustantivo al que modifican directamente.

451 Casi siempre van antepuestos al nombre, aunque algunas veces se posponen. Ejemplos:

La *blanca* nieve, el *negro* alazán, el *venenoso* alacrán, la *veloz* gacela, el *duro* diamante, etc.

452 Los adjetivos: blanca, negro, venenoso, veloz y duro están expresando cualidades que les pertenecen por naturaleza a los sustantivos: nieve, alazán, alacrán, gacela, diamante, respectivamente. Como se dijo antes, también puede posponerse el adjetivo: Fuego encendido, nieve congelada. *El epíteto* se usa exclusivamente con propósitos estéticos.

Sintagmas nominales invariables

453 Algunos adjetivos, al unirse al sustantivo, se han quedado como "frases hechas", es decir, sintagmas nominales invariables, indivisibles. Ejemplos:

puerta falsa, fuego fatuo, idea falsa, vida airada, última pena, libre albedrío, malagüero, rara vez, pena negra, etc.

454 Algunas veces hasta se han fundido en un solo vocablo: librepensador, camposanto, etc.

455 En ciertos casos, la anteposición o posposición del adjetivo, varía la significación del mismo.

456 SINTAGMA NOMINAL   SIGNIFICACION

SINTAGMA NOMINAL	SIGNIFICACION
Cierta noticia	cierta: vaguedad
noticia cierta	cierta: veracidad
pobre hombre	pobre: compasión
hombre pobre	pobre: escasez
simple albañil	simple: sencillo
albañil simple	simple: tonto
triste empleado	triste: sin categoría
empleado triste	triste: melancólico

457 En estos casos la colocación del adjetivo es fija, según la significación que se le quiera dar.

1 En estos casos la significación del adjetivo cambia.

458 Adjetivos determinativos son los modificadores directos del sustantivo al que precisan, limitando su extensión.

459 Ejemplos:

Esta manzana es muy dulce, *Me* trajeron dos plumas, *tus* ojos son bellos, *algún* día iremos al Congo, etc.

460 Observe las palabras subrayadas: son adjetivos deter- minativos. En el primer caso al decir esta manzana, se está indicando, precisando que es una y no otra; al hablar de dos plumas también se expresa con exactitud una cantidad, al decir tus ojos, el enunciado se refiere a determinados ojos, no a otros; en algún día, también se está señalando algo, no con exactitud, pero si hay la intención de ello. Un detalle significativo es que todos los adjetivos determi- nativos que hemos estudiado van siempre antepuestos al sustantivo. Sólo en casos especiales se posponen. Esto lo veremos más adelante.

461 Los adjetivos determinativos se clasifican en: nume-
rales, demostrativos, posesivos, indefinidos, relativos, ex- clamativos e interrogativos y gentilicios.

Haga la hoja de trabajo 56.

462 Adjetivos numerales son modificadores directos del sustantivo; expresan cantidad. Se clasifican en: ordinales, cardinales, partitivos, múltiplos, distributivos.;

ADJETIVOS NUMERALES CARDINALES.

463 Los adjetivos numerales cardinales indican cantidad simplemente. Ejemplos: diez pesos, quince cuadernos, cien banderas. Estos adjetivos siempre van antepuestos al sus- tantivo.

ADJETIVOS NUMERALES ORDINALES.

464 Los adjetivos numerales ordinales indican serie. Ejem- plos: cuarto mes, primer premio, fila cuarta, etc. Estos adjetivos pueden anteponerse o posponerse.

465 Enseguida enlistamos algunos adjetivos ordinales que, por su no frecuente empleo, se nos dificultan:

11 undécimo	12 duocécimo,	13 decimotercero[1]
20 vigésimo	21 vigesimoprimero	30 trigésimo
40 cuadragésimo	50 quincuagésimo	60 sexagésimo
70 septuagésimo	80 octogésimo	90 nonagésimo
100 centésimo	101 centesimoprimero	200 ducentésimo
300 tricentésimo	400 cuadringentésimo	500 quingentésimo
1000 milésimo.		

ADJETIVOS NUMERALES PARTITIVOS.

466 Los adjetivos **numerales partitivos** expresan **fragmento**. Ejemplos:

> Te he esperado *media* hora. La operación duró dos horas y *media.* Me tocó la *octava* parte de la herencia. Dame un *décimo* del pastel.

467 Observe que estos adjetivos también se anteponen al sustantivo. El caso de "medio" es distinto; si va añadido otro número, se pospone.

ADJETIVOS NUMERALES MULTIPLOS.

468 Los adjetivos numerales múltiplos expresan multiplicación. Ejemplos:

> América tiene *cuádruple* extensión que Europa.
> Este año mi tío recibió *doble* cantidad de premios.

469 Estos adjetivos siempre van antepuestos al sustantivo.

ADJETIVOS DISTRIBUTIVOS.

Distributivos

470 Los adjetivos distributivos expresan reparto. Ejemplos: los asistentes están sentados en **sendas** sillas. **Sendas:** cada uno en una.

471 También este adjetivo se antepone al sustantivo.

---

1 No llevan acento "décimo", "vigésimo", etc., en estas combinaciones.

ADJETIVOS DEMOSTRATIVOS.

472 Los adjetivos demostrativos indican lugar.

473 Son los mismos que los analizados como pronombres: **este, ese, aquel, esta, esa, aquella, estos, esos, estas, esas, aquellos, aquellas.**

474 Esto, eso, aquello, no son adjetivos: son pronombres con función sustantiva.

475 Ejemplos:

> *Este* piano es europeo.
> *Ese* abanico es de plumas.
> *Esa* licorera tiene vino.
> No me agradan *estos* calcetines.
> Te dejaron *esas* hilazas.
> Compré *estas* tijeras muy baratas.
> Con *esos* ojos, deslumbrarás a cualquiera.
> *Aquel* pájaro es un canario.
> *Aquella* lámpara está encendida.
> *Aquellos* días tristes ya se fueron.
> *Aquellas* mariposas tienen un raro color.

476 Recuerde que: esta, estos y estas indican cercanía respeto del hablante: ese, esa, esos, esas, expresan cercanía con respecto al oyente, y aquel, aquella, aquellos, aquellas, indican lejanía.

477 Normalmente se anteponen al sustantivo. Algunas veces no. Ejemplo: la fecha aquella.

478 Los adjetivos posesivos indican propiedad o pertenencia.

479 Son los mismos que los analizados como pronombres:

480 Indican un poseedor:
> Mío, tuyo, suyo, mía, tuya, suya.
> Mí, tu, su, (usados antes del sustantivo).
> Míos, tuyos, suyos, mías, tuyas, suyas.
> Mis, tus, sus, (usados antes del sustantivo).

481 Indican varios poseedores:

Nuestro, vuestro; suyo, nuestra, vuestra, suya.
Nuestros, vuestros, suyos, nuestras, vuestras, suyas.

482 Ejemplos:

Mi padre llegó hoy.
Su tren se fue.
Tus caricias me calman.
Un pariente *mío* estuvo aquí.
Aquella amiga *nuestra* que se fue a Europa, llega hoy.
Vuestros anhelos serán realidad.
Sus cualidades son muchas.
Nuestros vecinos tendrán fiesta.

483 Estos adjetivos normalmente se anteponen al sustantivo, pero algunas veces van después de él.

Haga la hoja de trabajo 57.

Adjetivos indifinidos

484 Los adjetivos indefinidos señalan vagamente al sustantivo; lo acompañan. Son: algún, ningún, cualquiera, todo, otro, poco, mucho, etc. Ejemplos:

485 *Cualquiera* persona puede entrar aquí.
No deseo ver a *ninguna* persona.
Todo cambio debe meditarse.
Pasemos a *otra* cosa. . .
Hace *mucho* tiempo que estoy esperando.
No tiene motivo *alguno* para enojarse.

486 Generalmente se anteponen al sustantivo; sin embargo, en algunas ocasiones se pospone.

Adjetivos interrogativos

487 Los adjetivos interrogativos preguntan. Son: qué, cuál, cuánto. Ejemplos:

488 *¿Qué* disco prefieres oir?
¿Cuál traje te pondrás hoy?
¿Cuánto tiempo durará tu viaje?

Adjetivos exclamativos

489 Los adjetivos exclamativos expresan admiración. Son los mismos que los adjetivos interrogativos: qué, cuánto.

Ejemplos:

> ¡*Qué* sombrero tan elegante!
> ¡*Cuánto* tiempo sin verte!

490 Tanto los adjetivos interrogativos como los exclamativos se anteponen al sustantivo.

491 El relativo que se refiere a un antecedente es **cuyo**.

Relativo: cuyo

492 Ejemplo: el autor, cuyo libro estás leyendo, es francés. Cuyo: significa "de quien". Fíjese usted que esta funcionando como determinante del sustantivo libro a la vez que se refiere al antecedente autor.

493 Siempre se antepone al sustantivo.

Adjetivos
gentilicios

494 Los adjetivos gentilicos indican lugar de procedencia.
495 Ejemplos:

Albanés: de Albania
alcalaíno: de Alcalá
aquicalidense: de Aguascalientes
ateniense: de Atenas
bogotano: de Bogotá
bonaerense: de Buenos Aires
brasileño: de Brasil
caraqueño: de Caracas
catalán: de Cataluña
cuernavacense: de Cuernavaca
cholulteca: de Cholula
dálmata: de Dalmacia
dominicano: de Santo Domingo
filipino: de Islas Filipinas
neolonés: de Nuevo León
nicaragüense: de Nicaragua
oaxaqueño: de Oaxaca
otomano: de Turquía
pachuquense: de Pachuca
zacatecano: de Zacatecas

florentino: de Florencia
fluminense: de Río de Janeiro
gaditano: de Cádiz
hindú: de India Oriental
hondureño: de Honduras
igualteco: de Iguala
jamaicano: de Jamaica
marroquí: Marruecos
meridano: de Mérida
milanés: de Milán
monegasca: de Mónaco
moscovita: Moscú
nayarita: de Nayarit
napolitano: de Nápoles
parisiense: de París
potosino: de San Luis Potosí
queretano: de Querétaro
quiteño: de Quito
tunecino: de Túnez

Haga la Hoja de trabajo 58.

RECAPITULACION

1. **El adjetivo** es la palabra que modifica al sustantivo, calificándolo o determinándolo.
2. **El adjetivo** es un modificador directo del sustantivo; modificador indirecto del nombre y modificador directo del sustantivo y verbo a la vez.
3. **El adjetivo** puede sustantivarse: Lo *bueno.*
4. **El adjetivo** puede adverbializarse: corría *lento.*
5. **El adjetivo** tiene género masculino, femenino.
6. **El adjetivo** tiene número: singular y plural.
7. **El adjetivo** tiene apócope: Santo: *san.*
8. **El adjetivo** tiene dos terminaciones o una: *bueno, buena; noble.*
9. **El adjetivo** se clasifica en determinativo y calificativo.
10. **El adjetivo calificativo** expresa una cualidad del sustantivo, lo describe, es connotativo.
11. **El adjetivo epíteto** indica una cualidad inherente al sustantivo.
12. **El adjetivo** tiene grados: positivo, comparativo y superlativo.
13. **El adjetivo determinativo** se divide en: numerales, demostrativos, posesivos, indefinidos, relativos, exclamativos, interrogativos y gentilicios.
14. **Los adjetivos numerales** expresan número; son: ordinales, cardinales, partitivos, múltiples y distributivos.
15. **Los adjetivos** demostrativos indican lugar: *este, ese, aquel, etc.*
16. **Los adjetivos posesivos** indican propiedad: mío, tuyo, suyo, etc.
17. **Los adjetivos indefinidos:** acompañan al sustantivo, sin precisarlo exactamente.
18. **Los adjetivos interrogativos:** sirven para preguntar.
19. **Los adjetivos exclamativos:** expresan admiración.
20. **El adjetivo relativo:** cuyo, significa "de quien".
21. **Los adjetivos gentilicios:** indican lugar de procedencia.

ACTIVIDADES COMPLEMENTARIAS

1. Observe un objeto cualquiera y trate de explicar "como es", es decir, enumere sus cualidades.
2. Luego haga lo mismo por escrito. Corrija los adjetivos, cámbielos, si es necesario, para que sean los más precisos posible.
3. Tome un texto cualquiera: periódico, revista, novela, etc. Subraye los adjetivos que encuentre. Luego, estudie la función sintáctica que están desempeñando. Después, clasifíquelos.
4. Realice los ejercicios correspondientes a este tema.

BIBLIOGRAFIA BASICA PARA ESTE TEMA

LACAU-ROSETTI. CASTELLANO (2). Edit. Kapelusz. B. Aires.

REACTIVOS DE AUTOEVALUACION

I. Subraye los adjetivos que encuentre en la siguiente estrofa de Lope de Vega:

> Desmayarse, atreverse, estar furioso,
> áspero, tierno, liberal, esquivo,
> alentado, mortal, difunto, vivo,
> leal, traidor, cobarde, animoso.
> No hallar, fuera del bien, centro y reposo;
> mostrarse alegre, triste, humilde, altivo,
> enojado, valiente, fugitivo,
> satisfecho, ofendido, receloso.
> Huir el rostro al claro desengaño,
> beber veneno por licor suave,
> olvidar el provecho, amar el daño;
> Creer que un cielo en un infierno cabe;
> dar la vida y el alma a un desengaño;
> esto es amor. Quien lo probó lo sabe.

LOPE DE VEGA

¿Cuántos encontró usted?

II. Relacione las dos columnas:

1 (   ) Mi **antiquísimo** vaso
2 (   ) Era un hombre **loco**
3 (   ) En la boca del **discreto**
4 (   ) Lo **público** es secreto
5 (   ) El **loco** fue atado
6 (   ) A **tontas** y a **locas**
7 (   ) A **otro** perro con ese hueso
8 (   ) **a ciegas**
9 (   ) **Cierta** afirmación fue hecha con dolo
10 (   ) Esta afirmación es **cierta**

A. Adjetivo calificativo

B. Adjetivo determinativo

C. Sustantivo

D. Frase adverbial (adjetivo a manera de adverbio)

203

III. Complete usted anotando los grados comunes o especiales segun convenga.

	Positivo	Comparativo	Superlativo
1)	Bueno	_____	_____
2)	pequeño	_____	_____
3)	célebre	_____	_____
4)	fiel	_____	_____
5)	libre	_____	_____

IV. Anote los gentilicios de las ciudades siguientes:

1) Albania _____

2) Santo Domingo _____

3) Mónaco _____

4) Florencia _____

5) Nápoles _____

V. Anote los ordinales correspondientes a los siguientes números: 11, 80, 400, 60, 500, 20, 90.

_____

_____

_____

_____

_____

_____

_____

Módulo 9

Al terminar de estudiar este módulo, el alumno:

1.0 Utilizará con la eficiencia previamente determinada, los artículos.
2.0 Indicará qué tipos de artículo se dan en un párrafo propuesto.

ESQUEMA-RESUMEN

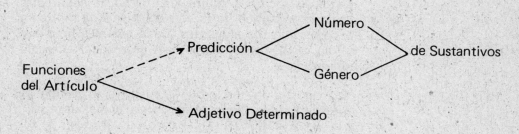

Funciones del Artículo → Predicción → Número / Género → de Sustantivos; Adjetivo Determinado

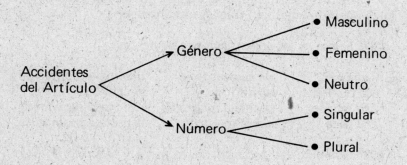

Accidentes del Artículo → Género → Masculino, Femenino, Neutro; Número → Singular, Plural

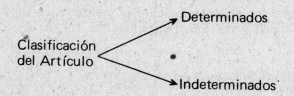

Clasificación del Artículo → Determinados; Indeterminados

EL ARTICULO.

Los determinantes del sustantivo **496** Lo ponemos en contacto nuevamente con Juan José Arreola.

EL DIAMANTE

"Había una vez un diamante en la molleja de una gallina de plumaje miserable. Cumplía su misión de rueda de molino con resignada humildad. Le acompañaban piedras de hormiguero y dos o tres cuentas de vidrio.

Pronto se ganó una mala reputación a causa de su dureza. La piedra y el vidrio esquivaban cuidadosamente su roce. La gallina disfrutaba de admirables digestiones porque las facetas del diamante molían a la perfección sus alimentos. Cada vez más limpio y pulido, el diamante rodaba dentro de aquella cápsula espasmódica.

Un día le torcieron el cuello a la gallina de mísero plumaje. Lleno de esperanza, el diamante salió a la luz y se puso a brillar con todo el fuego de sus entrañas. Pero la fregona que destazaba la gallina lo dejó correr con todos sus reflejos al agua del sumidero, revuelto en frágiles inmundicias".

497 Fíjese en las construcciones siguientes:

una vez,	*un* diamante,	*una* mala reputación,
la piedra,	*el* vidrio,	*el* cuello,
su misión,	plumaje *miserable*,	resignada *humildad*,
su *roce*,	*sus* alimentos,	cápsula *espasmódica*.

498 Compare las palabras del primero y segundo grupos. Sintácticamente cumplen la misma función: son adjetivos. A las palabras del primer grupo, tradicionalmente se les ha dado el nombre de **artículos**. Desde el punto de vista semántico no dicen nada. Son determinantes del sustantivo.

Función del artículo **499 Artículo** es un determinante del sustantivo.

FUNCION DEL ARTICULO.

500 El **artículo** funciona como adjetivo determinativo. Predice el género y el número de los sustantivos y adjetivos. No tiene valor independientemente del sustantivo. Los ejemplos del punto anterior lo explican claramente.

501 El **artículo** tiene los mismos accidentes gramaticales que el sustantivo y adjetivo: género y número. Además sufre contracción.

GENERO DE LOS ARTICULOS.

502 Los géneros de los artículos son: masculino, femenino y neutro.

503

MASCULINO	FEMENINO	NEUTRO
el pez	*la* liebre	*lo* agradable
el cielo	*la* estrella	*lo* celestial

504 Con algunos sustantivos femeninos, por eufonía, el artículo "el" cambia de forma, es decir, se usa el masculino por el femenino; sin embargo, debe analizarse el género de acuerdo con el sustantivo que acompaña. Ejemplos:

SE DICE	EN LUGAR DE
El águila (f)	*La* águila
El alma (f)	*La* alma
El hambre (f)	*La* hambre

505 Observa que la "a" inicial de los sustantivos mencionados va acentuada (ortográfica o prosódicamente).

NUMERO DE LOS ARTICULOS.

506 Los números de los artículos son singular y plural.

SINGULAR	PLURAL
El cacique	*los* caciques
un vidente	*unos* videntes
lo conocido	*los* conocidos

507 **El artículo** se ha clasificado en **determinado e indeterminado.**

ARTICULOS DETERMINADOS.

508 Son artículos determinados: el, la, lo,[1] los, las. Determinan claramente al sustantivo. Ejemplos:

Dame *la* pluma. Ten *el* lápiz. Trae *el* cuaderno.

509 En estas expresiones: la, el y el, están indicando con exactitud un objeto determinado.

ARTICULOS INDETERMINADOS.

510 Los artículos indeterminados son: un, una, unos, unas. Señalan de manera general a los sustantivos. Ejemplos:

Quiero *una* pluma. Ten *un* lápiz. Tráe *un* cuaderno.

511 En estas expresiones: un, una y un, están indicando, sin precisar al objeto: pluma, lápiz y cuaderno; pueden ser objetos cualesquiera.

512 Las contracciones del artículo son: al, del.

513 En los casos cuando el artículo "el" acompaña a un sustantivo común y va precedido por las preposiciones "a" o "de", el artículo se contrae y forma **al** y **del.** Ejemplos:

SE DICE	EN LUGAR DE
Voy *al* mercado.	Voy a el mercado
Vengo *del* circo	Vengo de el circo.

514 Cuando el artículo El forma parte de un nombre propio, no debe contraerse. Ejemplos:

Estoy suscrito a *"El* Porvenir"
Es empleado de *"El* Dragón de Oro".

---

1   Lo es considerado como ARTICULO NEUTRO.

515 Los nombres de personas. Es de mal gusto llamar a las personas anteponiéndoles un artículo. **La** Juana, **el** Roberto. Se admite este uso cuando se refiere a mujeres famosas. Como: **La** Félix, **la** del Río, **la** Montoya, **la** Pinal, etc. Se permite el uso del artículo con nombres de personas sólo cuando se mencionan en forma general: **Las** Marías, **los** Pedros. También cuando se aluden los apellidos: **Los** Vázquez, **los** González. En algunas frases hechas: Se cree **un** Juan Tenorio.

516 El uso de artículos para los nombres geográficos de ciudades, países no es general. Algunos lo admiten, otros no. En cambio, ríos, mares y montañas siempre llevan artículo: **El** Mediterráneo, **el** Amazonas, **el** Popocatépetl.

Haga la Hoja de Trabajo 59.

RECAPITULACION

1. **El artículo** es un determinante del sustantivo.
2. **El artículo** funciona como adjetivo determinativo.
3. **El artículo** se clasifica en determinado e indeterminado.
4. **Los artículos** determinados son: el, la, lo, los, las.
5. **El artículo** tiene género masculino, femenino y neutro.
6. **Los artículos indeterminados** son: un, una, unos, unas.
7. **El artículo** tiene número singular y plural.
8. **El artículo** se contrae: a más el, da: **al,** de más el, da **del.**

ACTIVIDADES COMPLEMENTARIAS

1. Tome un texto cualquiera: revista, periódico, novela, etc. Subraye los artículos que encuentre; clasifíquelos; indique sus accidentes y la función sintáctica que estén desempeñando.
2. Del mismo texto, o de otro, haga una lista de las palabras: el, la, lo, los, las; después indique cuáles de ellas son artículos y cuáles pronombres.
3. Realice los ejercicios correspondientes a este tema.

BIBLIOGRAFIA BASICA PARA ESTE TEMA

LACAU-ROSETTI. CASTELLANO (2). Edit. Kapelusz. B. Aires.

REACTIVOS DE AUTOEVALUACION

I. Complete usted el párrafo siguiente con las palabras adecuadas:

Artículo es una_____de la oración

que sirve para_____más o menos la idea acerca del

nombre, precisando, a la vez, su género y_____. Se

clasifica en _____ e _____.

II. Clasifique los artículos de la siguiente cláusula.

   El padre y la madre tuvieron unos serios disgustos por unas palabras cruzadas entre las hijas y los yernos, por lo innecesario de una compra realizada.

III. a) Subraye los artículos en las oraciones siguientes:
   b) Encierre en un círculo las contracciones de preposición y artículo (artículos contractos o apócopes).

   1) Al amigo y al caballo, no apretallo.*
   2) Del bien al mal no hay un canto real
   3) Más vale "un toma" que dos "te daré"
   4) Al caso repentino, el consejo de la mujer; y al de pensado, el del más barbado.

* Español Antiguo

Módulo 10

OBJETIVOS ESPECIFICOS

Al terminar de estudiar este módulo, el alumno:

1.0 Redactará conforme a las reglas de la concordancia.
1.1 Indicará en qué concuerdan el sustantivo con el artículo y el adjetivo.
1.2 Explicará cuál es la concordancia de los colectivos con el verbo y modificadores.

ESQUEMA-RESUMEN

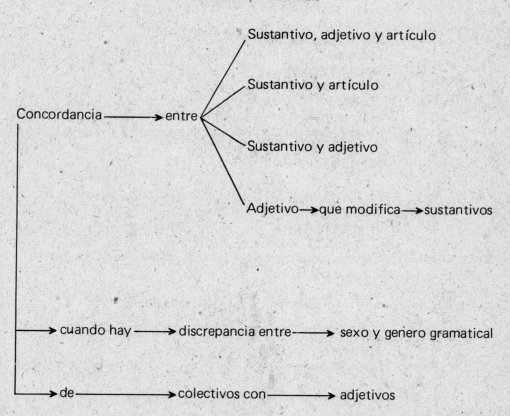

Sustantivo, adjetivo y artículo

Sustantivo y artículo

Concordancia ──→ entre

Sustantivo y adjetivo

Adjetivo ──→ que modifica ──→ sustantivos

cuando hay ──→ discrepancia entre ──→ sexo y genero gramatical

de ──→ colectivos con ──→ adjetivos

CONCORDANCIA EN EL SINTAGMA NOMINAL.

Explicación de concordancia

517 Ya se habló de la **concordancia** y se definió como **la conformidad de accidentes comunes.** Por accidentes entendemos: género, número y persona. En la unidad mencionada estudiamos la concordancia entre sujeto y predicado, es decir, entre los dos miembros de la oración bimembre. Ahora nos ocuparemos de la concordancia en el sintagma nominal que está formado principalmente por el sustantivo, el adjetivo y el artículo, o bien por sustantivo y adjetivo, o por sustantivo y artículo. El sintagma nominal puede aparecer en la oración como sujeto, como complemento directo, indirecto o circunstancial.

Concordancia entre sustantivo, adjetivo y artículo

518 El sustantivo, el adjetivo y el artículo en el sintagma nominal concuerdan en género y número. Ejemplos:

La casa verde.   Los olorosos jazmines

519 En el primer caso tenemos:
Artículo: la   género femenino   número   singular
Sustantivo: casa   "   "   "   "
Adjetivo: verde   "   "   "   "

520 En este caso el adjetivo "verde" tiene una sola terminación, y adopta el género del sustantivo al cual modifica.

521 En el segundo caso:

Artículo: los   género masculino   número   plural
Adjetivo: olorosos   "   "   "   "
Sustantivo: jazmines   "   "   "   "

Concordancia entre sustantivo y artículo

522 El sustantivo y el artículo concuerdan en género y número. Ejemplos:

El niño.   Los claveles

523 Primer caso:
Artículo: el   género masculino,   número   singular
Sustantivo: niño   "   "   "

Nota: Ya quedó asentado que el artículo es un adjetivo.

212

524 Segundo caso:
Artículo: los   género masculino   número   plural
Sustantivo: claveles   "   "   "   "

CONCORDANCIA ENTRE SUSTANTIVO Y ADJETIVO.

525 El sustantivo concuerda con el adjetivo en género y número. Ejemplos:

Concordancia entre sustantivo y adjetivos

Viento fresco.   Castillos abiertos.

526 Primer caso:
Adjetivo: fresco   género masculino   número   singular
Sustantivo: viento   "   "   "   "

527 Segundo caso:
Adjetivo: abiertos   género masculino   número   plural
Sustantivo: castillos   "   "   "   "

528 Si los dos sustantivos son masculinos, el adjetivo va en masculino: El lápiz y el cuaderno son buenos.

Concordancia entre un adjetivo que modifica a varios sustantivos

529 Si los dos sustantivos son femeninos, el adjetivo va en femenino: La rosa y la azalea son olorosas.

530 Si uno de los sustantivos es masculino y el otro es femenino, el adjetivo va en masculino: La pelota y el balón están reventados.

531 Si el adjetivo precede a los sustantivos en el enunciado, tomará el género del más próximo: Los jóvenes admiraron su blanca sonrisa y donaire.

532 Hay dos casos más que se salen de la regla general y que conviene estudiar.

CONCORDANCIA CUANDO HAY DISCREPANCIA ENTRE EL SEXO DE LAS PERSONAS Y EL GENERO GRAMATICAL.

533 Este caso se refiere a los títulos y tratamientos:

Usted, excelencia, alteza, majestad. En estos casos el sexo es el que determina la concordancia. Todo depende del coloquio, es decir, si se dirige a hombre o mujer. Ejemplos:

HOMBRE	MUJER
Usted es valiente	Usted es valerosa
Su excelencia está fatigado	Su excelencia está fatigada
Su majestad espera ansioso	Su majestad espera ansiosa

534 En algunos casos, casi siempre se dan en la literatura, al ser objeto del coloquio se le designa con un sustantivo de género distinto al de su sexo. En estos casos se prefiere para la concordancia al sexo.

"Veis esa repugnante criatura: chato, pelón. . ."

Concordancia de los colectivos

535 Casi todos los colectivos pueden concordar en número singular o plural con el verbo: mas no con el adjetivo debido a su proximidad. Ejemplos:
La *gente, asustada,* se *lanzó* tras el ladrón
Toda la *muchedumbre* se *amotinó.*
La *gente,* acatando la orden, se *lanzaron* tras el ladrón.

536 Se ve claramente que, mientras el sustantivo y el verbo adoptan tanto singular como plural, el adjetivo, por su proximidad, concuerda en número con el sustantivo. A propósito del primer ejemplo: no debes olvidar que la palabra "gente" es un colectivo; es un error decir "gentes". Tampoco es correcto decir: "Conocí a una gente. . .", cuando se está refiriendo a una persona.

Haga la hoja de trabajo 60.

RECAPITULACION

1. **La concordancia** es la conformidad de accidentes comunes.
2. El sustantivo y el adjetivo concuerdan en género y número.
3. El sustantivo y el artículo concuerdan en género y número.
4. Cuando un adjetivo modifica a dos sustantivos concuerda así:
    a. Si los sustantivos son masculinos, el adjetivo será masculino.
    b. Si los sustantivos son femeninos, el adjetivo será femenino.

c. Si un sustantivo es masculino y otro femenino el adjetivo será siempre masculino.

5. En los títulos y tratamientos de cortesía se prefiere el sexo en la concordancia.

6. Los colectivos concuerdan con el verbo en singular o plural, con el adjetivo en singular.

ACTIVIDADES COMPLEMENTARIAS

1. Construya oraciones. Separe los sintagmas nominales que contenga cada una de las expresiones.
2. Establezca la concordancia entre sustantivos, adjetivos y artículos.
3. Construya otras oraciones, o a las mismas agrégeles elementos para que practique todos los casos de concordancia.
4. Realice los ejercicios relativos al tema.

BIBLIOGRAFIA BASICA PARA ESTE TEMA.

LACAU-ROSETTI. CASTELLANO (2). Edit. Kapelusz. B. Aires.

REACTIVOS DE AUTOEVALUACION

I. Redacte conforme a las reglas de la concordancia un texto de 20 renglones.

II. Indique con sus propias palabras en qué concuerdan el sustantivo con el artículo y el adjetivo.

_____

_____

_____

_____

_____

_____

Nota: El reactivo No. 1 le recomendamos que lo haga en una hoja aparte.

III. Complete usted:

1) El artículo con el sustantivo a que se refiere concuerda en

_____

2) El adjetivo con el sustantivo que califica o determina concierta en

_____

3) El verbo con el sujeto concuerda en_____ y

_____

4) Con un nombre en singular, colectivo de personas o de cosas indeterminadas (gente, multitud, pueblo, etc), el adjetivo y el verbo pueden usarse en_____ y

_____

_____

_____

_____

_____

_____

_____

_____

_____

_____

_____

Módulo 11

Al terminar de estudiar este módulo, el alumno:

1.0 Identificará el tiempo, modo, número y persona, de los verbos que se le propongan.
1.1 Explicará el significado de determinados tiempos verbales.
2.0 Explicará en qué consiste cada una de las irregularidades verbales.
2.2 Clasificará los verbos de acuerdo a su irregularidad.

ESQUEMA-RESUMEN

Clasificación de los Verbos Irregulares

Diptongación	Guturalización
Trueque Vocálico	Pretérito Llano
Y Eufónica	Futuro Alterado

EL VERBO

CONJUGACION IRREGULAR

Clasificación de los verbos irregulares

537 Al hablar de los verbos regulares, dijimos que éstos se caracterizan por conservar el sonido de la radical o lexema a lo largo de toda la conjugación; en cambio los **irregulares** alteran el lexema. El caso del verbo ser, ya visto en la unidad anterior, es especial. Dicho verbo altera la terminación o morfema, porque su lexema es la **"s"**. Los verbos irregulares se clasifican en siete grupos.

PRIMER CASO

Diptongación

538 Consiste en el cambio en el lexema o radical de la **e** y algunas veces la **i**, en el diptongo **ie** y de la **o** en **ue**. Esto ocurre cuando la última sílaba del radical es tónica (está acentuada).

Despertar

PRESENTE INDICATIVO	PRESENTE SUBJUNTIVO	PRESENTE IMPERATIVO
despierto	despierte	
despiertas	despiertes	despierta **tú**
despierta	despierte	
despertamos	despertemos	
despertáis	despertéis	despertad vos
despiertan	despierten	

539 Observe que la irregularidad se da en las tres personas del singular y en la tercera del plural. La primera y segunda personas del plural no sufren irregularidad.

VOLVER

PRESENTE INDICATIVO	PRESENTE SUBJUNTIVO	PRESENTE IMPERATIVO
vuelvo	vuelva	
vuelves	vuelvas	vuelve **tú**

vuelve   vuelva
volvemos   volvamos
volvéis   volváis   volved vosotros
vuelven   vuelvan

vuelven   vuelvan

Otros verbos irregulares:

PRESENTE

INDICATIVO		SUBJUNTIVO	IMPERATIVO
Herrar	Yo hierro	**Yo** hierre	hierra **tú**
Errar	**Yo** yerro	**Yo** yerre	**Y**erra **tu**
Entender	yo entiendo	**Yo** entienda	entiende **tú**
Ascender	**Yo** asciendo	**Yo** ascienda	asciende **tú**
Rogar	Yo ruego	**Yo** ruegue	ruega **tú**
Forzar	**Yo** fuerzo	**Yo** fuerce	fuerza **tú**

SEGUNDO CASO:

540 Consiste en el cambio de la vocal E por I, y de O en   **Trueque vocálico**
U. Este cambio se da sólo en los verbos cuya vocal: E u O
de la sílaba final del radical va acentuada; en las tres
personas del singular y en la tercera del plural del presente
de indicativo, en todo el presente de subjuntivo y en el
imperativo singular.

PRESENTE

INDICATIVO	INDICATIVO SUBJUNTIVO	SU IMPERATIVO
riño	riña	
riñes	riñas	riñe tú
riñe	riña	
reñinos	riñamos	
reñís	riñamos	reñid vosotros
riñen	riñan	

Otros verbos:

PRESENTE

	INDICATIVO	SUBJUNTIVO	IMPERATIVO
Y eufónica			
Podrir	**Yo** pudro	**Yo** pudra	pudre **tú**
Servir	**Yo** sirvo	**Yo** sirva	sirve **tú**
Seguir	**Yo** sigo	**Yo** siga	sigue **tú**
Elegir	**Yo** elijo	**Yo** elija	elige **tú**

TERCER CASO:

541 Consiste en agregar una Y al final del lexema o radical para que la pronunciación sea grata, en las mismas personas y tiempos que el caso anterior.

CONSTRUIR

INDICATIVO	SUBJUNTIVO	IMPERATIVO

PRESENTE

construyo	construya	
construyes	construyas	construye **tú**
construye	construya	
construímos	construyamos	
construís	construyáis	construíd vosotros
construyen	construyan	

Otros verbos:

INDICATIVO	SUBJUNTIVO	IMPERATIVO

PRESENTE

huir	**Yo** huyo	**Yo** huya	huye **tú**
contribuir	**Yo** contribuyo	**Yo** contribuya	contribuye **tú**
distribuir	**Yo** distribuyo	**Yo** distribuya	distribuye **tú**

CUARTO CASO:

Guturalización **542** Consiste en agregar c(k) o g al lexema de la primera persona del presente de indicativo, y a todo el presente de subjuntivo.

PERTENECER

INDICATIVO	SUBJUNTIVO

PRESENTE

pertenezco	pertenezca
perteneces	pertenezcas
pertenece	pertenezca
pertenecemos	pertenezcamos
pertenecéis	pertenezcáis
pertenecen	pertenezcan

Tome nota de que cuando es necesario la "c" de pertenecer cambia a "z".

VALER

INDICATIVO	SUBJUNTIVO

PRESENTE

valgo	valga
vales	valgas
vale	valga
valemos	valgamos
valéis	valgáis
valen	valgan

Otros verbos:

INDICATIVO	SUBJUNTIVO

PRESENTE

Venir: vengo	venga
Poner: pongo	ponga
Conducir: conduzco	conduzca

QUINTO CASO:

Pretérito Lleno

543 El quinto caso consiste en acentuar el pretérito en la antepenúltima sílaba: andar: anduve, en lugar de "andé"; además de alterar el lexema, se le agregan letras. Estas irregularidad se transmite al pretérito y futuro de subjuntivo.

Andar

PRETERITO INDICATIVO	PRETERITO SUBJUNTIVO	FUTURO SUBJUNTIVO
anduve	anduviera o anduviese	anduviere
anduviste	anduvieras o anduvieses	anduvieres
anduvo	anduviera o anduviese	anduviere
anduvimos	anduviéramos o anduviésemos	anduviéremos
anduvieron	anduvierais o anduviéseis	anduviéreis
anduvieron	anduvieran o anduviesen	anduvieren

Otros verbos:

PRETERITO INDICATIVO	PRETERITO SUBJUNTIVO	FUTURO SUBJUNTIVO
traer: traje	trajera o trajese	trajere
decir: dije	dijera o dijese	dijere
tener: tuve	tuviera o tuviese	tuviere
querer: quise	quisiera o quisiese	quisiere

544 Observe que, además de acentuarse grave o llanamente, el lexema se altera notablemente.

SEXTO CASO:

Futor alterado

545 Consiste en que se altera el lexema en el tiempo futuro de indicativo y en el modo potencial, con la supresión de una vocal (podré, en vez de poderé), y en algunos verbos la adición de una "d" al final del lexema.

INDICATIVO (FUTURO		POTENCIAL	
Yo	tendré	**Yo**	tendría

Tú	tendrás	**Tú**	tendrías
El	tendrá	**El**	tendría
Nos	tendremos	**Nos**	tendríamos
Vos	tendréis	**Vos**	tendríais
Ellos	tendrán	**Ellos**	tendrían

Otros verbos:

	INDICATIVO (FUTURO)		POTENCIAL
satisfacer:	**Yo** satisfaré	**Yo**	satisfaría
hacer:	**Yo** haré	**Yo**	haría
valer:	**Yo** valdré	**Yo**	valdría
querer:	**Yo** querré	**Yo**	querría.

IMPERATIVO.

546 Consiste en suprimir el morfema. Ejemplos: salir: **sal,** venir: **ven,** tener: **ten,** poner: **pon,** decir: **di,** dar: **da.** En estos últimos casos se le agrega la "i" o la "a" al lexema.

547 Es necesario que aprenda a conjugar estos verbos, pues del manejo adecuado de ello depende que domine este aspecto de su idioma. Recuerda que será mejor aceptado en cuanto más demuestre su cultura. El lenguaje es el mejor y el más difícil medio para elevarnos culturalmente. Ahora estamos seguros que dirá: **Yo fuerzo,** en lugar de **yo forzo; yo sueldo,** en lugar de **yo soldo, nieva,** en lugar de **neva.**

548 Algunos verbos son irregulares en presente, pretérito y futuro; como "hacer"; yo hago, yo hice, yo haré.

549 Para que sepa cuándo un verbo es irregular, basta con que conjugue el verbo que le ofrezca dudas en presente, pretérito indefinido y futuro de indicativo. Siga esta recomendación y aprenderá a expresarse mejor.

EL FUTURO DE INDICATIVO.

550 Ahora nos ocuparemos del **futuro** de Indicativo. Presenta dos formas: **futuro y futuro perfecto.**

Significación de los tiempos del verbo

223

551 Futuro: expresa la acción venidera independientemente de cualquier otra acción.

Veamos:

"Tú sobrevivirás: volverás a rozar las sábanas y sabrás que has sobrevivido, a pesar del tiempo y el movimiento que a cada instante acortan tu fortuna: entre la parálisis y el desenfreno está la línea de la vida: la aventura: imaginarás la seguridad mayor, jamás moverte: te imaginarás inmovil, al resguardo del peligro, del azar, de la incertidumbre: tu quietud no detendrá al tiempo que corre sin ti aunque tú lo inventes y midas, al tiempo que niega tu inmovilidad y te somete a su propio peligro de extinción: aventurero, medirás tu velocidad con la del tiempo. . .
tú inventarás y medirás un tiempo que no existe.
tú sabras, discernirás, ejuiciarás, calcularás, imaginarás, provendrás, acabarás por pensar lo que no tendrá otra realidad que la creada por tu cerebro. . ."

CARLOS FUENTES

552 El ejemplo anterior es suficientemente preciso para comprobar la definición dada del tiempo **futuro de indicativo.**

553 **El futuro** de indicativo se emplea, además, para:

1. Expresar probabilidad o suposición:
Antonio *andará* por los treinta años. (andará: supongo que tiene. . .)
No he visto a Juan, pero *volverá* uno de estos días. (volverá: creo que vuelve. . .)
2. Expresar sorpresa.
¿*Será* posible que sea él?
¡*Habrá* se visto!
3. Expresar ordenamiento.
¡No *iras*!
¡*Permanecerás* en tu silla!

PRESENTE POR FUTURO.

554 Cuando estamos plenamente seguros de lo que vamos

a realizar, solemos usar el presente por el futuro. Ejemplos:

Mañana voy a ir al banco (voy a ir: *iré*)
Para la próxima semana tengo dinero.
(tengo: *tendré*).

555 Esta costumbre está más arriagada en la gente con menor índice cultural.

FUTURO PERFECTO DE INDICATIVO.

556 El futuro perfecto de indicativo expresa la acción venidera anterior a otra también por venir. Ejemplos:

Para marzo *habré terminado* el cuadro.
Cuando llegue Gloria ya *habrás escrito* la carta.

557 En la primera oración la acción de terminar el cuadro se realizará antes de la llegada de marzo; en la segunda, la acción de escribir la carta es anterior, sin duda, a la llegada de Gloria.

558 Además de los casos vistos, existe otro matiz del Futuro Perfecto. En algunas expresiones sirve para indicar una acción dudosa o supuesta. Ejemplos:

Habrán platicado mucho. (Supongo que han platicado mucho)
Habrán dado las cinco. (Es probable que han dado las cinco).

Haga las hojas de trabajo 61, y 62.

RECAPITULACION

1. **Los verbos irregulares** son los que alteran el lexema o raíz en algunos tiempos y personas.
2. **Los verbos tienen siete casos de irregularidad:**
    a. **Diptongación:** se cambia la e en ie, y la o en ue: despert-ar; despierto; mor-ir: muero.
    b. **Trueque vocálico:** se cambia la vocal e en i, y la o en u. re-ír: río; podr-ir: pudro.

c. **Y eufónica:** se agrega una "y" al lexema para que la pronunciación sea grata: constru-ír: construyo.

d. **Guturación:** se agrega c con sonido fuerte, o g al lexema: pertenec-er: pertenezco, val-er: valgo.

e. **Pretérito llano:** el pretérito que en los verbos regulares es siempre palabra aguda: amé, se hace llana: andar, anduve.

f. **Futuro alterado:** el lexema se altera en el tiempo futuro: ten-er, tendré.

g. **El tiempo futuro de indicativo:** expresa la acción venidera independiente de cualquier otra acción.

h. **El futuro, perfecto de indicativo:** expresa la acción venidera anterior a otra también por venir.

ACTIVIDADES COMPLEMENTARIAS

1. Seleccionar un texto donde aparezcan verbos irregulares. Subrayarlos y clasificarlos.
2. Señalar en qué tiempos y personas sufren irregularidad.
3. Construír oraciones con dichos verbos para familiarizarse con ellos.
4. Escoger un texto que tenga verbos empleados en Futuro de Indicativo. Subrayarlos y estudiar cada caso para encontrar la significación de dicho tiempo.
5. Realizar los ejercicios relativos al tema.

BIBLIOGRAFIA BASICA PARA ESTE TEMA

LACAU-ROSETTI. CASTELLANO (2). Edit. Kapelusz.

REACTIVOS DE AUTOEVALUACION

I. Complete el siguiente cuadro

	Tiempo	Modo	Número	Persona
vendiera o vendiese				
habría sido				
ataría				
hayamos nosotros				

226

II. Complete los siguientes significados

Futuro: expresa lo_____ _____independientemente
        de cualquiera otra_____ .

Futuro Perfecto: expresa la_____ _____ _____a otra
de indicativo también por _____ .

III. Relacione las dos columnas.

A. Se agrega una "y" al lexema para que la pronun-
   ciación sea grata.
B. Se cambia la vocal e en i
   y la o en u.
C. El pretérito que en los
   verbos regulares es siempre palabra aguda, se hace llana.
D. Se cambia la e en ie y la o
   en ue
E. El lexema se altera en el
   tiempo futuro
F. Se agrega C con sonido
   fuerte, o g al lexema

Guturación_____

Diptongación_____

Futuro Alterado_____

Trueque Vocálico_____

Pretérito llano_____

Y Eufónica_____

IV. Relacione las dos columnas:

G. Guturización
D. Diptongación
Y. Y eufónica
T. Trueque vocálico
E. Futuro alterado

1 ( ) niego
2 ( ) reduzco
3 ( ) vistiera o vistiese
4 ( ) tendré
5 ( ) recluye

Módulo 12

Al terminar de estudiar este módulo, el alumno:

1.0 Definiará la semántica
2.0 Indicará el significado de los términos:

> Sinónimos
> Antónimos
> Homónimos
> Homófonos

Dada una lista de palabras, indicará cuáles son los sinónimos de los mismos.
2.2 Redactará un número propuesto de parejas de antónimos.
2.3 Anotará los homónimos y homófonos de una serie de palabras listadas.

ESQUEMA-RESUMEN

VOCABULARIO	FORMA	SIGNIFICADO
SINONIMOS	DISTINTA	IGUAL
ANTONIMOS	DISTINTA	CONTRARIO
HOMONIMOS	IGUAL O	DISTINTO
HOMOFONOS	SEMEJANTE	

VOCABULARIO

LA SEMANTICA.

¿Qué es la semántica y que beneficio nos trae el estudiarla?

559 La semántica es la ciencia que estudia el significado de las palabras y su evolución. Este aspecto del lenguaje es muy importante para ud. que está aprendiendo a redactar, como para cualquier persona ya iniciada. Nuestro idioma tiene muchísimas palabras, de las cuales sólo usamos, dependiendo del nivel cultural de cada individuo, una mínima o mediana parte. ¿Por qué? Pues porque desconocemos el significado de muchos vocablos, y por lo tanto no los podemos emplear. Para ello sirve la Semántica: para enriquecer nuestro vocabulario, y, por ende, nuestra cultura. Lea lo siguiente:

MENCHIRON

"La casa tiene un pequeño huerto detrás; es grande, enormes salas suceden a salas enormes; hay pasillos largos, escaleras con grandes bolas lucientes en los ángulos de la barandilla, cocinas de campaña, caballerizas. . . Y en esta casa vive Menchirón. Al escribir este nombre, que debe ser pronunciado enfáticamente — ¡Menchirón—, parece que escribo el de un viejo hidalgo que ha peleado en Flandes. Y es un hidalgo, en efecto, Menchirón; pero un hidalgo viejo, cansado, triste, emprobecido, encerrado en este poblachón sombrío. Yo no puedo olvidar su figura: era alto y corpulento llevaba siempre unas zapatillas viejas bordadas en colores; no usaba nunca sombrero, sino una gorra, e iba envuelto en una manta que arrastraba indolentemente. Este contraste entre su indumentaria astrosa y su alta alcurnia causaba un efecto prodigioso en mi imaginación de muchacho. Luego supe que un gran dolor pesaba sobre su vida; en su enorme casa solariega había una habitación cerrada herméticamente; en ella aparecía una cama deshecha; sobre la mesa se veían frascos de medicamentos viejos, y sobre los muebles destacaban acá y allá ropas finas y suaves de una mujer. . ."

AZORIN

230

560 De nuevo Azorín y uno de sus retratos; tanto el creador como su creatura son muy amigos nuestros. Conocemos ya bien a Azorín porque lo hemos estudiado en el texto anterior; el retrato te es muy familiar porque también ha sido objeto de estudio, incluso tu ya has elaborado más de uno. Nuestro propósito en esta ocasión es hacerte reflexionar sobre tu **vocabulario.** ¿Has pensado alguna vez la importancia que tiene conocer el significado del mayor número posible de palabras, o cuando menos, de las que necesitamos saber para expresarnos correctamente? Si no ha sido así, es tiempo de hacerlo pero, sobre todo, de ponerle remedio. ¿Cómo? Ampliando tu vocabulario. Este capítulo te servirá de mucho si te decides a estudiar con empeño y voluntad. Seguramente cuando elaborabas alguno de los retratos te tropezaste con casos como éste: "Jorge tenía un cuerpo delgado, tenía ojos verdes, tenía. . . etc." ¿Qué indica esto? Pobreza de vocabulario, indiscutiblemente. Pero no te avergüences. Lo esencial es superar nuestras carencias. Fíjate como Azorín emplea la palabra "tiene", pero luego la cambia por "es", después por "hay", más adelante por "había" para continuar con "aparecía" y finalizar con "se veían". ¿Cómo hizo Azorín para llegar a esta perfección? , ¿usar el lenguaje en forma variada, rica y eficiente? Sin duda alguna, estudiando. Así fue acrecentando su vocabulario. Siga el ejemplo de Azorín. Descubrirá un nuevo mundo, se descubrirá a si mismo y a su circunstancia; todo lo que le rodea adquirirá nuevos matices de significación y de sabiduría. Todo esto se lo brinda la SEMANTICA que, como asentamos al principio, estudia el significado de las palabras y su evolución.

561 La **semántica** tiene en su campo de estudio los **sinónimos, antónimos, homónimos y homófonos.**

División de la semántica

SINONIMOS.

562 Los sinónimos son palabras que tienen una afinidad en la significación.

563 No es igual su significado, es parecido. Sirven para enriquecer el vocabulario y para dar mayor realce a lo que se está describiendo. Por ejemplo tenemos dos palabras sinónimas: aseado y limpio. De conformidad con el rigor

Sinónimos

de significación, aseado es un término que debe usarse exclusivamente con las personas, y limpio debe emplearse para las cosas. En la actualidad tanto aseado como limpio se emplean con el mismo sentido, ya sea para las personas o para las cosas. Vergel y jardín son también sinónimos. Vergel significa un jardín cultivado, mientras que jardín es simplemente un campo florido. Para enriquecer su vocabulario de sinónimos le recomendamos consultar un diccionario relativo al tema; si pudiera comprarlo y tenerlo como libro de consulta constante; lograrías mucho. A continuación le damos una lista de las palabras más usuales con algunos de sus sinónimos.

Abalanzar: arrojar, impulsar, lanza, proyectar.

Abandonado: solo, dejado, indefenso, desvalido.

Abarcar: ceñir, rodear, abrazar.

Absoluto: incondicional, ilimitado, independiente.

Acabado: gastado, consumido, agotado, viejo.

Aclamar: ovacionar, vitorear, loar, ensalzar.

Adicto: adepto, partidario, leal, simpatizante.

Aguantar: soportar, sostener, sufrir, tolerar, resistir.

Angosto: ajustado, apretado, ceñido, reducido.

Apremiante: perentorio, urgente, insistente, inevitable.

Bacilo: microbio, bacteria, virus, microorganismo

Bajeza: abyección, envilecimiento, indignidad, ruindad.

Bandera: insignia, enseña, emblema, estandarte.

Bañera: pila, tina, artesa, baño.

Barranco: despeñadero, precipicio, torrentera, quebrada.

Batalla: lid, choque, encuentro, contienda, zafarrancho.

Bienes: fortuna, dinero, riqueza, haber, hacienda, acervo.

Bobo: tonto, simple, necio, fantoche, babieca.

Bolsa: saco, funda, talega, morral, zurrón.

Bueno: bondadoso, benévolo, caritativo, humano.

Cabal: justo, perfecto, exacto, entero, íntegro.

Cabeza: cholla, testa, mollera, sesera.

Caída: descenso, declive, bajada, porrazo.

Caja: arca, cesta, ataúd, féretro, estuche.

Calumniar: imputar, achacar, deshonrar, difamar.

Calle: vía pública, arteria, avenida, rambla.

Carpintero: maderero, ebanista, ensamblador.

Codicioso: avaro, ávido, deseoso, anhelante.

Colegio: escuela, instituto, seminario.

Contrario: opuesto, rebelde, discrepante, hostil.

Diálogo: plática, coloquio, charla, palique.

Discordia: división, desacuerdo, divergencia, contrariedad.
Discusión: debate, disputa, dialética, desacuerdo.
Disminuir: aminorar, amenguar, atenuar, debilitar.
Dominio: dominación, señorío, poder, imperio, mando.
Eliminar: prescindir, descartar, excluir, expulsar.
Elogio: apología, encomio, panegírico, aclamación.
Endulzar: azucarar, enmelar, dulcificar, sacarinear.
Enmendar: mejorar, revisar, pulir, perfeccionar.
Enviar: remitir, dirigir, mandar, despachar, expedir.
Escasez: carencia, falta, insuficiencia, poquedad.
Escrito: nota, rótulo, volante, letrero, comunicación.
Fastidio: tedio, aburrimiento, desánimo, hastío.
Fatal: inevitable, ineludible, irrevocable, forzoso.
Felíz: dichoso, bienaventurado, afortunado, próspero.
Fiero: feroz, cruel, bravo, salvaje, arrogante.
Frustrado: malogrado, fallido, fracasado, abortado.
Germen: semilla, embrión, grano, principio, origen.
Gigante: colosal, enorme, formidable, ciclópeo.
Guardar: tener, archivar, recoger, retener, almacenar.
Guerra: pugna, conflicto, batalla, lucha, lid.
Gula: glotonería, insaciabilidad, voracidad, sibaritismo.
Horrendo: horrible, horripilante, siniestro, monstruoso.
Hospedaje: alojamiento, albuergue, refugio, pensión.
Huella: pisada, pista, impresión, marca, estela.
Huir: escapar, desertar, salir, fugar.
Humildad: recato, modestia, timidez, obediencia.
Inconsolable: apenado, afligido, acongojado, abatido.
Informar: enterar, indicar, orientar, comunicar.
Ingrediente: substancia, componente, medicamento, droga.
Inicial: primero, naciente, originario, inaugural.
Invocación: imploración, ruego, súplica, plegaria, llamada.
Joven: adolescente, efebo, mozo, pollo, chaval.
Juntar: agregar, agrupar, apiñar, asociar, anexar.
Jurar: asegurar, afirmar, prometer, certificar.
Justa: certamen, competencia, pelea, torneo, combate.
Justo: honesto, imparcial, incorruptible, equitativo.
Lazo: cuerda, nudo, cordón, traílla, lazada.
Lejanía: distancia, separación, ausencia, destierro.
Ley: código, norma, precepto, decreto.
Lesionar: dañar, lastimar, vulnerar, herir.
Libre: independiente, franco, exento, sueldo, soltero.
Libro: obra, volumen, ejemplar, manual, tratado.
Malo: malvado, pésimo, pérfido, perverso, ruin.

Manera: modo, forma, método, medio, procedimiento.

Matrimonio: casamiento, unión, enlace, nupcias.

Morir: fallecer, expirar, fenecer, acabar.

Multitud: muchedumbre, gentío, aluvión, turbamulta.

Nacer: ver la luz, venir al mundo, brotar, aparecer.

Narcótico: somnífero, soporífero, dormitivo, estupefaciente.

Narrar: contar, referir, relatar, reseñar.

Nombramiento: nominación, designación, elección, candidatura.

Noticia: anuncio, novedad, aviso, información, comunicación.

Obtener: alcanzar, adquirir, ganar, sacar, conseguir.

Odio: aborrecimiento, abominación, encono, ojeriza.

Oficina: estudio, despacho, bufete, departamento.

Oler: olfatear, oliscar, husmear, aspirar.

Oscilar: vacilar, fluctuar, titubear, mecerse.

Pacífico: tranquilo, quieto, sereno, sosegado, reposado.

Pactar: convenir, concertar, ajustar, negociar.

Parar: frenar, detener, impedir, suspender.

Parte: pedazo, trozo, fracción, cacho, división.

Patria: país, tierra, nación, pueblo, cuna.

Quebrar: romper, dividir, separar, despedazar.

Queja: lamento, gemido, querella, elegía.

Quemar: abrazar, encender, incinerar, devorar, consumir.

Querella: riña, discordia, discusión, pendencia, reyerta.

Quitar: hurtar, despojar, arrebatar, tomar.

Rapidez: prontitud, celeridad, agilidad, ligereza.

Reclamación: exigencia, solicitud, petición, demanda.

Recoger: juntar, reunir, acumular, recolectar.

Repetición: reproducción, reiteración, reincidencia.

Respirar: aspirar, inspirar, inhalar, exhalar.

Saqueo: pillaje, latrocinio, asalto.

Seguro: firme, fijo, sano, inmune, indemne.

Senda: camino, sendero, vereda, atajo.

Silencio: mudez, mutismo, reticencia, discreción.

Suscitar: originar, motivar, causar, producir.

Tentación: atracción, sugestión, instigación, fascinación.

Terco: tenaz, tozudo, testarudo, obstinado, cabezudo.

Testar: testamentar, otorgar, legar, transmitir.

Tolerancia: paciencia, anuencia, indulgencia, calma.

Transitar: pasar, recorrer, circular, caminar.

Ufanarse: gloriarse, envanecerse, jactarse, pavonearse.

Urbanidad: cortesía, educación, civilidad, finura.
Utiles: enseres, avíos, aperos, trastos, cachivaches.
Utilizar: aprovechar, aplicar, usar, emplear.
Valeroso: valiente, bravo, bizarro, esforzado.
Valioso: apreciado, inestimable, excelente, precioso.
Vehemente: apasionado, ardoroso, ardiente, efusivo, febril.
Venganza: desquite, represalia, revancha.
Viaje: excursión, travesía, veraneo, caminata.
Vulgar: bajo, corriente, común, gorsero, chabacano.
Yermo: estéril, baldío, infértil, infecundo.
Zarrapastroso: astroso, andrajoso, ajado, desaliñado.
Zorro: astuto, taimado, ladino, pícaro.
Zurcir: coser, remendar, recomponer, unir.

564 Nota: No en todo momento una palabra se puede cambiar por cualquiera de sus sinónimos. Todo depende del sentido.

Haga la hoja de trabajo 64.

ANTONIMOS.

565 Los antónimos son palabras que tienen significación contraria, opuesta.

Antónimia

566 En la descripción, especialmente cuando se hace una contraposición, es muy conveniente, saber usar este tipo de palabras.
Ejemplos:

ANTONIMO		ANTONIMO	
abandonado	amparado	aburrido	entretenido
abaratar	encarecer	aceptar	negar
ablandar	endurecer	aconsejar	desaconsejar
abreviar	alargar	agregar	disminuir
Bienaventurado	infeliz	bisoño	veterano
bondad	maldad	borroso	visible
borrasca	calma	bribón	honorable
brumoso	despejado	buscar	desistir
candor	malicia	ceguera	vista
celeridad	lentitud	cinismo	vergüenza
comer	ayunar	conjuntamente	aisladamente
dialogar	callar	disgusto	gusto

ANTÓNIMO

dubitable	indubitable	durar	acabar
economizar	gastar	empapar	secar
equivocarse	acertar	esclavizar	libertar
fecundidad	esterilidad	formalidad	informalidad
fuerza	debilidad	fundir	cuajar
guiar	desencaminar	generosidad	tacañería
genuino	falso	gozo	dolor
helar	calentar	honor	deshonor
humedecer	secar	humildad	soberbia
ilegal	legal	imberbe	barbudo
inconstancia	constancia	indescifrable	claro
jadeante	sosegado	jamás	siempre
juventud	vejez	juicio	irreflexión
leal	desleal	legalizar	invalidar
levedad	pesadez	liberar	someter
malignidad	bondad	marcharse	llegar
mortal	inmortal	movilidad	quietud
nómada	sedentario	notificar	ocultar
nuevo	viejo	notorio	incerto
olvido	recuerdo	orfandad	amparo
orgullo	modestia	orientar	desorientar
parquedad	derroche	particular	general
patraña	realidad	pedir	dar
quedarse	marcharse	querer	odiar
reclamar	desistir	recordación	olvido
reforzar	debilitar	repeler	atraer
simplicidad	complejidad	sobresaltarse	tranquilizarse
superioridad	inferioridad	suprimir	incluir
tener	carecer	ternura	dureza
tétrico	alegre	tolerancia	intolerancia
urbanidad	descortesía	utilidad	inutilidad
vasallaje	dominación	veleidad	constancia
venir	ir	viejo	joven
yacente	vertical	yuxtaponer	separar
zaherir	alabar	zarrapastroso	limpio.

567 Observe que los prefijos "—in, -des, -anti y -contra" forman el antónimo de muchas palabras.

Haga la hoja de trabajo 65.

HOMÓNIMOS.

568 Los homónimos son palabras que se escriben exactamente igual, pero tienen significación distinta. Ejemplos:

De: (preposición) El refresco **de** Juan está en la mesa.
Nada: (del verbo nadar) María **nada** muy bien.
Nada: (del verbo nadar) María **nada** sabe de la fiesta.
Nada: (adverbio) Olga **nada** sabe de la fiesta.
Casa: (Habitación) Mi **casa** es agradable en invierno.
Casa: (del verbo casar) Juanita se **casa** el mes próximo.
Te: (infusión) el **té** está muy caliente.
Te: (pronombre personal) **Te** voy a dar agua.
Criado: (sirviente) El **criado** recogió las maletas.
Criado: (del verbo criar) el niño está muy bien **criado**.
El: (artículo) **El** libro es muy interesante.
El: (pronombre) Dice **él** que leas.

Haga la hoja de trabajo 66

HOMÓFONOS.

569 Los homófonos son palabras que se pronuncian igual, pero que tienen una ligera variación en la escritura, y cuya significación es diferente. Ejemplo:

A: preposición: Voy a Linares.
¡Ah! : Interjección: ¡ah! , qué edificio tan alto!
Ha: del verbo haber: El profesor **ha** estado aquí.
Aya: Institutriz: El **aya** está con la niña.
Haya: Del verbo haber: Tal vez ya **haya** llegado.
Halla: Del verbo hallar: Tal vez ya la **halla** encontrado.
Asar: Cocinar: Con esa brasa no se va a **asar**.
Azar: Suerte: Me gustan los juegos de **azar**.
Azhar: Flor: El **azhar** huele muy bonito.
Bate: Palo: El beisbolista arrojó el **bate**.
Vate: Poeta: El **vate** ha estado inspirado esta noche.
Callado: Silencioso: Has estado muy **callado** hoy.
Cayado: Bastón del pastor: El pastor azuzaba a las ovejas con su **cayado**.
Cima: Cumbre: El pajarillo está en la **cima** del árbol.
Sima: Precipicio: El balón se fue rodando hasta la **sima**.

Sumo: Supremo: El **sumo** Pontífice apareció en el balcón.
Zumo: Jugo: El **zumo** de limon es ácido.
Sueco: De Suecia: El pintor **sueco** expondrá mañana.
Zueco: Zapato de madera: El **zueco** es pesado al caminar.

570 Tanto las palabras homónimas como las homófonas presentan problemas ortográficos. Procure encontrar más de ellas para que pueda diferenciarlas y escribirlas correctamente.

Haga la hoja de trabajo 67.

RECAPITULACION

1. **La semántica** es la ciencia que estudia el significado de las palabras y su evolución.
2. **La semántica** estudia las palabras sinónimas, antónimas, homónimas y homófonas.
3. **Los sinónimos** son palabras que tienen afinidad en su significación. Abandonado: solo, dejado, indefenso, desvalido.
4. **Los antónimos** son palabras que tienen significación contraria.
5. **Los homónimos** son palabras que se describen igual, pero que tienen diferente significado, casa: habitación; casa: del verbo casar.
6. **Los homófonos:** son palabras que se pronuncian igual, pero que tienen diferente significado y ortografía: sueco, zueco.

ACTIVIDADES COMPLEMENTARIAS

1. Escoga de cada uno de sus libros de texto un párrafo que tenga las palabras desconocidas para ud. Subráyelas. Esto debe hacerlo siempre.
2. A cada una de esas palabras encuéntrele por lo menos dos sinónimos y un antónimo.
3. Revise nuevamente las palabras; después, trate de encontrar homónimos y homófonos a las voces que lo ameriten.
4. Realice los ejercicios relativos a este tema.

BIBLIOGRAFIA BASICA PARA ESTE TEMA

SAINZ DE ROBLES, Federico. DICCIONARIO ESPAÑOL DE SINONIMOS Y ANTONIMOS. Edit. Aguilar, Madrid.

REACTIVOS DE AUTOEVALUACION

1. Defina con sus propias palabras el término semántica

_____

_____

_____

2. Complete el siguiente cuadro indicando qué forma y qué significado tienen los siguientes términos lexiocológicos

Lexicología	Forma	Significado
Sinónimo		
Antónimo		
Homónimos		
Homófonos		

3. Escriba los sinónimos de las siguientes palabras

3.1 balsa_____

3.2 angosto_____

3.3 senda_____

3.4 cabal_____

3.5 quebrar_____

3.6 bacilo_____

3.7 nacer_____

3.8 tentación_____

3.9 juntar_____

3.10 endulzar_____

3.11 codicioso

3.12 vulgar

3.13 tolerancia

3.14 zurcir

3.15 ufanarse

4.   Redacte 15 parejas de antónimos

_____ _____

_____ _____

_____ _____

_____ _____

_____ _____

_____ _____

_____ _____

_____ _____

_____ _____

_____ _____

_____ _____

_____ _____

5. Complete la siguiente lista con los homónimos y homófonos que correspondan.

casa

el

zumo

haya

te

ha

vienes

asta

varón

vacante

Módulo 13

Al terminar de estudiar este módulo, el alumno:

1.0 Redactará la descripción de un tema propuesto en la que se den las siguientes características:

— dinamismo
— riqueza de detalle
— sin abuso de adjetivos
— con imágenes de sensaciones múltiples, con empleo de lenguaje figurado.

ESQUEMA-RESUMEN

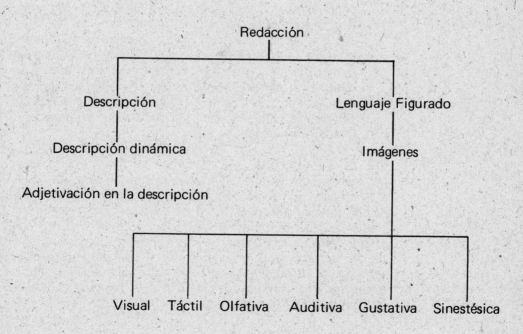

LA DESCRIPCION

571 Lea lo siguiente:

Descripción dinámica

"No saludó al entrar. Yo estaba repasando sobre una badana la mejor de mis navajas. Y cuando lo reconocí me puse a temblar. Pero él no se dio cuenta. Para disimular continué repasando la hoja. La probé luego sobre la yema del dedo gordo y volví a mirarla contra la luz. En ese instante se quitaba el cinturón ribeteado de balas de donde pendía la funda de la pistola. La colgó de uno de los clavos del ropero y encima colocó el kepis. Volvió completamente el cuerpo para hablarme y, deshaciendo el nudo de la corbata, me dijo: "Hace un calor de todos los demonios. Aféitame." Y se sentó en la silla. Le calculé cuatro días de barba. Los cuatro días de la última excursión en busca de los nuestros. El rostro aparecía quemado, curtido por el sol. (. . .) Tomé la navaja, levanté el ángulo oblicuo las dos cachas, dejé libre la hoja y empecé la tarea, de una de las patillas hacia abajo. La hoja respondía a la perfección. El pelo se presentaba indócil y duro, no muy crecido pero compacto. La piel iba apareciendo poco a poco. Sonaba la hoja con su ruido característico, y sobre ella crecían los grumos de jabón mezclados con trocitos de pelo. Hice una pausa para limpiarla, tomé la badana de nuevo y me puse a asentar el acero, porque yo soy un barbero que hace bien sus cosas. El hombre que había mantenido los ojos cerrados, los abrió, sacó una de las manos por encima de la sábana, se palpó la zona del rostro que empezaba a quedar libre de jabón. . ."

572 Lo que acaba de leer, es la descripción de una acción: un barbero rasura a un militar. Hernando Téllez, escritor colombiano, autor de "Espuma y nada más", cuento de donde hemos sacado el trozo descriptivo que le estamos presentando, nos muestra muy bien todo el proceso de afeitar. Nos describe como toma el barbero la cara bardada; va detallando el desarrollo de la rasurada, hasta que termina. Aprovecha para describir la navaja, el jabón, etc., asimismo nos permite conocer tanto el barbero como al militar; nos hace el retrato de cada uno.

573 Para describir una acción —descripción en movimiento— es necesario dinamizar lo que se está presentando. En este caso la descripción sola no basta, es menester auxiliarse de la narración. El autor nos ofrece tan plásticamente lo que está contando que nos hace estar presentes en dicha acción. Además de lo meramente descriptivo, este tipo de composiciones están impregnadas, como ya dijimos, de dinamismo. Además de hacernos el retrato del barbero, nos dice lo que piensa. Hay una combinación de lo físico con lo espiritual.

Descripción detallada

574 En este tipo de composiciones es más difícil organizar los elementos, es decir, la estructura está en función de la acción, no de los detalles. Es más fácil describir un paisaje porque lo tenemos ante nuestros ojos, pero describir una acción requiere mayor cuidado y destreza. La técnica es cinematográfica. En este caso hay demasiados "close up" o acercamientos. Es como si se estuviera desarrollando una operación quirúrgica.

Haga la hoja de trabajo 68.

575 En la V Unidad, cuando hablamos del estilo descriptivo, hicimos referencia a la importancia que tiene la adjetivación en la descripción. La pintura de un ser cualquiera exige que el adjetivo sea preciso, es decir, que responda a la imagen o idea que el autor quiere proyectar. ¡A veces es tan difícil decir con palabras lo que pasa dentro de nosotros! No es nada fácil detallar un objeto, un animal, etc. porque carecemos del vocablo adecuado. La descripción, como composición literaria, no sólo exige que dominemos los adjetivos, sino que sepamos graduarlos. Por ejemplo, hay diferencia si decimos de una mariposa: tiene las alas grises, a indicar: tiene las alas grisáceas. Observe que entre "grises" y "grisáceas" hay diferencia de matiz. La descripción es como un cuadro. El artista que nos presenta un ser por sus múltiples detalles, es como el pintor que elabora un paisaje. Así como el artista nos da diferentes tonos de azul, amarillo o cualquier color; de la misma manera tiene que hacerlo el escritor. De esto concluímos que,

La adjetivación en la descripción

576 La adjetivación de la descripción ha de ser precisa, pero sobre todo variada, es decir, llena de matices.

577 Veamos algunos ejemplos:

"Se oía la respiración de la noche, enorme, femenina".

578 Seguramente ud. habrá leído sobre la noche muchas cualidades: negra, clara, iluminada, azul, etc. pero decir que es "enorme, femenina" es enriquecerla hasta la personificación.

579 Otro ejemplo:

"No las calles enérgicas
molestadas de prisas y ajetreos
sino la dulce calle de arrabal
enternecida de penumbra y ocaso".

580 En esta estrofa el poeta ve las calles desde el ángulo humano, también las personifica. Los adjetivos que emplea son los que proyectan su sentir sobre esas calles. "dulce" y "enternecida" y los sustantivos "penumbra" y "ocaso" están graduados.

581 Miguel Hernández, español, nos dice:

"Yo sé que ver y oír a un triste enfada,
cuando se viene y va de la alegría
como un mar meridiano a una bahía
esquiva, cejijunta y desolada."

582 Observe que hay tres adjetivos seguidos. Con ello el poeta intensifica el matiz.

583 Le recomendamos que haga un vocabulario con las palabras que ha de buscar en el diccionario. Colóquelas en grados. Ejemplo:

Orden ascendente: rojizo, rojo, bermellón, guinda.
Orden descendente: idiota, cretino, tonto, bobo, distraído.

584 Para elaborar esto le ayudaría mucho un diccionario de sinónimos y antónimos.

Haga las hojas de trabajo 69 y 70.

RECAPITULACION

1. **La descripción en movimiento** requiere dinamismo, se auxilia de la narración, exige plasticidad y ver las cosas por dentro, impregnándoles espiritualidad.
2. La técnica de la descripción en movimiento es cinematográfica.
3. **La adjetivación** en la descripción ha de ser precisa y variada.
4. **La adjetivación** en la descripción ha de ser graduada, es decir, llena de matices.

ACTIVIDADES COMPLEMENTARIAS

1. Busque en un cuento o novela de autores reconocidos, descripciones en movimiento.
2. Analice los elementos. De importancia primordial al dinamismo que debe tener toda descripción en movimiento.
3. Ahora, trate de describir un desfile, una carrera de autos, un juego de futbol o beisbol que haya presenciado.
4. Haga una lista de adjetivos. Procure encontrar los grados; unos en forma descendente; otros, ascendente.
5. Realice los ejercicios relativos al tema.

BIBLIOGRAFIA BASICA PARA ESTE TEMA

VIVALDI, MARTIN. CURSO DE REDACCION. Paranifo. Madrid.

EL LENGUAJE FIGURADO

585 De "Platero y yo", de Juan Ramón Jiménez, hemos escogido el siguiente fragmento para motivar este tema:

Las imágenes

LOS FUEGOS

"Para septiembre, en las noches de velada, nos poníamos en el cabezo que hay detrás de la casa del huerto, a sentir el pueblo en fiesta desde aquella paz fragante que emanaban los nardos de la alberca. Pioza, el viejo guardia de viñas, borracho en el suelo de la era, tocaba cara a la luna, hora tras hora, su caracol.

Ya tarde, quemaban los fuegos. Primero, eran

sordos estampidos humanos; luego, cohetes sin cola, que se abrían arriba, en un suspiro, cual un ojo estrellado que viese, un instante, rojo, morado, azul el campo; y otros cuyo esplendor caía como una doncellez desnuda que se doblara de espaldas, como un sauce de sangre que gotease flores de luz. ¡Oh, qué pavos reales encendidos, qué macisos aéreos de claras rosas, qué faisanes de fuego por jardines de estrellas!

Platero, cada vez que sonaba un estallido, se estremecía, azul, morado, rojo en el súbito iluminarse del espacio, y en la claridad vacilante, que agrandaba y encogía su sombra sobre el cabezo, yo veía sus grandes ojos negros que me miraban asustados.

Cuando, como remate, entre el lejano vocerío del pueblo, subía al cielo constelado la aúrea corona giradora del castillo, poseedora del trueno gordo, que hace cerrar los ojos y taparse los oídos a las mujeres, Platero huía entre las cepas, como alma que lleva el diablo, rebuznando enloquecido hacia los tranquilos pinos de sombra".

586 Esta pequeña parte del libro de Juan Ramón Jiménez es un vivo ejemplo de prosa poética. El autor ha utilizado generosamente el lenguaje figurado. Observe lo siguiente:

1. "aquella paz fragante que emanaban los nardos de la alberca"
2. "(los fuegos) eran sordos estampidos enanos"
3. "(los fuegos eran) cohetes sin cola que abrían arriba, en un suspiro, cual un ojo estrellado que viese, un instante, rojo, morado, azul. . ."
4. "(los fuegos eran) un sauce de sangre que gotease flores de luz."
5. "¡Oh qué pavos reales encendidos, qué macizos aéreos de claras rosas, qué faisanes de fuego por jardines de estrella! "
6. "la aúrea corona. . ."

**Proyección
de experiencias
y de
imaginación**

587 El autor de una obra proyecta en ella todo lo que ha experimentado y más aún, imaginado, él lo ve de manera distinta, nueva y así las presenta al lector, Juan Ramón.

248

Jiménez, en **Los Fuegos de Platero y Yo"**, nos describe como "vio" los fuegos de artificio principalmente; el dice de ellos que son: "sordos estampidos enanos", "cohetes sin cola", "un ojo estrellado", "un sauce de sangre", "pavos reales encendidos", "macizos aéreos de claras rosas", "faisantes de fuego". Al referirse a la parte alta del "castillo", la llama "áurea corona"; cuando habla de las noches de septiembre recuerda "aquella paz fragante que emanaban los nardos. Todas esas vivencias que él experimentó nos las presenta ahora recreadas por su imaginación como "cuadros mentales". Son imágenes y el autor las asocia con la vista, el oído, el olfato; es decir, con los sentidos.

588 Imágenes "son las sensaciones o cuadros mentales que se suscitan con detalles concretos y fieles datos táctiles, olfativos, visuales, gustatorios o auditivos."

589 Para poder percibir las imágenes que el autor presenta, es necesario que también participen nuestra imaginación y nuestra memoria.

Ahora veamos ejemplos de imágenes:

590 *"Sólo los espejos de azabache de sus ojos son duros cual dos escarabajos de cristal negro".*

591 El autor habla de los ojos de Platero: "los espejos de azabache"; a esta imagen agrega una comparación o símil.

592 *"Qué triste belleza, amarilla y descolorida, la del sol de la tarde".*

Los colores "amarilla y descolorida" matizan la impresión que da el sol a esta hora."

593 *"Una brisa seca, me acaricia el sudoroso despertar."*

La alusión va dirigida a la sensación táctil.

594 *"Huele a pan calentino y a pino quemado."*
"al alcance de la mano se ha abierto una flor azul de olor penetrante."

El verbo "huele" y el sustantivo "olor" se refieren a sensaciones olfativas.

595 *"la campana limpia su duro golpe sonoro".*
Es clara la alusión auditiva.

596 *Platero se bebe la carne de azúcar. . ."*
Se alude a que Platero saborea una sandía.

LA SINESTESIA

**Fusión
de varias
sensaciones**

597 La sinestesia es la fusión de varias sensaciones: auditivas, olfativas, gustatorias, táctiles, visuales. Ejemplo:

*"rajo dos sandías, que abren su escarcha grana y rosa
en un largo crujido fresco."*

598 El autor alude a sensaciones: visual "escarcha grana y rosa"; auditiva y táctil: "un largo crujido fresco."

Haga las Hojas de trabajo 71, 72.

RECAPITULACION

1. **Imágenes** son las sensaciones o cuadros mentales que se suscitan con detalles concretos y fieles datos táctiles, olfativos, visuales, gustativos o auditivos.
2. **Las imágenes** se clasifican en: visuales, auditivas, olfativas, táctiles y gustativas o gustatorias.
3. **Sinestesia** es la fusión de varias sensaciones: auditivas, olfativas, gustatorias, táctiles, visuales.

ACTIVIDADES COMPLEMENTARIAS

1. Seleccione un texto literario, de preferencia un libro de poemas.
2. Estúdielo. Subraye las imágenes que encuentre. Después, clasifíquelas.
3. Trate de encontrar en el mismo texto, o en otro, sinestesias. Indique cuántas y cuáles sensaciones se fusionan.

4. Ahora, trate de inventar una imagen con cada uno de los sentidos.
5. Haga lo mismo con sinestesias.
6. Realice los ejercicios relativos a este tema.

· BIBLIOGRAFIA BASICA PARA ESTE TEMA

SANCHEZ, Luis Alberto. BREVE TRATADO DE LITERATURA GENE-
RAL. Edit. Ercilla. Santiago de Chile.

REACTIVOS DE AUTOEVALUACION

I. Redacte una descripción de una cuartilla de extensión con las siguientes características:

> Dinamismo
> con riqueza de detalle
> sin abuso de adjetivos
> abundante en imágenes de sensaciones múltiples;
> acerca de un tema elegido por usted mismo, o su
> grupo de discusión.

Nota: Le recomendamos que utilice una hoja anexa.

II. A continuación se le ofrecen dos descripciones:
La 1a. es de Gabriel Miró y la 2a. de Concha Espina
Diga cuál de las dos es más dinámica y porqué.

. . .Al caer la tarde, ha recordado Sigüenza su propósito de ir al otro pueblo, de compras. Le agrada sentarse en la tienda lugareña. Siempre se arrima a los montones de aperos, de odres, de cedazos. De las vigas cuelgan los racimos de la cordelería: sogas, cinchas, esportillas, alpargatas, cabezales, alternando con la variedad de los géneros de batihoja: cirsuelos, faroles, coladores, alcuzas, moldes de cuajar pastas y confituras. En los anaqueles se reúne todo lo que puede saciar los deseos de la humanidad de muchas leguas: rodillos de lienza, basquiñas, calzas y tocas; azafrán, pimiento molido, azúcar, lejía, anís escarchado, torcidas de candiles, almidón y petróleo. En una grada de arcones abiertos, están los granos, las simientes y harinas. En un poyo, reposan

251

los toneles y zafras; en una rinconada, se junta la obra de alcaller; lebrillos, cántaros, tinajas, orzas, cósioles. . . En las alacenas del portal se ofrece la mercería y bujería: dedales, alfileres, cadejas y abalorios: sorpresas, figuritas de alfeñique, puros de regalicia, peonzas de zumbel de colores. . ; y las vidrieras se empañan de la respiración de las criaturas que vienen a mirar. El olor de esa tienda, tan humilde y concreto, es olor de mundo.

Allí Sigüenza ve pasar las abuelitas con su panilla de aceite, o con sus tazas de creciente para que la hija amase el pan de la semana; allí fuma con el tendero, que es también hacendado y habla de las heredades.

Gabriel Miró

Una débil claridad se ha ido extendiendo en el cuadro negro del patio. Lentamente lo claro se va avivando. Abajo luce todavía el mechero de gas. La claridad del cielo se ha convertido en un resplandor difuso y lactescente. Y desde los tejados, en el angosto ámbito del patio, va bajando ese resplandor con suavidad por los muros de la casa. Ya roza la imposta de la ventana. Las estrellas han desaparecido hace rato. La claridad diurna, viva allá arriba, es todavía borrosa en lo hondo de los cuatro elevados muros. Ha traspasado ya el dintel de la ventana y llega hasta el pasillo en que luce el mechero de gas. El contacto entre las dos luces se ha establecido. La luz del gas se rinde y desfallece; dura un instante no más este desfallecimiento de la luz del mechero —tras la labor fatigosa de la madrugada—; es hora ya de que se recoja la llamita hasta la noche próxima. En el alero de los tejados el resplandor del día es vivo y rojo. De pronto, el fulgor de la llama del gas desaparece.

La noche del día en que recibiera la carta Doña Inés, la ventana del patio —en la casa de Don Juan— no estaba iluminada. No lucía en el corredor el mechero de gas. Toda la casa estaba a oscuras y en silencio. Durante mucho tiempo han de permanecer juntas las maderas de los balcones y de las puertas en esta casa.

Concha Espina

Paneles de verificación

MODULO 8 — VALIDACION

I. a) Deberá haber subrayado; furioso, áspero, tierno, liberal, esquivo, alentado, mortal, difunto, niño, leal, traidor, cobarde, animoso, alegre, triste, humilde, altivo, enojado, valiente, fugitivo, satisfecho, ofendido, receloso, claro, suave.

b)_____ 26

Tabla: 26_____Excelente
20 a 25_____M.B.
15 a 20_____B.
Menos de 15_____Vuelva a estudiar

II. 1 A
2 A
3 C
4 A
5 C
6 D
7 B
8 D
9 B
10 A

Tabla   10_____Excelente
6 a 9_____M.B.
4 a 6_____B.
Menos de 4_____Vuelva a estudiar

III 1) Mejor_____ óptimo
2) Menor_____ mínimo
3) Más célebre_____ celebérrimo
4) Más libre_____ libérrimo

Tabla: 5_____Exc.
4_____M.B.
3_____B
2_____Vuelva a estudiar.

IV. Ver párrafo: 495

V. Corrija atendiendo al párrafo 465 y aplique la tabla de 10 preguntas.

MODULO 9 — VALIDACION

I. Artículo es una parte variable de la oración que sirve para concretar más o menos la idea acerca del nombre o parte de la oración substantivada a procede precisando, a la vez, su género y número. Se clasifica en determinado o indeterminado.

Tabla de evaluación

6 aciertos	Excelente
5 aciertos	M.B.
3-5 aciertos	B
menos de 3	No acreditado

II. el, la, las, los, lo _____ determinados
unos, unas, uno _____ indeterminados

Tabla de evaluación

8 aciertos	Excelente
6-8 aciertos	M.B.
4-7 aciertos	B
menos de 4	No acreditado

III. **Al** amigo y **al** caballo no apretallo.
Del bien **al** mal no hay **un** canto de real.
Más vale "**un** toma" que dos "te daré"
Al caso repentino, **el** consejo de la mujer; y **al** de pensado, **el del** más barbado.

Tabla de evaluación.

12 aciertos	Excelente
De 8 a 11	M.B.
De 6 a 8	B.
Menos de 6	No acreditado

254

MODULO 10 — VALIDACION

I.   Verifíquelo con su asesor de materia.

II.   Párrafos 518—527, Párrafo 535

III. 1) género   — número y caso.
      2) género   — número y caso.
      3) número y persona
      4) plural y singular

MODULO 11 — VALIDACION

Forma Verbal	Tiempo	Modo	Número	Persona
une	Presente	Indicativo	Singular	3a.
vendiera o vendiese	Pretérito Imperativo	Subjuntivo	Singular	1a.
habría sido	Perfecto	Potencial	Singular	1a.
ataría	Imperfecto	Potencial	Singular	3a.
hayamos nosotros	Presente	Imperativo	Plural	1a.

Este ejercicio vale 20 puntos, uno por palabra. Descuente usted sus errores de 20

Tabla de evaluación:

20 aciertos	Excelente
16 a 19	M.B.
12 a 15	B
10 a 12	S
Menos de 10	No ha estudiado

II.   Futuro: Exprese la acción venidera independientemente de cualquier otra acción.

Futuro perfecto de indicativo: expresa la acción venidera anterior a otra también por venir.

Valor: 10 puntos.

III.—F
   D
   E
   B
   C
   A   Valor 6 puntos.

IV. 1 —   (D)
     2 —   (G)
     3 —   (T)
     4 —   (F)
     5 —   (Y)   Valor: 5 puntos.

Sume los puntos de los 3 ejercicios últimos. Descuente de 21 sus errores.

Tabla de Evaluación:
21 aciertos_____M.B.
15 a 20_____ B.
menos de 15_____Vuelva a estudiar

MODULO 12 — VALIDACION

1. Ver párrafo 559
2. Ver esquema resumen
3. Ver la lista correspondiente al párrafo 526.
    Compruebe su lista en el diccionario propuesto en la bibliografía de este módulo.
    Para ser evaluado con el asesor o en grupo.

MODULO 13 — VALIDACION

Para ser discutido con su grupo de estudio, o comentado por su asesor.

II.   La No. 2
Porque es más rica en imágenes, abundan los verdaderos activos.

UNIDAD VIII

Objetivos Generales

Al terminar de estudiar esta unidad, el alumno:

1. Conocerá todo lo relacionado con el uso de la conjugación, la interjección y la proposición.
2. Sabrá conjugar verbos defectivos.
3. Redactará narraciones breves con los elementos estudiados.
4. Identificará diversos tipos de narración.
5. Utilizará el símil, la metáfora y el símbolo al redactar.

Módulo 14

OBJETIVOS ESPECIFICOS

Al terminar de estudiar este módulo, el alumno:

1.0 Utilizará las preposiciones en la redacción, con una eficiencia de 95%
1.1 Recordará las preposiciones castellanas
1.2 Indicará los usos principales de las preposiciones A, DE, EN, PARA y POR.
2.0 Explicará qué es un sintagma proposicional.
2.1 Dado un texto identificará preposiciones y sintagmas proposicionales.

ESQUEMA-RESUMEN

- Función Sintáctica Sintagma Preposición Complemento
- Uso de la preposición en general y de algunas en particular.
- Sintagmas proposicionales.

LA PREPOSICION

599 Lea lo siguiente:

LA INSIGNIA

Hasta ahora recuerdo aquella tarde en que al pasar con el malecón divisé en un pequeño basural un objeto brillante. Con una curiosidad muy explicable en mi temperamento de coleccionista, me agaché, y después de recogerlo lo froté contra la manga de mi saco. Así pude observar que se trataba de una menuda insignia de plata, atravesada por unos signos que en ese momento me parecieron incomprensibles. Me la eché al bolsillo, y sin darle mayor importancia al asunto regresé a mi casa. No puedo precisar cuánto tiempo estuvo guardada en aquel traje, que por lo demás era un traje que usaba poco. Sólo recuerdo que en una oportunidad lo mandé lavar, y con gran sorpresa mía, cuando el dependiente me lo devolvió limpio, me entregó una cajita, diciéndome:

Juan Ramón Ribeyro

600 Observe las partículas: hasta, en, por, con, de, contra, sin, a. Fíjese en el papel que están desempeñando; veámoslas en el contexto:

al pasar *por* el malecón
mi temperamento *de* coleccionista
una menuda insignia *de* plata.

601 Con estos tres ejemplos nos basta; en el primero, la preposición "**por**" está entre un verbo "pasar' ' y un sustantivo "malecón"; en el segundo y tercer ejemplos, la preposición "**de**" une dos sustantivos, los relaciona subordinando uno al otro. Por ello podemos afirmar que:

Definición de preposición

602 **La preposición** es una partícula que se coloca antes del término de un complemento. Relaciona las palabras: subordina un sustantivo o equivalente, a otro sustantivo, adjetivo, verbo y adverbio.

603 Las **preposiciones españolas** son: **a, ante, bajo, con,**

contra, de, desde, en, entre, hacia, hasta, para, por, según, sin, sobre, tras.

604 Son palabras invariables que no tienen accidente: la preposición aparece en las contracciones **al** (a+ el) y **del**, (de + el), ya vistas en el tema referente al Artículo.

605 La **preposición** sirve de nexo entre un sintagma cualquiera y su complemento.

Ejemplos:

Cama **de** madera
La vi lejos **de** ti.
Entró **sin** chistar,
Tiene fama **de** sabio.

606

SINTAGMA	COMPLEMENTO	
	NEXO (preposición)	TERMINO
Cama	**Debe**	madera
La vi lejos	**de**	ti
Entró	**sin**	chistar
Crédula	**de**	fantasías

607 En el primer caso complementa a un sustantivo (cama), en el segundo a un adverbio (lejos); en el tercero a un verbo (entró), y en el último a un adjetivo (crédula).

608 El término del complemento generalmente es un sustantivo o su equivalente, y algunas veces, el adjetivo.

609 Tanto la preposición como su término son complementos del sintagma. La preposición siempre va iniciando el complemento, lo "encabeza". La preposición y su término nunca se separan; forman un sintagma indivisible.

ESTUDIOS DE ALGUNAS PREPOSICIONES.

610 Las preposiciones más usadas y que, por lo mismo, ofrecen algunos problemas son: **a, de, en, para, por,** Samuel Gili y Gaya las estudia a fondo en su texto "Curso superior de sintaxis española".

611 **A** esta preposición expresa básicamente la idea de movimiento, ya sea material o figurado. Ejemplos:

> Voy **a** Linares.
> Llegó una carta enviada **a** Pedro.
> Llegar **a** ser.

612 Como ves, esta preposición establece una relación dinámica entre la palabra subordinante y el término subordinado.

613 La preposición *a* tiene diversos ejemplos:

1. Acompaña al complemento directo (no siempre): Mira *a* Rosita.
2. Acompaña al complemento indirecto (se usa en lugar de "para"): Le escribieron una carta *a* Rosita.
3. Acompaña a los infinitivos que complementan a un verbo en movimiento: LLegó *a* comer.
4. Expresa relaciones de tiempo y espacio. Pasaré por ti *a* la noche. Me sentaré *a* la derecha.
5. Encabeza frases adverbiales de modo: Vestía *a* la última moda.

DE

614 **Usos:** se emplea principalmente para indicar:

1. **Posesión y pertenencia:**
   La casa *de* mamá.
   La pipa *de* papá.
2. **Materia, asunto, contenido:**
   Casa *de* madera.
   Curso *de* Parapsicología.
   Una taza *de* café.
3. **Origen o procedencia:**
   Soy *de* Zaragoza.
   Vengo *de* Roma.
4. **Modo:**
   El anciano cayó *de* bruces.
   El joven entró *de* lado.
5. **Tiempo:**
   Es *de* noche.

6. **Complemento agente en la voz pasiva:**
   Es admirado *de* todos.
   Es aborrecido *de* todo el vecindario.

615 Este empleo es poco frecuente: se usa más comúnmente **"por"**.

EN

616 Usos: Se emplea para indicar:
1. Idea de estatismo, de reposo. Se refiere a tiempo o
   espacio:
   Estoy *en* cama.
   Estamos *en* invierno.
2. Modo en las frases adverbiales:
   Lo dijo *en* broma.
   En fin, hazlo.
3. Instrumento o precio:
   Hicimos todo el viaje *en* autobús.
   Vendimos el cuadro *en* trescientos pesos.
4. Expresiones como:
   La alumna va de lugar *en* lugar.
   La rosa cayó *en* el agua.

PARA

617 Usos: Se emplea para indicar:
1. Movimiento, dirección, sentido.
   Mañana saldré *para* Linares.
2. Tiempo:
   La reunión se propuso *para* el día de mañana.
3. Complemento indirecto:
   Hicieron el pastel *para* mamá.
4. Complemento circunstancial:
   La película estaba *para* reírse.

POR

618 Usos: se emplea para indicar:
1. **Tiempo y lugar:**
   Allá *por* diciembre platicaremos.
   En mi viaje pasé *por* Salamanca.
2. **Complemento agente en la voz pasiva:**
   El documento fue traído *por* el cobrador.

3. **Medio:**
   Oí la noticia *por* televisión.
4. **Complemento circunstancial de modo, causa:**
   Lo hace *por* fuerza.
   Se perdió el maíz *por* la helada.

   Haga las hojas de trabajo 73 y 74.

Sintagmas preposicionales

619 Los sintagmas preposicionales son construcciones equivalentes a una preposición y funcionan como tales.

620 Son: **encima de, debajo de, junto a, delante de, a fin de, a causa de, frente a, de acuerdo con, en contra de,** etc.

Ejemplos:

La pluma está *encima del* escritorio.
El pupilente está *debajo de* tus pies.
Siéntate *junto a* mí.
Fórmate *delante de* Esthercita.
Firma el recibo *a fin de* que puedas irte.
A causa de su insistencia, cerraremos hasta las nueve.
Colócate *frente* a la repisa.
Me pondré *de acuerdo con* el jefe.
No atestigües *en contra de* Antinea.

Haga las hojas de trabajo 75 y 76.

RECAPITULACION

1. **La preposición** es una partícula que se coloca antes del término de un complemento. Relaciona las palabras: subordina un sustantivo o equivalente, a otro sustantivo, adjetivo, verbo y adverbio.
2. Las preposiciones españolas son: a, ante, bajo, con, contra, de, desde, en, entre, hacia, hasta, para, por, según, sin, sobre, tras.
3. La preposición sirve de nexo entre un sintagma cualquiera y su complemento.
4. La preposición **a** expresa básicamente la idea de movimiento.
5. La preposición **de** se emplea para indicar: posesión y pertenencia, materia, asunto, contenido, origen o procedencia, modo, tiempo, complemento agente en la voz pasiva.

6. La preposición **en** se emplea para indicar: idea de reposo, tiempo, espacio, modo, instrumento o precio.
7. La preposición **para** se emplea para indicar: movimiento, dirección, sentido, tiempo, complemento indirecto, complemento circunstancial.
8. La preposición **por** se emplea para indicar: tiempo, lugar, complemento agente, medio.
9. **Los sintagmas preposicionales:** son construcciones equivalentes a preposiciones; funcionan como tales. Son: encima de, debajo de, junto a, delante de, a fin de, a causa de, frente a, de acuerdo con, en contra de, etc.

ACTIVIDADES COMPLEMENTARIAS

1. Seleccione un texto de un periódico, revista, etc. Subraye las preposiciones que haya.
2. Estudie las relaciones que establece cada una de ellas para que vea si están o no bien empleadas. En caso negativo, haga las correcciones necesarias.
3. Realice los ejercicios correspondientes al tema.

BIBLIOGRAFIA BASICA PARA ESTE TEMA.

LACAU-ROSETTI. CASTELLANO. (2). Edit. Kapelusz. B. Aires.

REACTIVOS DE AUTOEVALUACION

I. Anote usted las preposiciones:

II. Coloque dentro de los paréntesis la letra que corresponda según el empleo que se esté dando a la preposición que se le pide:

DE

( ) el dinero de la tía rica.　　　　　A. Posesión
( ) presidente de México　　　　　　B. Modo
( ) dulce de chocolate.　　　　　　　C. Lugar
( ) martillo de acero　　　　　　　　D. Pertenencia

( ) viene de Acapulco   E. Propiedad
( ) corro de mañana   F. Tiempo
( ) hago uso de la pluma   G. Materia
                                H. Instrumento

A

III. ( ) El gobierno aprendió a los que transgredieron la Ley.

       A. Complemento directo de una oración transitiva.

( ) Lo diseñó a pluma.

       B. Antecede al complemento indirecto de una oración.

( ) El barco arribó a puerto.

       C. Señala lugar, tiempo, causa modo.
(relaciones de tiempo y espacio).

( ) Reclamé el contrato a la empresa.

       Valor 4 puntos.

PARA

IV. ( ) La muñeca es para la niña.

       A. Indica movimiento, dirección, sentido.

( ) Salió para no volver

       B. Indica complemento indirecto.

( ) Te arreglas para salir

( ) Lo

       Valor 4 puntos.

POR

V.

( ) Trabajo por gusto   A. Tiempo y lugar
( ) Por ese mes te veré.   B. Complemento Circunstancial

(   ) Lo hizo por tu bien

C. Complemento agente en la voz pasiva.

Valor: 3 puntos.

Módulo 15

Al terminar de estuiar este módulo, el alumno:

1:0 Distinguirá las definiciones de conjunción e interjección
2.0 Indicará cuál es la función de la conjunción y la de la interjección.
3.0 Dada una lista de oraciones, identificará, clasificando, las conjunciones que haya.
4.0 Redactará oraciones utilizando sintagmas conjuntivos.
5.0 De un texto dado identificará las interjecciones que contenga
5.1 Identificará los verbos defectivos.
5.2 Conjugará en las personas, tiempos y modos posibles, los verbos defectivos.

ESQUEMA RESUMEN

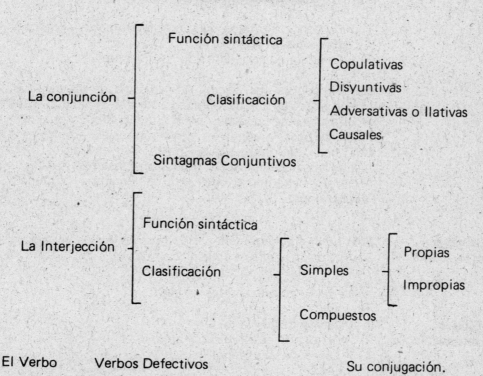

La conjunción
- Función sintáctica
- Clasificación
  - Copulativas
  - Disyuntivas
  - Adversativas o Ilativas
  - Causales
- Sintagmas Conjuntivos

La Interjección
- Función sintáctica
- Clasificación
  - Simples
    - Propias
    - Impropias
  - Compuestos

El Verbo   Verbos Defectivos   Su conjugación.

LA CONJUNCION.

621 Lea lo siguiente:

"Entonces no había ni gente, ni animales, ni árboles,
ni piedras, ni nada. Todo era un erial desolado y sin
límites. Encima de las llanuras el espacio yacía inmó-
vil; en tanto que, sobre el caos, descansaba la inmen-
sidad del mar. Nada estaba junto ni ocupado. Lo de
abajo no tenía semejanza con lo de arriba. Ninguna
cosa se veía de pie. Sólo se sentía la tranquilidad
sorda de las aguas, las cuales parecía que se despeña-
ban en el abismo. En el silencio de las tinieblas vivían
los dioses que se dicen: Tepue, Gucumatz y Hurakan,
cuyos nombres guardan los secretos de la creación, de
la existencia y de la muerte, de la tierra y de los seres
que la habitan."

EMILIO ABREU GOMEZ

622 Observe las dos primeras oraciones:

"Entonces no había **ni** gente, **ni** animales, **ni** árboles,
ni piedras, ni nada."
Todo era un erial desolado Y sin límites."

623 Ya conoce los oficios de cada una de las palabras,
exceptuando las que deliberadamente van con **ni** e **y**. ¿Qué
papel están desempeñando en el enunciado? Están uniendo sustantivos y adjetivos; gente, animales, árboles, piedras, nada, desolada, y sin límites. Son elementos de la
misma o análoga categoría sintáctica. Estas partículas que
sirven de nexo entre uno y otro elementos se llaman:
conjunciones.

**Definición
de conjunción**

624 **La conjunción** es la partícula que sirve de nexo entre
elementos de la misma categoría sintáctica.

625 Fíjese en los ejemplos siguientes:

**Función
sintáctica**

1. Juan **y** Carlos cantan.
2. El alumno es estudioso **y** atento.
3. La vecina va **y** viene.

4. La película se exhibirá hoy *y* mañana.
5. El salón está lleno de alumnos *y* maestros.
6. El ama de llaves cerró la puerta *y* se fue a descansar.

626 En la expresión número 1, la conjunción "y" está uniendo dos sustantivos; en la número 2, dos adjetivos; en la 3, dos verbos; en la 4, dos adverbios; en la 5, dos complementos, y en la 6, dos oraciones.

627 Está muy clara la función sintáctica de la conjunción: **une, coordina, sirve de nexo entre dos elementos de la misma naturaleza:** sustantivos, adjetivos, verbos, adverbios, frases, proposiciones y oraciones.

628 Las conjunciones de conformidad con la naturaleza de su enlace, se han clasificado en cinco grupos: copulativas, disyuntivas, adversativas, consecutivas o ilativas y causales. **Clasificación**

CONJUNCIONES COPULATIVAS.

629 Conjunciones copulativas enlazan simplemente.

630 Son **y,** con su variante **e,** cuando la primera letra de la palabra que le sigue es **i; ni** para expresar negación, y **que** para unir dos verbos, y en la frase "uno que otro". Ejemplos:

>   María *y* Pedro llegaron.
>   Juan *e* Irma aplaudieron mucho.
>   Quiero *que* vengas.
>   En el refrigerador no había queso *ni* salami.

CONJUNCIONES DISYUNTIVAS.

631 Las conjunciones disyuntivas indican opción entre dos o más posibilidades.

632 Son **o,** con su variante **u,** cuando la primera letra de la palabra que le sigue es **o, ya, ahora, ora, bien.** Ejemplos:

>   Susana *o* María sacará el libro de la biblioteca.
>   María *u* Ofelia harán el aseo de la casa.

Ya sea el bolero, *ya* sea el verdulero, diles que no estoy.

Ahora escribiendo, *ahora* leyendo, siempre está en su casa.

Ora comiendo, *ora* durmiendo, así transcurre su vida.

CONJUNCIONES ADVERSATIVAS.

633 Las conjunciones adversativas indican oposición o contrariedad entre dos ideas.

634 Son: **pero, aunque, mas, sino, sin embargo, siquiera,** etc.: Ejemplos:

Iría al cine, *pero* no puedo.

Te prestaría la novela, *mas* no debo, porque no es mía.

No te oiré *aunque* insistas.

No lo dije por ti, *sino* por Aurelia.

Perdió el concurso; *sin embargo,* no se amilanó.

Ayúdame en este trabajo, *siquiera* por amistad.

CONJUNCIONES CONSECUTIVAS O ILATIVAS.

635 Las conjunciones consecutivas o ilativas indican consecuencia o efecto.

636 Son **luego, conque, pues, por tanto.** Ejemplos:

"Pienso *luego* existo."

Tienes hambre, *pues* come.

El tren sale a las siete, *conque* apúrate.

Ofendí a alguien; *por tanto* debo disculparme.

CONJUNCIONES CAUSALES.

637 Las conjunciones causales indican causa, motivo.

638 Son: **porque, ya que, puesto que,** etc. Ejemplos:

Traeré el balón *porque* lo prometí.

Jugaremos cartas esta tarde, *ya que* así quedamos.

Compara el traje, *puesto que* ya lo decidiste así.

Haga la hoja de trabajo 77.

639 Los sintagmas conjuntivos son construcciones equivalentes a las conjunciones; funcionan como tales.

640 Son: **con tal que, aun cuando, si bien, a pesar de que, de modo que, etc.**

641 Ejemplos:
Te prestaré el coche *con tal que* estás aquí a las siete.
Iré *aun cuando* llueva.
Me entregaron el premio *a pesar de que* me habían anticipado que no lo harían.
Es tu turno, *de modo que* andando.

642 Recuerde que la **conjunción: coordina, une, sirve de nexo,** en tanto que la **preposición: subordina** hace depender un término de un sustantivo, adjetivo, verbo o adverbio.

Haga la hoja de trabajo 78.

RECAPITULACION

1. La **conjunción** es la partícula que sirve de nexo entre elementos de la misma categoría sintáctica.
2. Las conjunciones se clasifican en:
   a. **Copulativas:** enlazan simplemente. Son: **y, ni, que.**
   b. **Disyuntivas:** se indican opción entre dos o más posibilidades. Son: **o, ya, ahora, ora, bien.**
   c. **Adversativas:** indican oposición o contrariedad entre dos ideas. Son: **pero, aunque, mas, sino, sin embargo, siquiera.** etc.
   d. **Consecutivas o ilativas:** indican consecuencia o efecto. Son: **luego, con que, pues, por tanto.**
   e. **Casuales:** indican causa, motivo. Son: **porque, ya que , puesto que,** etc.
3. **Sintagmas conjuntivos:** son construcciones equivalentes a las conjunciones; funcionan como tales. Son: **con tal que, aun cuando, si bien, a pesar de que, de modo que,** etc.

ACTIVIDADES COMPLEMENTARIAS

1. Escoja un párrafo de un texto, periódico o revista. Subraye las conjun-

2. Haga una clasificación de las mismas, de acuerdo con la función que estén

3. Elabore oraciones con cada una de las conjunciones.
4. Realice los ejercicios correspondientes al tema.

BIBLIOGRAFIA BASICA PARA ESTE TEMA

LACAU-ROSETTI. CASTELLANO. (2). Edit. Kapelusz. B. Aires.

LA INTERJECCION

643 Durante los siglos XVI y XIX tuvo mucho auge en nuestro país la poesía burlesca. Para motivar el presente tema de estudio, hemos escogido fragmentos de las:

SUPLICAS A SAN ANTONIO

Las muchachas casaderas
invocan a San Antonio
pidiéndo las marrulleras
¡Matrimonio, matrimonio!

A los 20 años:

¡San Antonio, Santo mío!
escucha mi petición:
dame esposo, te lo pido
con todo mi corazón
Mírame con compasión
¡oh, San Antonio admirable!
y dame un marido amable
y de una edad competente;
ni joven impertinente,
ni viejo chocho intratable.

A los 25 años:

> ¡Ay, San Antonio! ¿qué haré
> si tú me niegas tu ayuda?
> sin duda me quedaré
> como marchita lechuga.
> Ya mi juventud se fuga
> y por lo mismo te pido
> que me des un buen marido
> que me quiera y me mantenga,
> que con nadie se entretenga
> y me ame siempre rendido".

644 Además del tono festivo, que seguramente le provocó sonrisas, de las "súplicas" que leyó, debe haber observado dos cosas: la persona que ruega manifiesta una actitud angustiosa; y este estado de ánimo se evidencia por los signos ¡! . Estos signos sirven para matizar, enfatizar, lo que en el habla se expresa con elevación del tono. Esas palabras: ¡Ay! , y expresiones: ¡San Antonio! ¡Santo mío! , se llaman **interjecciones**.

645 Interjección es la palabra o expresión que denota estados de ánimo.

Definición de la interjección

646 La interjección se caracteriza porque, a diferencia de las restantes categorías gramaticales: verbo, sustantivo, adjetivo, etc., no tiene función sintáctica determinada; es una palabra aislada, asintáctica.

Función sintáctica

647 Para Agüero y Danigrán la interjección es una oración unimembre.

Haga la hoja de trabajo 79.

648 Las interjecciones se clasifican en **simples** y **compuestas**. Las simples, a su vez, en propias e impropias.

Clasificación

INTERJECCIONES SIMPLES.

649 Interjecciones simples son las que constan de una sola palabra: ¡ay! ¡hola!

INTERJECCIONES SIMPLES PROPIAS.

650 Se llaman así las palabras que exclusivamente cum plen ese cometido.
651 Son:

INTERJECCION:	ESTADO DE ANIMO QUE DENOTA:
iah!	sorpresa, pena.

Ejemplo: ¡Ah! , qué grande es todo esto.

iay! — dolor. (físico o moral)

Ejemplos: ¡Ay! , me pegué. "¡Ay! , qué dolor tan grande"

ibah! — desprecio.

Ejemplo: ¡Bah! , ya quisieras.

¡Caramba! — disgusto, contrariedad

Ejemplo: ¡Caramba! , qué cosas preguntas.

ieh! — advertencia.

Ejemplo: ¡Eh! , tú, ven acá.

¡Hola! — extrañeza, alegría.

Ejemplos: ¡Hola! , ¿quién habla?
¡Hola! , ¿cómo estás?

¡Hurra! — entusiasmo, alegría.

Ejemplos: ¡Hurra! , valientes, al ataque. "Hurra", era el
grito de guerra de los cosacos.

¡Oh! — alegría, asombro.

Ejemplos: ¡Oh! , qué gusto verte.
¡Oh! , es estupendo.

¡Ojalá! — deseo.

Ejemplo: ¡Ojalá que regrese!
¡Ojalá, es de origen árabe, quiere decir: ¡quie-
ra(oj). Dios. (Alá).

¡Uf! — cansancio, fastidio.

Ejemplo: ¡Uf! , que gentío.

¡Zape!   para espantar gastos.
Ejemplo: ¡Zape! , gato, vete.

SIMPLES IMPROPIAS

652 Se llaman así las palabras que no son interjecciones,
sino: sustantivos, adjetivos, adverbios, etc., que se usan
como expresiones de un estado de ánimo.

653 Son:
Sustantivos: ¡atención! , ¡silencio! , ¡auxilio! , ¡fuego!
Adjetivos: ¡tonto! , ¡tremendo! , ¡bravo! , ¡fenomenal!
Adverbios: ¡pronto! , ¡así! , ¡arriba! , ¡adelante!

654 Todas estas interjecciones llamadas **impropias** son ver-
daderas oraciones unimembres.

COMPUESTAS

655 Se llaman así las interjecciones formadas por más de
una palabra. Siempre son "impropias". Ejemplos:

> ¡Qué bárbaro! ¡Mi madre! ¡Madre mía!
> ¡Por amor de Dios!

Haga la hoja de trabajo 80.

RECAPITULACION

1. **La interjección** es la palabra o expresión que denota estados de ánimo.
2. **La interjección** es una palabra asintáctica. No tiene una función determinada.
3. Las interjecciones se clasifican en **simples y compuestas.** Las simples, a
   su vez, en propias e impropias.
4. Las interjecciones **simples** son las que constan de una sola palabra:
   ¡ay! , ¡hola!
5. Las interjecciones **simples propias** son las palabras que exclusivamente
   cumplen ese cometido. Ejemplos: ¡ah! , ¡ba! , etc.
6. Las interjecciones **simples impropias** son las palabras que no son interjecciones, pero que cumplen ese cometido. Ejemplos: ¡atención! ,
   ¡tremendo! , ¡pronto! , etc.
7. Las **interjecciones compuestas** son dos o más palabras que equivalen a
   un interjección. Ejemplos: ¡qué bárbaro! , ¡madre mía! , etc.

ACTIVIDADES COMPLEMENTARIAS

1. Seleccionar obras darmáticas, de tipo costumbrista de autores reconocidos. Buscar las interjecciones y subrayarlas
2. Clasificarlas en simples, compuestas, propias é impropias.
3. Apreciar la función asintáctica que tiene la interjección.
4. Construír oraciones empleando interjecciones.
5. Realizar los ejercicios relacionados con el tema.

BIBLIOGRAFIA

LACAU-ROSETTI. CASTELLANO (2). Edit. Kapelusz. B. Aires.

EL VERBO

**Verbos
Defectivos**

656 Lea las siguientes oraciones. Observe los verbos empleados:

1. Miguel Hidalgo **abolió** la esclavitud en México.
2. La responsabilidad **atañe** al señor Rodríguez.
3. Este asunto no te **concierne.**
4. Yo **solía** pasear por la mañana.
5. El niño **balbuce** sus primeras palabras.
6. La fruta se **empedernia** poco a poco.

657 Ahora conjúguelos en el tiempo, modo y persona que
se le piden.

1. **Abolir.** Presente de Indicativa 3a. personal **él.**
2. **Atañer.** Presente de Indicativo 1a. persona **yo.**
3. **Concernir.** Presente de Indicativo 1a. persona **yo.**
4. **Soler.** Futuro de Indicativo 1a. persona **yo.**
5. **Balbucir.** Presente de Indicativo 1a. persona **yo.**
6. **Empedernir** Presente de indicativo 1a. persona **yo.**

658 ¿Verdad que es imposible? Existen ciertos verbos,
muy pocos que sólo pueden conjugarse en algunos tiempos
y en algunas personas. A estos valores se les llama **defectivos,** porque carecen de algunos tiempos y personas en la
conjugación.

659 **Verbos defectivos** son los que sólo pueden conjugarse en algunos tiempos y personas.

659 **Verbos defectivos** son los que sólo pueden conjugarse en algunos tiempos y personas.   **Definición**

660 ABOLIR   **Conjugación de los verbos defectivos**

INDICATIVO

PRET. INDEFINIDO	PRET. IMPERFECTO	PRET. IMPERFECTO
abolí	abolía	aboliré
aboliste	abolías	abolirás
abolió	abolía	abolirá
abolimos	abolíamos	aboliremos
abolistéis	abolíais	aboliréis
abolieron	abolían	abolirán

Carece de presente.

661 ATAÑER.

INDICATIVO

PRESENTE	PRET. IMPERFECTO	PRET. INDEFINIDO	FUTURO IMPERFECTO
atañe	atañía	atañó	atañirá
atañen	atañían	atañeron	atañirán

662 Este verbo sólo se conjuga con las terceras personas del singular y del plural.

663 CONCERNIR.

INDICATIVO

PRESENTE	PRET. IMPERFECTO	FUT. IMPERFECTO
concierne	concernía	concernirá

664 Este verbo sólo se conjuga en la tercera persona del

283

singular: me concierte, te concierne, le concierne, etc.

665 SOLER.

INDICATIVO

PRESENTE	PRET. IMPERFECTO
suelo	solía
sueles	solías
suele	solía
solemos	solíamos
soléis	solíais
suelen	solían

666 Este verbo admite otros tiempos, pero los indicados antes son los que más se usan.

667 BALBUCIR.

INDICATIVO

PRET. IMPERFECTO	PRET. INDEFINIDO	FUTURO IMPERFECTO
balbuce	balbucía	balbució	balbucirán
balbucieron	balbucían		

668 Este verbo también admite otras formas, sin embargo, suele usarse en las personas y tiempos señalados.

669 EMPEDERNIR.

INDICATIVO

PRET. IMPERFECTO	PRET. INDEFINIDO	FUT. IMPERFECTO
empedernía	empedernió	empedernirá
empedernían	empedernieron	empedernirán

670 Este verbo sólo se conjuga con las personas y tiempos señalados. Es frecuente su uso como participio: la fruta está empedernida.

671 Además de estos verbos existen otros: garantir, aterirse, despavorir, rear, roer, agredir, etc.

672 Memorice conscientemente estos verbos, pues es frecuente que, por el poco empleo de los mismos, se caiga en error.

Haga la hoja de trabajo 81.

RECAPITULACION

1. **Los verbos defectivos** sólo pueden conjugarse en algunos tiempos y personas.

ACTIVIDADES COMPLEMENTARIAS

1. Emplear los verbos defectivos, haciendo oraciones oralmente y por escrito.
2. Buscar en otras gramáticas más verbos defectivos para conocerlos y practicar su uso eficaz.
3. Hacer un prontuario de conjugación de verbos defectivos.
4. Realizar los ejercicios correspondientes a este tema.

BIBLIOGRAFIA BASICA PARA ESTE TEMA

LACAU-ROSETTI. CASTELLANO. (2). Edit. Kapelusz. B. Aires.

REACTIVOS DE AUTOEVALUACION

I. Relacione las dos columnas con línea, enlazando la definición con el concepto que le corresponde.

                                        — Se caracteriza por ser una palabra aislada, asintáctica.

Conjunción   — Es la partícula o parte invariable de la oración que sirve para unir o enlazar palabras o proposiciones.

                                          — Es la parte invariable de la ora-

Interjección

ción con la que se manifiesta una impresión repentina.

Tiene una clara función sintáctica: une, coordina, sirve de nexo.

II. Relacione el tipo de conjunción o sintagma conjuntivo con su nombre, colocando dentro de los paréntesis el número que corresponda.

( ) y, e, ni, que,
( ) Indican consecuencia o efecto
( ) a, ya, ahora, ora, bien

1) Copulativas
2) Disyuntivas
3) Adversativas
4) Consecutivas o ilativas
5) Sintagma conjuntivo

( ) luego, conque, pues, por tanto
( ) indican oposición o contrariedad
( ) simplemente enlazan
( ) con tal que, aun cuando
( ) pero, sin embargo
( ) indican causa o motivo
( ) porque, puesto que
( ) de modo que

Módulo 16

Al terminar de estudiar este módulo, el alumno:

1.0 Distinguirá entre las definiciones de: Arcaismos; Neologismos, cultos y populares; Mexicanismos.
2.0 Identificará los elementos de la narración.
3.0 Analizará una narración enlistando además, las figuras literarias que encuentre.

ESQUEMA-RESUMEN 1

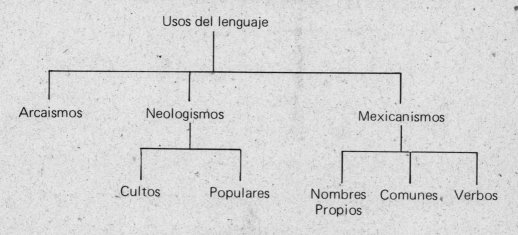

Usos del lenguaje

Arcaismos — Neologismos — Mexicanismos

Neologismos: Cultos, Populares

Mexicanismos: Nombres Propios, Comunes, Verbos

ESQUEMA No. 2

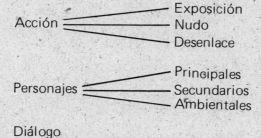

Elementos de la Narración

Acción: Exposición, Nudo, Desenlace

Personajes: Principales, Secundarios, Ambientales

Diálogo

Tipos de Narración

- Síntesis Argumental
- Género Histórico
- La crónica
- La Biografía
- La Anécdota
- El Cuento

ESQUEMA No. 3

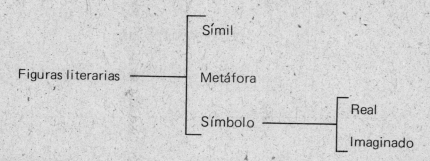

Figuras literarias
- Símil
- Metáfora
- Símbolo
  - Real
  - Imaginado

USO DEL LENGUAJE

673 Nuestra lengua, como todas, es empleada por personas de todo nivel cultural, social y económico. Estos niveles presentan diversos grados: desde el "purista" hasta el analfabeta. Todos hablamos, pero las diferencias son muchas y muy marcadas. Este hecho lingüístico nos lleva al estudio de los **arcaísmos y neologismos.** Además veremos en este tema los **mexicanismos,** pues gran cantidad de palabras de origen precolombino forman parte de nuestro léxico diario.

674 ARCAISMOS: son palabras anticuadas, inoperantes ya.

675 Este tipo de vocabulario es empleado por las personas de bajo nivel cultural y por algunos individuos medianamente preparados. Sobre todo, es practicado por los analfabetas. Estas personas que no han pisado la escuela, han aprendido el idioma que hablan por tradición oral; se lo han heredado sus padres. De esta manera es común oírles palabras como "mesmo", "ansina", "vide", "naide", "truje". Algunas personas medianamente preparadas también usan arcaísmos como "empero", "algotro", en lugar de pero, algún otro, estos casos se presentan por falta de comunicación; por "aislamiento social".

676 Procura evitar el uso de este tipo de vocabulario.

677 Neologismos: son palabras nuevas que nacen por necesidad, unas veces; otras, por simple novedad.

678 Dentro de los neologismos debemos distinguir dos clases: los cultos y los populares.

NEOLOGISMOS CULTOS.

679 Son principalmente las palabras de tipo científico que se dan a los nuevos descubrimientos, a los inventos. Comúnmente se forman con elementos griegos o latinos; ejemplos:

televisión, megatón, anfetamina, psicoanálisis, etc.

680 Dentro de los neologismos cultos podemos considerar

los términos que los intelectuales, filósofos, literatos, etc., crean o recrean, por ejemplo: hispanidad, potencialbe, irreductibilidad, medicante, etc.

NEOLOGISMOS POPULARES.

681 Son los términos que el pueblo inventa o altera, por necesidad artificial, es decir, por simple novedad. Entre ellos tenemos: moto, tele, parquear, onda, ondón, etc.

682 Desde luego debes evitar el uso de estas palabras, pues además de rebajar tu nivel cultural, vulgarizan el lenguaje.

683 A los neologismos se les llama así porque todavía no han sido aceptados por la Real Academia de la Lengua Española; sin embargo, el uso cotidiano les da identidad mucho tiempo antes que la Academia les confiera propiedad.

684 A continuación te damos una lista de las palabras recientemente incorporadas al Diccionario de la Academia, y que por mucho tiempo estuvieron en la categoría de "neologismos".

abrecartas	anaconda	audiovisual
acomplejar	antimilitarismo	autoservicio
aditivo	antisemita	avalancha
adjuntar	arribista	avance (en el cine)
aerosol	atentado	aviso
alérgeno	atomizador	balear
alunizaje	audífono	bate
altoparlante	audiograma	batería (estacionarse)
bazuca	drogado	logística
belicismo	egocéntrico	malapata
biotipo	embalar	maquillaje
bisar	encefalografía	marimba
bocacalle	entrecomar	marioneta
boicotear	epidemiología	monegasco
bromatólogo	escalope	monocultivo
broncear	espagueti	obstaculizar
bulevar	exiliar	paraestatal
bureta	fallo	pasmado
cabina	farmacólogo	pedigrí

cable
calzón quitado, a
cámara de gas
cámara lenta
canasta (juego)
canelón
carcajear
carrocería
cartoné
citoscopio
claxon
clímax
colonialismo
complejo
consigna
constatar
controlar
cortisona
chaquetear
dantesco
delimitar
desfasado
descriminación

filmar
filme
fisiatra
formato
frigorífico
gasoducto
geriatría
golear
grabación
gragea
guardameta
guardaespaldas
guayabera
hangar
histeria
huevos al plato
influenza
intramuscular
jabato
jersey
judo
lavadora
líder

permisivo
pocho
polución
premonición
psicotecnica
rambla
reactor
reportaje
sacapuntas
señalizar
supervisar
suéter
teléférico
teleobjetivo
telespectador
televidente
tocadiscos
trolebús
urbanístico
vietnamita
xilófono
yogur
zamba

685 Los neologismos son buenos en cuanto enriquecen el vocabulario con términos nuevos; son negativos en cuanto empobrecen nuestro vocabulario, sustituyendo por términos extranjeros palabras que ya existen en el idioma, o por vulgarización: adaptan formas lingüísticas de mal gusto, sólo por novedad.

Haga las hojas de trabajo 82 y 83.

686 Mexicanismos: son palabras provenientes de lenguas precolombinas; fundamentalmente del náhuatl, ya que ésta era la lengua del grupo humano más importante cuando llegaron los conquistadores.

687 Dentro de la variadísima lexicología indígena mexicana, abundan sobre todo los nombres propios y los comunes, así como los verbos. A continuación le damos una lista de los mismos.

Nombres propios

688 PALABRA	PROCEDENCIA	SIGNIFICADO
1. Moctezuma o Motecuzoma	mo, tecutli y zomale	señor indignado, señor que frunce el ceño
2. Cuauhtemoc	cuauhtli: águila, temoc: bajó	águila que bajó o cayó
3. Tasco[1]	tlachtli: juego de pelota, y co; en	en el juego de pelota
4. Tuspan[2]	tochtli: conejos pan: en	en los conejos
5. Tustla[3]		cerca de —junto a— los conejos
6. Xochimilco[4]	xochitl: flor, milli: sementera, co: en	en los sembrados de flores
7. Atscapotzalco o Azcapuzalco	Azcatl: hormiga, putzalli: terreno, co: en	en los hormigueros
8. Ixtacalco[5]	Iztall: sal, o íztac; cosa blanca; calli: casa; co: en	en las casas blancas o en las fábricas de al
9. Acapulco	acatl: caña, pul: abundancia, co: en	donde hay cañas grandes y gruesas

Nombres comunes

689 PALABRA	PROCEDENCIA	SIGNIFICADO
1. Ajolote	atl: agua, Xolotl: personaje mitológico	batracio: habita en los lagos mexicanos
2. Amate	amatl: papel	árbol de donde se saca este tipo de papel
3. atole	atl: agua, tlaotlli: maíz	maíz molido, aderezado
4. cacao	cacahuatl: almendra del árbol llamado cacaotero	semilla, ingrediente del chocolate
5. cacahuate	tlalcacahuatl: almendra de la planta que da sus frutos bajo tierras	fruto oleaginoso
6. cenzontle	cenzontli: cuatrocientos, tlatolli: voz, canto	avecilla con multitud de cantos

1. Es una falta muy grave escribir la palabra con "x". En esta voz se pierde la terminación "tli" para quedar "tlach". Al pasar al español las palabras mexicanas terminadas en "ch", deben cambiarla por "s".
2. Es el mismo caso; debe escribirse con "s".
3. Es error escribirla con "x".
4. Se pronuncia la x como "s".
5. Lo correcto sería Iztacalco.

PALABRA	PROCEDENCIA	SIGNIFICADO
7 chayote	ayotli o chayotestle: calabaza	planta comestible de carne parecida al pepino
8. tecolote	tentli: pico, colotl: torcido	el torcido del pico
9. pilmama	pilli: niño, mama: que carga	la que carga niños
10. coyote	coyotl: coyote	animal mexicano parecido al lobo
11. chachalaca	chachalacani: chachalaca	animal muy gritón parecido a la gallina
12. papalote	papalotl: mariposa	la cometa
13. molcajete	molli: mole, caxitl: cajete	mortero de piedra
14. mole	molli: salsa	salsa con chile rojo
15. ahuehuete	atl: agua, huehue: viejo	árbol que crece donde hay agua en abundancia
16. tamal	tamatli: tamal	panecillo de maíz molido, envuelto en hojas de mazorca y cocido al vapor.

Verbos

690 PALABRA	PROCEDENCIA	SIGNIFICADO
1. apachurrar	patzoa: apretar	apretar algo, ablandar
2. chalpaquear	xalli: arena, paca: lavar	extender sobre una pared con una brocha gorda una solución mezclada de cal y arena

691 ¿Cuántas palabras que habla cotidianamente son de origen nahuatl? Muchas; la intromisión de las mismas en el Español revela la importancia del grupo humano que fue sometido por los españoles; éstos hicieron propios los vocablos que denuncian toponimias, usos y costumbres de los aztecas, vegetales y animales propios de la región.

Haga las hojas de trabajo 84 y 85.

RECAPITULACION

1. **Los arcaísmos** son palabras anticuadas, inoperantes ya.
2. **Los neologismos** son palabras nuevas que nacen por necesidad o por simple novedad.
3. **Los mexicanismos** son palabras provenientes de lenguas precolombinas; fundamentalmente del nahuatl.

ACTIVIDADES COMPLEMENTARIAS

1. Reflexione sobre los arcaísmos que use. Procure evitarlos.
2. Observe cómo hablan los demás. Trate de detectar los arcaísmos para que no los emplee ud.
3. Siempre que encuentre una palabra nueva o desconocida, busque en un buen diccionario su significado para saber si es o no neologismo. En tal caso investigue si está ya aceptado por la Academia, o bien, si no está sustituyendo a algún término que ya se emplea en español.
4. Recuerde que debe aceptar los neologismos siempre y cuando enriquezcan nuestro vocabulario.
5. Conviértase en un crítico sagaz para evitar el uso de neologismos que empobrezcan o degeneren la lengua española.
6. Investigue cuántos mexicanismos utiliza ud, así como los que emplean sus amigos y familiares. Interésese por conocer su significado para qúe enriquezca su vocabulario.
7. Realice los ejercicios correspondientes al tema.

BIBLIOGRAFIA BASICA PARA ESTE TEMA

SANTAMARIA, FRANCISCO J. DICCIONARIO DE MEXICANISMOS Edit. Porrúa. México.

LA NARRACION

692   Lea el siguiente relato.

"Amiga Pasajera: voy a contarle un cuento. Un hombre tenía una rosa; era una rosa que le había brotado del corazón. ¡imagínese usted si la vería como un tesoro, si la cuidaría con afecto, si sería para él adorable y valiosa la tierna y querida flor! ¡Podrigios de Dios! La rosa era también un pájaro; parlaba dulcemente, y, en veces, su perfume era inefable y conmovedor, como si fuera emanación mágica y dulce de una estrella que tuviera aroma.

Un día, el ángel Azrael pasó por la casa del hombre feliz; y fijó sus pupilas en la flor. La pobrecita tembló y comenzó a padecer y estar triste, porque el ángel Azrael es el pálido e implacable mensajero de la muerte. La flor desfalleciente, ya casi sin aliento y sin vida, llenó de angustia al que en ella miraba su dicha. El hombre se volvió hacia el buen Dios, y le dijo:

—Señor: ¿para qué me quieres quitar la flor que nos diste?

Y brilló en sus ojos una lágrima.

Conmovióse el bondadoso Padre, por virtud de la lágrima paternal, y dijo estas palabras:

—Azrael, deja vivir esa rosa. Toma, si quieres, cualquiera de las de mi jardín azul.

La rosa recobró el encanto de la vida. Y ese día, un astrónomo vio, desde su observatorio, que se apagaba una estrella en el cielo."

RUBEN DARIO

693   ¿Qué es lo que leyó? Al principio se lo indicamos: una narración, un cuento. Así pues, **narrar** es contar algo. Todos relatamos diariamente nuestras impresiones: Ud. al llegar a casa contará a sus padres o hermanos lo que hizo durante el día; le dirá algo sobresaliente que vio o que le sucedió. Eso es narrar. En este tema le indicaremos los elementos y la técnica a seguir para que elabore narraciones. Todas las impresiones que ha tenido durante su vida, o sus imaginaciones pueden servirle de asunto para sus relatos.

¿Qué es narrar?

Elementos de la narración

694 Para integrar debidamente un relato, debe haber, al menos, tres elementos: acción, personajes y diálogo.

Acción

695 Sobre este tema su Metodología de la Lectura de Textos le servirá muchísimo; es más, para no desorientarse en las concepciones que sobre acción, personajes y diálogo, ha adquirido en el mencionado curso, la repetiremos aquí, en su esencia; sólo agregaremos detalles que le ayuden a trabajar mejor estos elementos.

696 La **acción** es la secuencia de hechos que se van conectando entre sí hasta su integración total en la rama.

697 En la acción hay que tomar tres puntos principales: exposición, nudo y desenlace.

698 La **exposición** da a conocer la situación. Es la primera parte de la narración; luego viene:

El **nudo** que complica las cosas; después,
El **desenlace** que da término a la obra.

699 En toda narración se presenta un **problema**, su complicación y la solución, favorable o no. De acuerdo con lo expuesto antes, la presentación del problema corresponde a la exposición; la complicación, al nudo, y la solución al desenlace.

El nudo

700 La exposición no ofrece dificultades puesto que se plante por boca del propio narrador, o bien de uno de los personajes, o varios. La parte más importante y difícil del relato es la segunda: el nudo, que ya se definió como la complicación del problema. Para lograr dicha complicación

Tensión dramática

es necesario echar mano de la **tensión dramática** por medio de la creación de un **conflicto**: "lucha entre dos fuerzas

Conflicto

básicamente opuestas, en que cada una trata de imponerse sobre la otra." De este modo se logra, como resultado del conflicto, la tensión dramática que se puede empezar a manejar gradualmente desde la exposición. Antes de distender dicho dramatismo, tiene que llegarse a un punto

Clímax

máximo, al que se llama **clímax**. Inmediatamente después de este momento, viene la solución al problema; el equilibrio vuelve a imperar en el relato. Esta parte de la narra-

Desenlace

ción se llama **desenlace**.

701 Ahora bien, estos elementos son parte de la narración como composición literaria; pero no debes olvidar, como anotamos al principio, que la simple relación de un hecho, oral o escrito, es narración.

702 Personajes: "Son seres creados por la imaginación del autor para que expresen ideas y emociones; a ellos toca sufrir o provocar el desarrollo de los acontecimientos; tienen voz y caracteres propios; generalmente el autor los crea reuniendo rasgos de personas reales conocidas por él".

703 Los **personajes** se han clasificado en **principales, secundarios y ambientales.**

PERSONAJES PRINCIPALES.

704 Los personajes principales "realizan las acciones importantes; enfrentan los problemas y tratan de resolverlos; aparecen en toda la obra, bien actuando, o bien en la mente de los otros personajes."

705 Los relatos largos, digamos la novela, presentan dos o más personajes importantes —principales—, mientras que la narración corta tiene uno central.

PERSONAJES SECUNDARIOS.

706 Los personajes secundarios "ayudan a caracterizar al principal; son numerosos; con sus acciones ayudan a la realización de la obra; no destacan como personajes independientes; su importancia varía mucho dentro del relato."

PERSONAJES AMBIENTALES.

707 Los personajes ambientales **"ayudan a caracterizar el medio o ambiente en que actúan los otros; no participan prácticamente en la acción; pertenecen más bien al fondo;** por ejemplo, los meseros en un café, los campesinos en el campo, los obreros en una fábrica.

708 En el relato, el autor va presentando los personajes, ya sea directamente por él, o bien por lo que dicen otros. Obviamente los personajes principales se describen con más

Ente de ficción

datos que los secundarios; el escritor debe dar la imagen clara, precisa, del "ente de ficción", para que los lectores puedan asimilar perfectamente al personaje con la vida real, o bien con la fantasía. De este modo, el autor irá dejando ir, a través de toda la obra, el retrato de su creatura, tanto físico como moral; aunque lo primero es secundario —depende del tipo de personaje—, lo segundo es básico. El lector necesita saber cómo piensa, qué hace, qué prefiere, qué detesta, etc. Los personajes secundarios, como su nombre lo indica, no requieren una descripción precisa, puesto que están en función de los principales: sin embargo, si el autor necesita describirlos con detalle, por algún motivo, lo puede hacer. Los ambientales no se describen, se trazan generalmente; representan muchas veces al grupo.

709 Enseguida le presentamos tres personajes:

"Norma nació en Torreón, de una familia de pequeños comerciantes que quebraron cuando ella tenía cinco años y acababa de proclamarse el Plan de Agua Prieta. El padre se suicidó y su mamá la mandó a México en cuanto la metieron en la caja, a casa de unos tíos acomodados. Las Navidades, las pasaba en Santa María del Oro, donde ahora vivía la familia, porque el hermano trabajaba en una mina y era todo el pan. Pero ya a los quince años se negó a dejar las posadas de México, y sus tíos lo comprendieron muy bien y le compraron un traje de baile. Norma llamó mucho la atención: sus ojos son muy verdes, y ella, blanca, se lavaba el pelo con manzanilla y bailaba foxtrot con gracia "in a secluded rendez-vous" y ponía siempre su mano fresca sobre la nuca del compañero. Los tíos tenían una casita con un jardín amplio en la Colonia Juárez, y a menudo daban fiestas. Iban muchos muchachos y Norma sabía darse su lugar, pero también coquetear con peligro. "¡Los muchachos dicen que Norma es muy fogosa!", le gritaba sacando la lengua, el primito más chico, y Norma simulaba enojarse, pero en el fondo quedaba satisfecha. Cuando cumplió diecisiete años y los tíos le organizaron un baile, conoció a un muchacho de la

Prepa que tenía fama como poeta y unos ojos muy negros y lánguidos que la enamoraban. . ."

CARLOS FUENTES

710 El escritor ha presentado a su personaje, Norma, no sólo enumerando sus cualidades o defectos, sino, lo que es más importante: sabemos cómo es por lo que hace; la conocemos por el medio en que vive y como vive.

711 Ejemplo de otro personaje:

"El jefe de los Federales era un joven de pelo rubio y bigotes retorcidos, muy presuntuoso. Mientras no supo a ciencia cierta el número de los asaltantes, se había mantenido callado y prudente en extremo; pero ahora que los acababan de rechazar con tal éxito que no les había dado tiempo para contestar un tiro siquiera, hacía gala de valor y temeridad inauditos. Cuando todos los soldados apenas se atrevían a asomar sus cabezas detrás de los pretiles del pórtico, él, a la pálida claridad del amanecer, destacaba airosamente su esbelta silueta y su capa dragona, que el aire hinchaba de vez en vez."

MARIANO AZUELA

712 Otro ejemplo:

"Dorotea Marina tenía un hijo. Se llamaba Dino tenía nueve años y todos en la aldea sentían por él si no cariño, compasión. Desde los tres años Dino estaba paralítico de la cintura a los pies, y se pasaba la vida sentado en un pequeño silloncito de anea; junto a la ventana. Así, sin otra cosa que hacer, miraba el cielo, los tejados, el río y el sauce: desde los colores dorados de la mañana a los rosados y azules de la tarde.

Dino era un niño deforme, por la falta de ejercicio y la inmovilidad. Tenía los brazos delgados y largos, y los ojos redondos, grandes, de color castaño dorado, como el alcaraván. . ."

ANA MARIA MATUTE

713 Diálogo; es lo que dicen los personajes. Es la palabra

**Diálogo
y sus
características**

la que da al individuo la proyección de su ser. Lo conocemos por lo que dice, o por lo que dicen de él.

714 Este elemento es muy importante dentro del relato. El autor debe saberlo manejar bien, pues este recurso puede salvar muchas veces, una narración aburrida. El diálogo debe ser ante todo **natural** debe darnos la imagen de lo que son los personajes que están hablando. El personaje debe hablar de acuerdo con su papel: un médico deberá usar términos de su profesión, así como un ingeniero o un contador público —claro que sin llegar al extremo de que no usen otras palabras—; un niño tiene que decir cosas que dicen los infantes, un campesino, un soldador, una ama de casa, un estudiante, etc. Sería catastrófico que en un relato en el que aparecieran varios personajes de distinto nivel cultural, todos hablaran igual. Pero además de ser natural el diálogo, ha de ser **significativo** como dice Vivaldi; debe ser portador de ideas, sentimientos, emociones; a la vez que el personaje use palabras comunes y las que lo distingan de otros, debe ser, ante todo, original, su discurso está lleno de significación.

715 He aquí un diálogo tomado de "Las veleidades de la fortuna", de Pío Baroja. Estúdialo con atención.

"Se habían instalado en una mesa del hotel Larrañaga y Pepita. Soledad estaba en su cuarto.
—¿Vas a tomar té? — preguntó Pepita.
—No, no.
—¿Por qué?
—Es un cocimiento ridículo que me hace daño. Me perturba el corazón. De tomar algo, tomaría café; pero prefiero no tomar nada.
—Como quieras.
—Habéis vuelto pronto de vuestra excursión. ¿Es que no os ha gustado Alemania? —preguntó Larrañaga.
—A Soledad, sí; a mí, muy poco —replicó Pepita— Creo que preferiría vivir en cualquier lado mejor que en Alemania; sobre todo, que en Berlín y en el Norte.
—Por qué? — ¡Qué gente más pesada! ¡Qué mujeres más antipáticas!
—A mí me parecieron, por el contrario, unas mujeres amables, guapas, blancas.

—No digas eso; a mí se me figura que están llenas de grasa.

—Y lo están. Una Venus está redondeada por la grasa animal; si no, parecería una figura de anatomía.

—¡Qué necedad. Ya empiezas a decir tonterías.

—No son tonterías. Es un hecho, esos brazos blancos, esos senos de mármol, están producidos por la grasa animal bien colocada. No vayas a creer que esa redondez de formas viene del Espíritu Santo o de algo místico parecido, sino de un producto hidrocarbonado semejante al sebo.

—Bueno; déjanos de sebo ahora. Tenemos la mantequilla.

—¿Así que Alemania? , ¿clasificada entre los países antipáticos?

—Sí, muy antipático. Baviera y Austria ya son otra cosa.

—Hay que tener en cuenta que es un país desangrado y destrozado por la guerra''.

716 Es un diálogo sencillo. Hablan dos personajes: Pepita y Larrañaga. Cada uno logra proyectarse por lo que dice. Discuten un país y sus mujeres, y cada uno de ellos opina distinto. Es un diálogo natural y a la vez significativo, porque dice algo.

717 Debe tener en cuenta lo siguiente para elaboración formal de un diálogo:

1. LOS SIGNOS ORTOGRAFICOS.

Se emplean los signos de puntuación: **coma, punto y coma, punto y seguido y punto y aparte.**

Importancia de la puntuación en el diálogo

Se emplean las interrogaciones y exclamaciones. Debes recordar que en español van antes y después de la pregunta o exclamación.

Los guiones largos. Sirven para indicar cuándo empieza a hablar un personaje. En el momento en que deja de hacerlo, y el autor dice algo sobre lo expresado por dicho personaje, se escribe el guión después de la última palabra del diálogo.

Recuerde que los signos son importantísimos en el diálogo. Ellos están haciendo en el escrito lo que nosotros hacemos cuando hablamos: enfatizar, matizar, dejar suspenso un pensamiento, etc.

No olvide que el diálogo, además de ser natural y significativo, debe ser vivo, rápido para evitar tedio y aburrimiento al lector; sobre todo ud., que empieza a componer narraciones, tendrá esto muy en cuenta.

DESARROLLO DE LA NARRACION.

718 La **narración,** como la descripción, tiene su técnica. En primer lugar hay quypensar en una cosa: **una narración, para ser leída y gastada, tiene que partir del interés que despierte en los lectores.** El interés es la palanca que impulsará el ánimo para seguir leyendo o dejar un libro. Hay que tener muy en cuenta esto antes de iniciar el relato.

Estructura de la narración

719 Ya que se ha reflexionado ampliamente sobre el tema de la narración con todas las complicaciones que debe tener, así como los elementos esenciales; se procederá a estructurarla, es decir, se hará un plan. **Este plan tiene que ver forzosamente con la acción,** es decir, el desarrollo de los hechos, la presentación del problema (exposición), la complicación del mismo (nudo), y la solución (desenlace). Son tres partes; desde luego, la segunda es generalmente la más larga y la tercera la más pequeña. Puede haber variaciones, pero, a grandes rasgos, así se estructura una obra narrativa pequeña, que es la que ud. va a realizar en principio.

720 La primera parte, **exposición,** es muy importante; desde ese momento tiene que tomar en cuenta el interés que debe despertar en el lector. Es necesario comenzar con un pensamiento que sea lo suficientemente significativo para que atraiga la atención del que lee, pues un comienzo soso impulsa a dejar de lado cualquier libro. Enseguida insertamos dos "exposiciones" de una obra narrativa:

"A la vista de la pareja disminuyó velocidad. El hombre se abalanzó sobre la portezuela, sin discutir el alquiler, la abrió; ayudó a subir cuidadosamente a la mujer; luego, precipitadamente, recogió de la banqueta una petaca; subió precipitadamente.

—Al sanatorio Láinez, en las calles de la Veracruz; rápido, por favor.

La mujer gemebunda:

—Otra vez. Y tan lejos el sanatorio.

—Más aprisa, por favor— exclamó el hombre.

Los quejidos de la mujer fueron más frecuentes e intensos, hasta ser continuos.

—Despacio, por favor.

Se sentían las caricias del hombre tratando de calmar a la mujer. Se oían palabras de confusa ternura. . ."

AGUSTIN YAÑEZ

721 Este comienzo de narración despierta el interés del lector por dos cosas: el problema de la mujer parturienta, y el diálogo que agiliza la lectura.

722 Veamos otro ejemplo distinto de exposición:

"Un reloj invisible terminaba de dar, con voz ahogada, la hora. Hubo un silencio. Se escucharon los casos de un caballo. Abajo estaba el ruido del agua, que golpeaba y caía, daba un pequeño salto y rodaba y seguía torpemente y a tropezones su misma ruta, agua desconcertada y ciega, pero tenaz. La muchacha trató de ver hacia abajo: borrones, contornos. Se distinguía la masa confusa de la casa, que no parecía la misma. La había conocido, la había visitado varias veces. Ya había oído hablar de esta niebla, que cambiaba tanto las cosas.

La presencia de una parvada se dejó oír, arriba, vocecillas minúsculas, oscuras, grazniditos agudos y nerviosos, aletazos mojados. Parecían volar cerca, pero quién iba a poder verlos en ese borrón sucio que se había vuelto al aire. La muchacha (vestía de negro) levantó la cabeza. . ."

EMILIO CARBALLIDO

723 Este comienzo despierta el interés no por el problema, que en sí todavía no aparece, sino por la descripción de una noche lluviosa, tormentosa; se está creando un ambiente.

724 La segunda parte: nudo, es la más larga y, por tanto, la más elaborada, pues se trata de que el lector desee con vehemencia saber qué pasará al final; cómo y por qué se complican los hechos.

725 En esta parte, el autor debe manejar muy bien la trama; debe complicar un poco las cosas, pero no demasiado, porque el lector se desanimaría; al contrario, debe dar algunas pistas para que el que lee pueda hacer su propia interpretación del suceso, y de una posible solución; esto mantiene la atención. Recuerde: debe permitir que el lector participe activamente en el relato, pero no le facilite demasiado las cosas porque se aburriría.

726 La tercera parte: desenlace, viene a dar solución al problema, favorablemente o no. Después de haber tenido al lector en tensión, se impone un descanso, un volver nuevamente al equilibrio para observar el final.

727 Ahora bien, le hemos dado una estructura más o menos asimilable para ud. que empieza a elaborar narraciones. Sin embargo, existen muchas otras que se van practicando conforme se van sabiendo manejar los elementos. Por ejemplo, otra estructura sería: Primera parte: comienzo fuerte, en el cual aparece primero el nudo; Segunda parte: se explican los antecedentes del problema; en este caso sería un descanso para la tensión del lector, y, por último: Tercera parte: aquí se volvería a subir la tensión para dar una solución rápida.

728 El final puede explicarse claramente, o dejar que el lector, por su propia reflexión, llegue a él. Los narradores modernos prefieren poner el último desenlace al primero.

Haga la hoja de trabajo 86.

729 La narración tiene muchas variantes, es decir, muchas formas de expresión. Hemos escogido entre ellas las que pueden ayudarlo, con excepción de la novela, a desarrollar habilidades para redactar.

Tipo de narración

730 Es la narración condensada de un acontecimiento, de

una película, de un libro. Aquí debe atender, como elemento básico, la concreción; tiene que decir que pasa pero sin apoyarse en los detalles, sin embargo, ha de ser de tal manera, que no debe olvidar nada importante.

731 Ejemplos.

CAMBIO DE PIEL

"Cuatro personajes que viajan en automóvil de México a Veracruz se ven obligados a pernoctar en Cholula, cuya famosa pirámide visitan. En este pueblo, completamente accidental en su itinerario y en sus vidas, se nos revela la personalidad de cada uno y sus relaciones, sobre todo la frustración de Javier, que sacrificó su carrera intelectual y política a su vida sentimental, y debe enfrentarse ahora con el cambio brutal que el tiempo ha introducido en sus relaciones matrimoniales e intentar una nueva etapa."

EL PRINCIPITO

"Es la historia de un príncipe niño que desciende a la Tierra desde un planeta pigmeo, donde él es dueño, entre otras cosas singulares, de una flor, tres volcanes y un cielo de maravilla. . . El príncipe —se supone— baja —o sube— a nuestra Tierra, agarrado a los extremos de un haz de hilos de los cuales tira una bandada de pájaros. . . Pero antes de llegar a nuestro mundo visita otros pequeños mundos, en los cuales reinan otros príncipes. . . sin duda alguna muy semejantes a los de la Tierra: el rey que cubre todo su reino con su manto; el que no concibe la vida sino para que se le rinda homenaje; el que se emborrache para olvidar que se emborracha; el que cuida más de sus propios negocios que de los negocios del Estado; el que trabaja en la cosa pública todo el día y toda la noche, sin que le quede tiempo ni para dormir; el que se cree sabio pero que en realidad no sabe nada. . ."

EL GENERO HISTORICO.

732 La **historia** relata acontecimientos extraordinarios de

Historia

una nación, ciudad, pueblo, etc. Estos hechos han ocurrido con anterioridad. Los historiadores modernos, además de narrar dichos sucesos, los interpretan y valoran.

733 Ejemplo:

EL RENACIMIENTO COMIENZA EN ITALIA

"El Renacimiento se desarrolló inicialmente en aquellas ciudades italianas que habían llegado a ser centros comerciales durante el período medieval, y en donde hubo un mayor intercambio de ideas. Varias de estas ciudades eran repúblicas, al menos de nombre, y durante los siglos XIV y XV compitieron entre sí en todos los campos, desde el comercial hasta el artístico. Venecia y Florencia figuraban como las más importantes entre estas ciudades. Venecia, gobernada por unos pocos individuos y familias dinámicas, se convirtió en el principal puerto comercial y destacado centro cultural del Mediterráneo."

LA CRONICA.

Crónica

734 Es la historia que observa el orden de los tiempos. Muchos países tienen cronistas famosos. Nuestra historia registra a Bernal Díaz del Castillo, como cronista de la Nueva España; él nos relata el recibimiento que Moctezuma hizo a Cortés.

"Ya que llegábamos cerca de México, a donde estaban otras torrecillas, se apeó el gran Moctezuma de las andas, y traíanle de brazo aquellos grandes caciques, debajo de un palio muy riquísimo a maravilla, y el color de plumas verdes con grandes labores de oro, con mucha argentería y perlas y piedras chalchiuis, que colgaban de unas como bordaduras, que hubo mucho que mirar en ello. Y el gran Moctezuma venía muy ricamente ataviado, según su usanza que parece ser se los tenían aparejados en el camino para entrar con su señor, que no traían los vestidos con los que nos fueron a recibir, y venían sin aquellos cuatro señores, otros cuatro grandes caciques que traían el palio sobre sus cabezas, y otros muchos señores que venían delante del gran Moctezuma, barriendo el suelo por donde había de pisar, y le ponían mantas porque no pisase la tierra.

735 Es la relación de la vida de una persona. Cuando se narra la propia vida, se llama **autobiografía**.

La biografía

736 Ejemplo:

IGNACIO MANUEL ALTAMIRANO

"Nació el 13 de noviembre de 1834 en Tixtla, hoy Estado de Guerrero. Sus padres, indígenas puros, fueron Francisco Altamirano y Gertrudis Basilio. En 1849 ingresó al Instituto Literario de Toluca, gracias a una beca para escolares indios creada a propuesta de Ignacio Ramírez, de quien fue discípulo y heredero de inquietudes políticas e intelectuales. Interrumpió sus estudios en el Colegio de Letrán al estallar la revolución de Ayutla. Tomó parte en la Guerra de Reforma y contra la intervención francesa, distinguiéndose "como un héroe" en el sitio de Querétaro. Terminadas las luchas (1866), dedicó su vida a la enseñanza, las letras y el servicio público.

Funda diversos periódicos y colabora en muchos más. Publica EL CORREO DE MEXICO (1867) con Ramírez y Prieto y, más tarde, EL RENACIMIENTO (1869), con Gonzalo A. Esteva. Después participa en la fundación de EL FEDERALISTA (1871). LA TRIBUNA (1875) y LA REPUBLICA (1880). Desarrolla su labor científica en las publicaciones de la Sociedad Mexicana de Geografía y Estadística y en las de otras agrupaciones de la misma clase. Dirigió el Liceo Hidalgo por 1870. Fue profesor de la Escuela Nacional para Maestros. Desempeñó puestos públicos como: Magistrado de la Suprema Corte de Justicia, Procurador general de la Nación, Oficial Mayor de la Secretaría de Fomento, Diputado al Congreso de la Unión.

En 1889 fue nombrado Cónsul General de México en España, con residencia en Barcelona y después en Francia. Representó a México en reuniones internacionales en Suiza e Italia. Ya enfermo se trasladó a San Remo (Italia), donde muere el 13 de febrero de 1893. Sepultado en París el 25 de ese mismo mes, sus cenizas fueron traídas a México, y depositadas en el Panteón Francés. En 1934, al celebrarse el centenario de su nacimiento, el Congreso de la Unión acordó que sus restos fueran trasladados a la Rotonda de los Hombres Ilustres.

Para honrar la memoria de Altamirano, el 13 de febrero de 1960 fue descubierto e inaugurado, en el parque Ormond, de San Remo, el monumento de bronce con la figura del maestro, que el gobierno mexicano obsequió en testimonio de amistad al gobierno de Italia''.

La anécdota   **737** Es una narración breve que relata un suceso particular, algunas veces curioso, de alguna persona.

738 Ejemplo:

"Arquímides fue un ilustre sabio geómetra de la antigüedad, nacido en Siracusa (Sicilia, Italia), en el año 287 antes de Cristo. Fue autor de muchos inventos. En cierta ocasión, el rey de Siracusa sospechaba que un joyero lo había engañado en la fabricación de una corona, mezclando oro con plata, y le consultó a Arquímides para ver si conseguía descubrir el fraude, conservando intacta la joya.

Arquímides reflexionó largo tiempo en ello sin hallar la solución. Un día, mientras estaba en el baño, observó que sus extremidades, bañadas en el agua, perdían gran parte de su peso y que podía, por ejemplo, levantar la pierna con la mayor facilidad. Aquel fue el rayo de luz que le permitió determinar el principio, llamado principio de Arquímides: "Todo cuerpo bañado en un fluído pierde una parte de su peso igual al peso del volumen de aquel fluído que desaloja".

Fue tal el entusiasmo que le causó el descubrimiento, que salió del baño, y echó a correr desnudo por las calles, gritando ¡Eureka! ¡Eureka! (lo encontré)''.

739 En su libro de Metodología de la Lectura, aprendió que **cuento "es una narración breve, que trata un solo asunto o tema, crea un solo ambiente, tiene un número limitado de personajes e imparte una sola emoción al elaborar artísticamente su historia."**

740 El cuento es la forma más ejemplar de la narración. Así que, para hacer un cuento, debe repasar cuidadosamente todo lo que se refiere a la narración, para que siga al pie de la letra las indicaciones. A continuación va un ejemplo de cuento:

EL RAMO AZUL

"Desperté cubierto de sudor. Del piso de ladrillos rojos, recién regado, subía un vapor caliente. Una mariposa de alas grisáceas revoloteaba encandilada alrededor del foco amarillento. Salté de la hamaca, y descalzo atravesé el cuarto, cuidado no pisar algún alacrán salido de su escondrijo a tomar el fresco. Me acerqué al ventanillo y aspiré el aire del campo. Se oía la respiración de la noche, enorme, femenina. Regresé al centro de la habitación, vacié el agua de la jarra en la palangana de peltre y humedecí la toalla. Me froté el torso y las piernas con el trapo empapado, me sequé un poco y, tras de cercionarme que ningún bicho estaba escondido entre los pliegues de mi ropa, me vestí y calcé. Bajé saltando la escalera pintada de verde. En la puerta del mesón tropecé con el dueño sujeto tuerto y reticente. Sentado en una sillita de tule, fumaba con el ojo estremecido. Con voz ronca me preguntó:

—¿Onde va, señor?

—A dar una vuelta. Hace mucho calor.

—Hum, todo está ya cerrado. Y no hay alumbrado aquí. Más le valiera quedarse.

Alcé los hombres, musité "ahora vuelvo", y me metí en lo oscuro. Al principio no veía nada. Caminé a tientas por la calle empedrada. Encendí un cigarrillo. De pronto salió la luna de una nube negra, iluminando un muro blanco, desmoronado a trechos. Me detuve, ciego ante tanta blancura. Sopló un poco de viento. Respiré el aire de los tamarindos. Vibraba

309

la noche, llena de hojas e insectos. Los grillos vivaqueaban entre las hierbas altas. Alcé la cara: arriba también habían establecido campamento las estrellas. Pensé que el universo era un vasto sistema de señales, una conversación entre seres inmensos. Mis actos, el serrucho del grillo, el parpadeo de la estrella, no eran sino pausa y sílaba, frases dispersas de aquel diálogo. ¿Cuál sería esa palabra de la cual yo era una sílaba? ¿Quién dice esa palabra y a quién se la dice? Tiré el cigarrillo sobre la banqueta. Al caer, describió una curva luminosa, arrojando breves chispas, como un cometa minúsculo.

Caminé largo rato, despacio. Me sentía libre, seguro entre los labios que en ese momento me pronunciaban con tanta felicidad. La noche era un jardín de ojos. Al cruzar una calle, sentí que alguien se desprendía de una puerta. Me volví, pero no acerté a distinguir nada. Apreté el paso. Unos instantes después percibí el apagado rumor de unos huaraches sobre las piedras calientes. No quise volverme, aunque sentía que la sombra se acercaba cada vez más. Intenté correr. No pude. Me detuve en seco, bruscamente. Antes de que pudiera defenderme, sentí la punta de un cuchillo en mi espalda y una voz dulce:
—No se mueva, señor, o se lo entierro.
Sin volver la cara, pregunté:
—¿Qué quiere?
—Sus ojos, señor— contestó la voz, suave, casi apenada.
—¿Mis ojos? ¿Para qué te servirán mis ojos? Mira, aquí tengo un poco de dinero. No es mucho, pero es algo. Te daré todo lo que tengo, si me dejas. No vayas a matarme.
—No tenga miedo, señor. No lo mataré. Nada más voy a sacarle los ojos.
Volví a preguntar:
—Pero, ¿para qué quieres mis ojos?
—Es un capricho de mi novia. Quiere un ramito de ojos azules. Y por aquí hay pocos que los tengan.
—Mis ojos no te sirven. No son azules, sino amarillos.
—Ay, señor, no quiera engañarme. Bien sé que los tiene azules.

—No se le sacan a un cristiano los ojos así. Te daré otra cosa.

—No se haga el remilgoso, me dijo con dureza. Dé la vuelta.

Me volví. Era pequeño y frágil. El sombrero de palma le cubría medio rostro. Sostenía con el brazo derecho un machete de campo que brillaba con la luz de la luna.

—Alúmbrese la cara.

Encendí y me acerqué la llama al rostro. El respaldor me hizo entrecerrar los ojos. El apartó mis párpados con mano firme. No podía ver bien. Se alzó sobre las puntas de los pies y me contempló intensamente. La llama me quemaba los dedos. La arrojé. Permaneció un instante silencioso.

—¿Ya te convenciste? No los tengo azules.

—Ah, qué mañoso es usted —respondió—. A ver, encienda otra vez.

Froté otro fósforo y lo acerqué a mis ojos. Tirándome de la mano, me ordenó:

—Arrodíllese.

Me hinqué. Con una mano me cogió por los cabellos, echándome la cabeza hacia atrás. Se inclinó sobre mí, curioso y tenso, mientras el machete descendía lentamente hasta rozar mis párpados. Cerré los ojos.

—Abralos bien— ordenó.

Abrí los ojos,. La llamita me quemaba las pestañas. Me soltó de improviso.

—Pues no son azules, señor. Dispense.

Y desapareció. Me acosté junto al muro, con la cabeza entre las manos. Luego me incorporé. A tropezones, cayendo y levantándome corrí durante una hora por el pueblo desierto. Cuando llegué a la plaza, vi al dueño del mesón, sentado aún frente a la puerta. Entré sin decir palabra. Al día siguiente huí de aquel pueblo.''

OCTAVIO PAZ

Haga la hoja de trabajo 87.

RECAPITULACION

1. Los elementos esenciales de la narración son: acción; personajes y diálogo.

2. **La acción** es la secuencia de los hechos que se van conectando entre sí hasta su integración total en la trama.
3. **Los personajes** son seres creados por la imaginación del autor para que expresen ideas y emociones; a ellos toca sufrir o provocar el desarrollo de los acontecimientos; tienen voz y carácter propios: generalmente el autor lo crea reuniendo rasgos de personajes reales conocidas por él.
4. **El diálogo** es lo que dicen los personajes. Es la palabra la que da al individuo la proyección de su ser. Lo conocemos por lo que dice, o por lo que dicen de él.
5. **La narración** se desarrolla tomando en cuenta tres puntos: exposición: presentación del problema; nudo, complicación del mismo y desenlace: solución.
6. **Síntesis argumental** es la narración condensada de un acontecimiento, de una película, de un libro.
7. **La Historia** relata acontecimientos extraordinarios de una nación, ciudad, pueblo, etc. ocurridos con anterioridad.
8. **La crónica** es la historia que observa el orden de los tiempos.
9. **La biografía** es la relación de la vida de una persona.
10. **La autobiografía** es la narración de la propia vida.
11. **La anécdota** es una narración breve que relata un suceso particular, algunas veces curioso, de alguna persona.
12. **El cuento** es una narración breve, que trata de un solo asunto o tema, crea un solo ambiente, tiene un número limitado de personajes e imparte una sola emoción al elaborar artísticamente su historia.

ACTIVIDADES COMPLEMENTARIAS

1. Leer varias narraciones. Clasificarlas.
2. Observar en cada una de ellas los detalles distintivos que las diferencian: síntesis argumental, crónica, biografía, cuentos, etc.
3. Estudiar detenidamente cada una de ellas, fijándose en la estructura, en el desarrollo y en los elementos que las integran.
4. Redactar cada una de las formas de narración para ir creando habilidades hasta poder escribir un cuento.
5. Realizar los ejercicios relativos al tema.

BIBLIOGRAFIA BASICA PARA ESTE TEMA

PEREZ Y DEL VALLE DE MONTEJANO. METODOLOGIA DE LA LECTURA DE TEXTOS. I.T.S.M. Monterrey.

VIVALDI, Martín. CURSO DE REDACCION. Edit. Paraninfo. Madrid.

EL LENGUAJE LITERARIO

FIGURAS LITERARIAS.

741 Ahora nos ocuparemos de tres figuras ya conocidas por ud. **Símil, metáfora y símbolo.** En la Metodología de la Lectura de Textos aparecen explicados. Ahora en Taller de Redacción reiteramos este estudio porque consideramos que es necesario, ya que se está iniciando en la creación literaria y porque dichas figuras, sobre todo la metáfora y el símbolo, son muy cultivadas por los poetas contemporáneos.

742 Los preceptistas han clasificado a la **metáfora** y al **símbolo** como **tropos.** *Tropo significa traslación de sentido,* cambio de significación. De esta manera, tanto la metáfora como el símbolo son recursos literarios que emplea el poeta para recrearnos *la realidad o presentarnos un mundo creado por él.* Tanto la **metáfora** como el **símbolo** nos ofrecen dos planos: uno **real** y otro **imaginado.** Nuestra mente capta dichos tropos porque interviene la asociación de ideas; es decir, *asocia ambos términos a un tercero que le es común.* Ese cambio de sentido de la palabra, es ir del plano real al plano metafórico es un proceso mental. Cuando el poeta tradicional dice: *". . .las perlas de tu boca. . ."* está aludiendo a los dientes; lo que es común a ambos términos (perlas-dientes) es *la blancura.* Los poetas modernos, García Lorca, por ejemplo, son más complicados y nos ofrecen metáforas como ésta: *"su belfo caliente/ con moscas de plata".* Está hablando de un cabello y esas *"moscas de plata"* son las gotas de sudor sobre su belfo que el cabello tiene después de una jornada fatigosa. Veamos estas tres figuras en detalle.

Tropos

743 Consiste en comparar dos términos; un hecho real con otro evocado que posee las mismas cualidades, pero en mayor grado. Se llama también **comparación.**

Símil

744 *Ejemplos:*

"El niño está hoy como una dalia".

745 Tenemos dos planos:

313

A: real

B: evocado

niño

dalia

746 El símil relaciona los dos términos de la comparación. Observa como el plano B posee las mismas cualidades que el plano A, pero en mayor grado. La dalia es una flor muy fresca. La flor representa la vida, así es que el niño, sano también, es representativo de la vida en toda su frescura y lozanía. Toma nota de que la palabra **como** está colocada entre los dos planos comparados. Veamos otros ejemplos:

"Quisiera que la viva y la muerta fueran como dos cardos para que no las tocara nadie".

747 Aquí el autor se refiere a dos mujeres que son el plano **A:** el plano **B** está representado por los cardos. La comparación está muy clara.

Llora monótona la guitarra como *llora* el agua".
Plano **a** *la guitarra*   Plano **B:** *el agua*

". . .como el clavel, es el cohete. . ."
Plano **A:** *cohete.*   Plano **B:** *clave.*

Metáfora

748 Consiste en substituir el nombre de una cosa por otra semejante en algún aspecto.

749 Lea el siguiente poema de Leopoldo de Luis, español.

PATRIA DE CADA DIA

Cada uno en el rumor de sus talleres
a diario la patria se fabrica.
El carpintero la hace de madera
labrada y de virutas amarillas.
El albañil de yeso humilde y blanco
como la luz. El impresor de tinta
que en el sendero del papel se ordena
en menudas hormigas.
De pan y de sudor oscuro el grave
campesino. De fría
plata húmeda y relente
el pescador. El leñador de astillas
con forestal aroma cercenada.

De hondas plumas sombrías
el minero. De indómitas verdades
y hermosura, el artista.
Cada uno hace la patria
con lo que tiene a mano; la sumisa
herramienta, los vivos materiales
de su quehacer, un vaho de fatiga,
una ilusión de amor y, al fin, la rosa
de la esperanza, aún en la sonrisa.

750 ¿Qué le ha llamado la atención? ¿Comprendió todo el sentido del poema? Por ejemplo: ¿qué quiere decir el poeta con *"menudas hormigas"*? , ¿con *"fría plata húmeda"*? Tiene el papel *hormiguitas*? Desde luego que no. ¿Obtiene el pescador *"fría plata húmeda"* del mar? Tampoco. Lo que ha hecho el poeta es sustituir un elemento por otro, mediante una comparación implícita. Las *"pequeñas hormigas"* son las *letras*. Se parecen. "fría plata *húmeda"* son las características del pescado: plata, por el color; *fría y húmeda,* porque acaba de salir del mar. Estas situaciones son las metáforas. Observe una cosa: en el símil existen los dos planos de comparación: el real y el imaginado y además el nexo. En la metáfora no. La translación de sentido se sobreentiende. El plano real no está expresado, aparece solamente el plano evocado, imaginado, metafórico.

SIMBOLO

751 **Representa, mediante una imagen sensible, una realidad o una experiencia de tipo espiritual elevadísimo.** Ejemplo:

Símbolo

Bandera (nacionalismo). Cruz (muerte, cristianismo). El símbolo es más difícil de detectar. En el Símil encontramos los dos planos claramente expuestos; en la metáfora, aunque sólo esté indicado el plano evocado, podemos encontrar, mediante un esfuerzo mental, el plano real; el símbolo es más difícil de encontrar: el plano evocado muchas veces corresponde a diversos planos reales. Es necesario esforzar mucho nuestra mente para captar lo que el artista está representando. Algunas veces el símbolo aparece en una estrofa, o en un párrafo en prosa; muchas

veces el símbolo se da en la totalidad de la obra, convir-
tiéndose en alegría.

752 Lea el siguiente poema:

PATO

Quién fuera pato
para nadar, nadar por todo el mundo,
pato para viajar sin pasaporte
y repasar, pasar, pasar fronteras,
como quien pasa el rato.

Pato.
Patito vagabundo.
Plata del norte.
Oro del sur. Patito danzaderas.

Permitidme, Dios mío, que sea pato.
¿Para qué tanto lío,
tanto papel,
tanta pamplina?
Pato.

Mira, como aquel
que va por el río
tocando la bocina.

753 Pequeño poema que encierra un gran anhelo de la
humanidad. Pero vayamos por partes; iniciémonos por lo
conocido. ¿Qué nos muestra esta estrofa?

"Mira, como aquel
que va por el río
tocando la bocina".

754 Es un símil. El autor, ingeniosamente, convierte
—compara— el pato en vehículo.

Ahora esta estrofa:

"Pato.
Patito vagabundo.

Plata del norte.
Oro del sur. Patito danzaderas."

755 Tenemos dos metáforas: "Plata del norte", "Oro del sur". Ya sabe que puede representar la plata, lo vimos en el punto anterior: agua, agua helada, hielo. Indudablemente el autor se está refiriendo al frío del Norte, a las regiones heladas. Al hablar de oro nos da a entender lo contrario, el color del oro es dorado, el dorado de la vegetación de las tierras calientes en verano. El sur, es, sin duda más caliente en comparación al norte.

Permitidme, Dios mío, que sea pato.
¿Para qué tanto lío,
tanto papel,
ni tanta pamplina?
Pato.

756 Aquí entramos al nuevo conocimiento: el símbolo. Observa la angustiosa súplica que el poeta hace a Dios: "Permitidme, Dios mío, que sea pato." Hay un ahelo espiritual. Es una imagen sensible. Tenemos un objeto real "pato" que representa una experiencia espiritual: la libertad. El poeta quiere ser libre. Este es el símbolo. En la misma estrofa tenemos otros símbolos: la burocracia, la complicación de la vida moderna. Están representados por el resto de la estrofa: ¿Para qué tanto lío,/tanto papel,/ ni tanta pamplina?

757 Dijimos también que en muchas ocasiones el símbolo se presenta en toda una obra. De hecho el poema **"Pato"** simboliza la libertad.

758 Reflexione y valore el lenguaje literario. Cuántas cosas se pueden decir en tan pocas palabras. Cuánta belleza y comunicación espiritual proyecta un poeta verdadero. En este caso, Blas de Otero, español que nos ha hecho reflexionar sobre la realidad, tal vez, más trascendental del hombre: su libertad.

Haga la hoja de trabajo 88

RECAPITULACION

1. **El símil** es la comparación entre dos términos: uno real y otro imaginado. La palabra **como** se coloca entre los dos términos: Ejemplo: el cohete es como un clavel.
2. **La metáfora** es la substitución de un término por otro. Sólo aparece el término evocado. Entre ambos hay un tercero que es común a ambos términos. Ejemplo: "las perlas de tu boca".
3. **Símbolo** es la presentación de una realidad o experiencia espiritual mediante una imagen sensible. Ejemplo: la bandera simboliza la nacionalidad, la cruz representa la muerte o el cristianismos.

ACTIVIDADES COMPLEMENTARIAS

1. Repase su libro de Metodología de la Lectura sobre este tema.
2. Busque en textos literarios, principalmente poéticos, las figuras que se han estudiado aquí. Subráyelas.
3. Estúdielas con detenimiento, destacando en cada una de ellas los datos sobresalientes que las diferencian.
4. Ahora trate de inventar de cada clase varias figuras para que le sean familiares y las pueda usar en sus composiciones.
5. Realice los ejercicios relativos al tema.

BIBLIOGRAFIA BASICA PARA ESTE TEMA

SANCHEZ, Luis Alberto. BREVE TRATADO DE LITERATURA GENERAL. Edic. Ercilla. Santiago de Chile.

REACTIVOS DE AUTOEVALUACION

I. Relacione las dos columnas colocando en las líneas de la izquierda la letra que convenga.

Términos de nueva creación

Términos tomados del griego y latín, especialmente científicos

A. Cultismos o Neologismos cultos

B. Neologismos populares

C. Neologismo

Palabras anticuadas	
	D. Arcaísmos
Términos inventados por el pueblo por novedad.	
Por ejem: moto, parquear, "rollo", ondón.	Valor: 7 puntos
Por ejem: ansina, vide, naide.	

II.   Anote 10 mexicanismos.

III. Anote los elementos básicos, fundamentales de la narración.

IV. Haga usted el análisis de la siguiente narración, atendiendo a lo que le enseña este módulo.

SONATA DE OTOÑO

(Fragmento)

El mayordomo era un viejo aldeano que llevaba capa de juncos con capucha, y madreñas. Manteníase ante la puerta, jinte en una mula y con otra del diestro. Le interrogué en medio de la noche:

—¿Ocurre algo, Brión?

—Que empieza a rayar el día, señor Marqués.

Bajé presuroso, sin cerrar la ventana que una ráfaga batió. Nos pusimos en camino con toda premura. Cuando llamó el mayordomo, aún brillaban algunas estrellas en el cielo. Cuando partimos oí cantar los gallos de la aldea. De todas suertes no llegaríamos hasta cerca del anochecer. Hay nueve leguas de jornada y malos caminos de herradura, transponiendo monte. Adelantó su mula para enseñarme el camino, y al trote cruzamos la Quintana de San Clodio, acosados por el ladrido de los perros que vigilaban en las eras atados bajo los hórreos. Cuando salimos al campo empezaba la claridad del alba. Vi en lontananza unas

319

lomas yermas y tristes, veladas por la niebla. Traspuestas aquéllas, vi otras, y después otras. El sudario ceniciento de la llovizna las envolvía: No acababan nunca. Todo el camino era así. A lo lejos, por la Puente del Prior, desfilaba una recua madrugadora, y el arriero, sentado a mujeriegas en el rocín que iba postrero, cantaba a usanza de Castilla. El sol empezaba a dorar las cumbres de los montes: Rebaños de ovejas blancas y negras subían por la falda, y sobre verde fondo de pradera, allá en el dominio de un Pazo, larga bandada de palomas volaba sobre la torre señorial. Acosados por la lluvia, hicimos alto en los viejos molinos de Gundar, y como si aquello fuese nuestro feudo, llamamos autoritarios a la puerta. Salieron dos perros flacos, que ahuyentó el mayordomo, y después una mujer hilando. El viejo aldeano saludó cristianamente:

— ¡Ave María Purísima!

La mujer contestó:

— ¡Sin pecado concebida!

Era una pobre alma llena de caridad. Nos vió ateridos de frío, vió las mulas bajo el cobertizo, vió cielo encapotado, con torva amenaza de agua, y franqueó la puerta, hospitalaria y humilde:

—Pasen y siéntense al fuego. ¡Mal tiempo tiene, si son caminantes! ¡Ay! Qué tiempo, toda la siembra anega. ¡Mal año nos aguarda!

Apenas entramos, el mayordomo volvió a salir por las alforjas. Yo me acerqué al hogar donde ardía un fuego miserable. La pobre mujer avivó el rescoldo y trajo un brazado de jara verde y mojada, que empezó a dar humo, chisporroteando. En el fondo del muro, una puerta vieja y mal cerrada, con las losas del umbral blancas de harina, golpeaba sin tregua: ¡tac! ¡tac! La voz de un viejo que entonaba un cantar, y la rueda del molino, resonaban detrás. Volvió el mayordomo con las alforjas colgadas de un hombro:

—Aquí viene el yantar. La señora se levantó para disponerlo todo por sus manos. Salvo su mejor parecer, podríamos aprovechar este huelgo. Si cierra a llover no tendremos escampo hasta la noche.

La molinera se acercó solícita y humilde:

—Pondré unas trébedes al fuego, si acaso les place calentar la vianda.

Puso las trébedes y el mayordomo comenzó a vaciar las alforjas: Sacó una gran servilleta adamascada y la extendió sobre la piedra del hogar. Yo, en tanto, me salí a la puerta. Durante mucho tiempo estuve contemplando la cortina cenicienta de la lluvia que ondulaba en las ráfagas del aire. El mayordomo se acercó respetuoso y familiar a la vez:

—Cuando a vuecencia bien le parezca. . . ¡Dígole que tiene un rico yantar!

Entré de nuevo en la cocina y me senté cerca del fuego. No quise comer, y mandé al mayordomo que únicamente me sirviese un vaso de vino. El viejo aldeano obedeció en silencio. Buscó la bota en el fondo de las alforjas, y me sirvió aquel vino rojo y alegre que daban las viñas del Palacio, en uno de esos pequeños vasos de plata que nuestras abuelas mandaban labrar con soles del Perú, un vaso por cada sol. Apuré el vino, y como la cocina estaba llena de humo, salíme otra vez a la puerta. Desde allí mandé al mayordomo y a la molinera que comiesen ellos. La molinera solicitó mi venia para llamar al viejo que cantaba dentro. Le llamó a voces:

— ¡Padre! ¡Mi padre! ...

Apareció blanco de harina, la montera derribada sobre un lado y el cantar en los labios. Era un abuelo con ojos bailadores y la guedeja de plata, alegre y picaresco como un libro de antiguos decires. Arrimaron al hogar toscos escabeles ahumados, y entre un coro de bendiciones sentáronse a comer. Los dos perros flacos vagaban en torno. Fué un festín donde todo lo había previsto el amor de la pobre enferma. ¡Aquellas manos pálidas, que yo amaba tanto, servían la mesa de los humildes como las manos ungidas de las santas princesas! Al probar el vino, el viejo molinero se levantó salmodiando:

— ¡A la salud del buen caballero que nos lo da! ... De hoy en muchos años torne a catarlo en su noble presencia.

Después bebieron la mujeruca y el mayordomo, todos con igual ceremonia. Mientras comían yo les oía hablar en voz baja. Preguntaba el molinero adónde nos encaminabamos y el mayordomo respondía que al Palacio de Brandeso. El molinero conocía aquel camino; pagaba un foro antiguo a la señora del Palacio, un foro de dos ovejas, siete ferrados de trigo y siete de centeno. El año anterior, como la sequía fuera tan grande, perdonárale todo el fruto: Era una señora que se compadecía del pobre aldeno. Yo, desde la puerta, mirando caer la lluvia, les oía emocionado y complacido. Volvía la cabeza, y con los ojos buscábales en torno del hogar, en medio del humo. Entonces bajaban la voz y me parecía entender que hablaban de mí. El mayordomo se levantó:

—Si a vuecencia le parece, echaremos un pienso a las mulas y luego nos pondremos en camino.

Salió con el molinero, que quiso ayudarle. La mujeruca se puso a barrer la ceniza del hogar. En el fondo de la cocina los perros roían un hueso. La pobre mujer, mientras recogía el rescoldo, no dejaba de enviarme bendiciones con un musitar de rezo:

— ¡El Señor quiera concederle la mayor suerte y salud en el mundo, y que cuando llegue a Palacio tenga una gran alegría! ... ¡Quiera Dios que se encuentre sana a la señora y con los colores de una rosa! ...

Dando vueltas en torno del hogar la molinera repetía monótonamente:

— ¡así la encuentre como una rosa en su rosal!

Aprovechando un claro de tiempo, entró el mayordomo a recoger las alforjas en la cocina, mientras el molinero desataba las mulas y del ronzal las sacaba hasta el camino, para que montásemos. La hija asomó en la puerta a vernos partir:

— ¡Vaya muy dichoso el noble caballero! . . . ¡Que Nuestro Señor le acompañe! . . .

Cuando estuvimos a caballo salió al camino, cubriéndose la cabeza con el mantelo para resguardarla de la lluvia que comenzaba de nuevo, y se llegó a mí llena de misterio. Así, arrebujada, parecía una sombra milenaria. Temblaba su carne y los ojos fulguraban calenturientos bajo el capuz del mantelo. En la mano traía un manojo de hierbas. Me las entregó con un gesto de sibila, y murmuró en voz baja:

—Cuando se halle con la señora mi Condesa, póngale sin que ella le vea, estas hierbas bajo la almohada. Con ellas sanará. Las almas son como los ruiseñores, todas quieren volar. Los ruiseñores cantan en los jardines, pero en los palacios del rey se mueren poco a poco. . .

Levantó los brazos, como si evocase un lejano pensamiento profético, y los volvió a dejar caer. Acercóse sonriendo el viejo molinero, y apartó a su hija sobre un lado del camino para dejarle paso a mi mula:

—No haga caso, señor. ¡La pobre es inocente!

Yo sentí, como un vuelo sombrío, pasar sobre mi alma la superstición, y tomé en silencio aquel manojo de hierbas mojadas por la lluvia. Las hierbas olorosas llenas de santidad, las que curan la saudade de las almas y los males de los rebaños, las que aumentan las virtudes familiares y las cosechas. . . ¡Qué poco tardaron en florecer sobre la sepultura de Concha en el verde y oloroso cementerio de San Clodio de Brandeso!

Yo recordaba vagamente el Palacio de Brandeso, donde había estado de niño con mi madre, y su antiguo jardín, y su laberinto que me asustaba y me atraía. Al cabo de los años, volvía llamado por aquella niña con quien había jugado tantas veces en el viejo jardín sin flores. El sol poniente dejaba un reflejo dorado entre el verde sombrío, casi negro, de los árboles venerables. Los cedros y los cipreses, que contaban la edad del Palacio. El jardín tenía una puerta de arco, y labrados en piedra, sobre la cornisa, cuatro escudos con las armas de cuatro linajes diferentes. ¡Los linajes del fundador, noble por todos sus abuelos! A la vista del Palacio, nuestras mulas fatigadas, trotaron alegremente hasta detenerse en la puerta, llamando con el casco. Un aldeano vestido de estameña que esperaba en el umbral, vino presuroso a tenerme el estribo. Salté a tierra, entregándole las riendas de mi mula. Con el alma cubierta de recuerdos, penetré bajo la oscura avenida de castaños cubierta de hojas secas. En el fondo distinguí el Palacio con todas las ventanas cerradas y los cristales iluminados por el sol. De pronto vi una sombra blanca pasar por detrás de las vidrieras, la vi detenerse y llevarse las dos manos a la frente. Después la ventana del centro se abría con lentitud y la sombra blanca me saludaba agitando sus brazos de fantasma. Fué un momento no más. Las ramas de los castaños se cruzaban y dejé de verla. Cuando salí de la avenida alcé los ojos nuevamente hacia el Palacio. Estaban cerradas todas las ventanas: ¡Aquella del centro también! Con el corazón palpitante penetré en el gran zaguán oscuro y silencioso. Mis pasos resonaron sobre las anchas losas. Sentados en escaños de roble, lustrosos por la usanza, esperaban los pagadores de un foral. En el fondo se distinguían los viejos arcones del trigo con la tapa alzada. Al verme entrar los colonos se levantaron, murmurando con respeto:

— ¡Santas y buenas tardes!

Y volvieron a sentarse lentamente, quedando en la sombra del muro que casi los envolvía. Subí presuroso la señorial escalera de anchos peldaños y balaustral de granito toscamente labrado. Antes de llegar a lo alto, la puerta abrióse en silencio y asomó una criada vieja, que había sido niñera de Concha. Traía un velón en la mano, y bajó a recibirme:

— ¡Páguele Dios el haber venido! Ahora verá a la señorita. ¡Cuánto tiempo la pobre suspirando por vuecencia! . . . No quería escribirle. Pensaba que ya la tendría olvidada. Yo he sido quien la convenció de que no. ¿Verdad que no, señor mi Marqués?

Yo apenas pude murmurar:

—No, Pero, ¿dónde está?

—Lleva toda la tarde echada. Quiso esperarle vestida. Es como los niños. Ya el señor lo sabe. Con la impaciencia temblaba hasta batir los dientes, y tuvo que echarse.

— ¿Tan enferma está?

A la vieja se le llenaron los ojos de lágrimas:

— ¡Muy enferma, señor! No se la conoce.

Se pasó la mano por los ojos, y añadió en voz baja, señalando una puerta iluminada en el fondo del corredor:

— ¡Es allí! . . .

Seguimos en silencio. Concha oyó mis pasos, y gritó desde el fondo de la estancia con la voz angustiada:

— ¡Ya llegas! . . . ¡Ya llegas, mi vida!

Entré. Concha estaba incorporada en las almohadas. Dió un grito, y en vez de tenderme los brazos, se cubrió el rostro con las manos y empezó a sollozar. La criada dejó la luz sobre un velador y se alejó suspirando. Me acerqué a Concha trémulo y conmovido. Besé sus manos sobre su rostro, apartándoselas dulcemente. Sus ojos, sus hermosos ojos de enferma, llenos de amor, me miraron sin hablar, con una larga mirada. Después, en lánguido y feliz desmayo, Concha entornó los párpados. La contemplé así un momento. ¡Qué pálida estaba! Sentí en la garganta el nudo de la angustia. Ella abrió los ojos dulcemente, y oprimiendo mis sienes entre sus manos que ardían, volvió a mirarme con aquella mirada muda que parecía anegarse en la melancolía del amor y de la muerte, que la cercaba:

—¡Temía que no vinieses!

—¿Y ahora?

—Ahora soy feliz.

Su boca, una rosa descolorida, temblaba. De nuevo cerró los ojos con delicia, como para guardar en el pensamiento una visión querida. Con penosa aridez de corazón, yo comprendí que se moría.

(De Memorias del Marqués de Bradomín)

V.   Anote, por lo menos, 4 figuras literarias que encuentre en la lectura anterior, diciendo de qué figura se trata.

Paneles de verificación

MODULO 14 — VALIDACION

I. Las preposiciones son: a, ante, bajo, con, contra, de, desde, en, entre, hacia, hasta, para, por, según, sin, so, sobre, tras.

Valor: 18 puntos

DE

II. A
    D
    G
    G
    C
    F
    H   Valor: 7 puntos.

A

III. A
     C
     C
     B   Valor: 4 puntos

PARA

IV. B
    B
    B
    A   Valor: 4 puntos

PARA

V. B
B
B
A   Valor: 4 puntos

POR

VI. B
A
B   Valor: 3 puntos

Sume usted sus puntos acertados. Evalúese de acuerdo a la clave.

36 puntos	—	Excelente
30 a 35	—	M.B.
25 a 30	—	B.
20 a 25	—	S.
— de 20	—	NA. Vuelva a estudiar.

MODULO 15 — VALIDACION

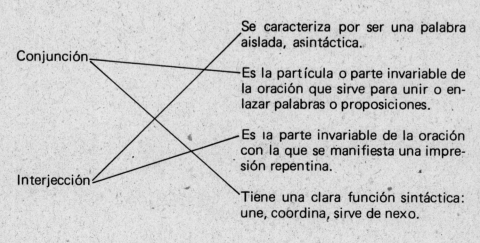

Conjunción

Se caracteriza por ser una palabra aislada, asintáctica.

Es la partícula o parte invariable de la oración que sirve para unir o enlazar palabras o proposiciones.

Interjección

Es la parte invariable de la oración con la que se manifiesta una impresión repentina.

Tiene una clara función sintáctica: une, coordina, sirve de nexo.

II. (1) y, e, ni, que,
    (4) Indican consecuencia o afecto
    (2) a, ya, ahora, ora, bien
    (4) luego, conque, pues, por tanto.
    (3) indican oposición o contrariedad
    (6) Con tal que, aun cuando o
    (3) pero, sin embargo
    (5) indican causa o motivo
    (5) porque, puesto que
    (6) De modo que

Tabla de evaluación

10	— Exc.
8 a 9	— M.B.
5 a 8	— B
Menos de 5	— N.A.

Valor total: 10 puntos

MODULO 16 VALIDACION

I   C
    A
    D
    B
    C
    B
    D
              Valor: 7 puntos

II. Por ejemplo: tortilla, jitomate, pelota, Moctezuma, Acapulco, Chile, Cuauhtémoc, atole, chocolate, chayote.
Ver párrafo 688.   Valor 10 puntos.

III. Acción, personajes y diálogo.
            Valor 3 puntos.

IV. Para ser corregida y evaluada en grupo de discusión o por el asesor.
            Valor: 30 puntos

Tabla de evaluación

50 p.	Exc.
40 a 49	M.B.
35 a 40	B.
30 a 35	S.
Menos de 30	NA.

Sume todos sus puntos

Bibliografía para consultar

ACADEMIA ESPAÑOLA. Diccionario de la Lengua Española. Madrid.

ACADEMIA ESPAÑOLA. Gramática de la Lengua Española. Espasa-Calpe. Madrid.

AGUERO DARRIGRAN. Castellano Dinámico. Kapelusz. Buenos Aires.

ALONSO, Martín. Ciencia del Lenguaje y Arte del Estilo. Aguilar. Madrid.

ALONSO, Martín. Estilos Literarios y Normas de Redacción. Compañía Bibliográfica Española. Madrid.

ALONSO Martín. Gramática del Español Contemporáneo. Guadarrama. Madrid.

ALONSO, Martín. Redacción, Análisis y Ortografía. Aguilar. Madrid.

ALONSO, Martín y Pedro Enriquez Ureña. Gramática Castellana. Losada. B. Aires.

AÑORGA, Joaquín. Conozca su Idioma. Minerva. Nueva York.

ARANGUREN, José Luis. La Comunicación Humana. Guadarrama, Madrid.

CASARES, Julio. Diccionario de la Lengua Castellana. Gustavo Gili, Barcelona.

GILI GAYA, Samuel. Curso Superior de Sintaxis Española. Spes. Barcelona.

GOLDSACK GUIÑAZU. Castellano Kapelusz. Buenos Aires.

JAGOT, Paul C. La Educación del Estilo. Iberia. Barcelona.

KOVACCI, Ofelia. Tendencias Actuales de la Gramática. Columbia. B. Aires.

LACAU-ROSETTI. Castellano. Kapelusz. Buenos Aires.

LAPESA, Rafael. Historia de la Lengua Española. Escelicer. Madrid.

PEREZ-DEL VALLE DE MONTEJANO. Metodología de la Lectura. I.T.E.S.M. Monterrey.

PEYAN-GARCIA LOPEZ, Paradigma. Teide. Barcelona.

PEYAN-GARCIA LOPEZ. Sintagma. Teide. Barcelona.

PEYAN-GARICA LOPEZ. Teoría Literaria. Teide. Barcelona.

REVILLA, Santiago. Gramática Española Moderna. Mc. Graw Hill, Madrid.

REY, Juan. Preceptiva Literaria. Sal Terrae. Santander.

SAINZ DE ROBLES, Federico. Diccionario Español de Sinónimos y Antónimos. Aguilar. Madrid.

SANTAMARIA, Francisco J. Diccionario General de Americanismos. Pedro Robledo. México.

VIVALDI, Martín. Curso de Redacción. Paraninfo. Madrid.

Instrucciones para el alumno.

Este libro ha sido específicamente adaptado para que usted pueda aprender por sí mismo, con la mínima ayuda de un asesor.

Está dividido en *unidades*. Estas han sido estructuradas por temas.

Cada unidad, a la vez, está dividida en pequeñas dosis de información, ejercicios, y preguntas. A estas dosis pequeñas se les ha llamado *módulos* y están diseñadas de tal manera que usted podrá estudiarlas en un tiempo máximo de 8 días.

Al principio de *cada unidad* se le dan **objetivos generales.** Son las metas que uested deberá alcanzar con el aprendizaje de la unidad.

Al comenzar *cada módulo* se le da una serie de **objetivos específicos.** Estas son las habilidades, conductas y conocimientos que usted deberá adquirir con el estudio de módulo.

Los objetivos específicos son muy importantes. Usted tendrá que demostrar que los ha logrado para poder acreditar la materia. Téngalos constantemente presentes.

Atienda usted:

I. Lea, cuidadosamente, los objetivos. Recuerde que es lo que se espera de usted para poder acreditar un tema, unidad, o materia.

II. Lea la información que le proporciona el módulo. Haga todas las actividades que le pide.

III. Cuando sienta usted que *ya sabe* lo que el módulo le explica, resuelva los **reactivos de autoevaluación** que están al final de cada módulo. **No consulte la información ni copie ningún dato. No se engañe a usted mismo.**

IV. Compare sus respuestas con las que se le dan en el panel de verificación al final de cada unidad. Cuando haya resuelto correctamente por lo menos el 90% de los reactivos, pase a estudiar el siguiente módulo, y **no antes.**

V. En caso de que no resuelva el 90% de los reactivos con toda corrección, haga usted las actividades que el módulo le sugiere, y que son para ayudarle a remediar sus deficiencias.

Su asesor le proporcionará las evaluaciones acreditables.

Que tenga éxito.

Taller de Redacción II

Se terminó de imprimir y encuadernar en el mes de

Mayo de 2008 en Disigraf S.A. de C.V.

Calle 4 No. 5 Col. Fracc. Ind. Alce Blanco, C.P.53370

Naucalpan de Juárez, Estado de México

Se tiraron 8,000 ejemplares

Más sobrantes de reposición.

Jueves 2 de Agosto
- Jacks comprar dulces para starbucks
- Ver a Lalo y darle el paquete de Vane
- Estudiar Prepa

Alloy and Tintinnabuli
        Inishlacken